コンク・パールの首飾
写真提供：柏圭

ルネッサンス・エッグ *Attribution: Михаил Овчинников*

ビリケンが鎮座するミステリー・クロック
©Marian Gérard, Collection Cartier@Cartier

新潮文庫

ジュエリーの世界史

山口遼著

新潮社版

10539

はじめに

この本の題名は『ジュエリーの世界史』ですが、厳密には本書の目的は宝石とジュエリー（宝飾品）の通史を目指したものではありません。本書のなかでも繰り返し述べる通り、本格的な通史となれば、各章がこの本一冊くらいの分量になるほどに、ジュエリーの歴史は長く、また広汎《こうはん》です。私の目的は、ひとえに、宝石やジュエリーについての世間の偏見をといていただき、工芸美術の分野ではおそらく最も広いと思われる、この多彩な世界を少しでも知ってもらいたいと考えたからにほかなりません。

現代の日本では、宝石すなわち高いもの、イコールお金持ちしか関係ないという誤解があります。もちろん、こうした面が皆無であるとは言いませんが、宝飾品の本質は、そうした誤解とはいささか異なり、長い歴史のなかで、時代と民族とを問わず、実に多くの様々な人々が、形を変え、創意工夫を凝らして楽しんできたものであることを、ぜひ理解してもらいたいという思いをこめたつもりです。

本書の構成は、思いつくままに、といったところで、それぞれの選択は、全く筆者の恣意《しい》で、扱うべきものが抜けていると指摘される読者も多いものと心配しています。

正直に言って、日本人が宝飾品の歴史を書くのは至難のわざです。理由は簡単、研究の基礎となるべき実物、そして文献類のほとんどが、日本国内にないからです。五十数年前に宝石業界に入って以来、自分がでくわす宝飾品に関連する文献は、全《すべ》て可能なかぎり買うという決心をかためました。もちろん勤め人で買える限界はありますが、今日までに、雑誌を除いても千五百冊を超える資料が集まりました。そうした文献に載っている実物も、機会があるかぎり、できるだけ多く見るように心がけてきました。それでもなお、実は、本書で取り上げた様々な作品のうち、約二割のものは実際にまだ見ていません。したがって、隔靴掻痒《かっかそうよう》という古い言葉がぴったりの心境です。実は間違い、思い違いも多々あるものと恐れており、皆様のご指摘を待つ心境です。ですが、これまで我が国で刊行された宝石や宝飾品についての本は、宝石そのものの解説に偏《かたよ》りすぎるか、あるいはまた、クレオパトラが真珠を溶かして飲んだ、といった講釈まがいの話ばかりで、宝飾品の美しさ、多彩さ、そしてそのための人々の努力について、全く触れる所がありませんでした。それとは違った方法で、宝飾品を理解してもらう一助になればと、浅学菲才《せんがくひさい》をかえりみず、難題に挑戦しようという気になりました。

宝飾品、ジュエリー、宝石、貴金属、アクセサリー、装身具と様々な言葉があって紛らわしいのですが、一応本書では次のように定義して用いています。宝飾品とジュエリーとは同一のもので、宝石と貴金属を用いて作られ、直接または衣服につけて身体を飾るものを言い、宝石とは天然に産出する有機物あるいは無機物の中で、人間が美しさを認めるものを言い、貴金属とは金、銀、そしてプラチナ類を言い、アクセサリーとは、こうした使用素材の限定を宝石と貴金属とにかぎらないものを言い、装身具とはこれら全てを含む、最も広範囲の意味での身体装飾に用いる品物の総称とします。本書では、この装身具のうち宝飾品を中心にみてみました。

山口　遼

目次

ジュエリーの世界史

数多い愛の言葉よりも、物言わぬ宝石のほうが
とかく女の心を動かすものだ
――シェイクスピア「ヴェローナの二紳士」

第Ⅰ章　宝石うらばなし

1　日本人の宝飾品史――世界の例外

装身具が消えたナゾ

世界のあらゆる民族は、それがすでに滅び去った民族であれ、今日なお隆盛を続けている民族であれ、必ず一連の特色のあるジュエリー（宝飾品）の歴史を持っている。しかし、そのなかにあって、唯《ただ》ひとつだけ、国家としてはかなり長い歴史と文明を有しながら、そのほとんどの間、全く普通の宝飾品を使用しなかった民族がいた。それは我々日本人だ。おおげさに言えば人類史上極め付きの例外である、我等が祖先の宝飾品史をながめてみたい。

そうは言っても、我々の祖先が全く装身具の歴史を持たなかったと言うのではない。他の民族同様に装身具を盛大に用いていた時期はあった。縄文、弥生、そして古墳時代と呼ばれる六世紀頃までの、様々な考古学上の発見や遺品を見ると、数多い装身具が用いられていたことがはっきりと分かる。

　奇妙なのは、それに続く時代である飛鳥、奈良時代から延々千年以上にわたり江戸幕末期にいたるまで、普通の意味での装身具が、全くといってもいいほど影をひそめたことなのだ。その替わりとして、日本人はキモノと呼ぶ衣装そのものを美しくし、また他の国では大きな扱いを受けることのない、櫛《くし》、こうがい、さらには武具や刀といった実用品を、極度に装飾的なものに変えていった。これは全く世界に例を見ない現象であった。

　どうして我々の祖先はこうした装飾の道を選んだのであろうか。様々な理由づけがなされているが、どれも決定的とは言いがたい。キモノそのものが美しすぎて装飾品を必要としなかったのだとする説、あるいはまたキモノの構造と日本人の髪型などが、物理的に装飾品を用いにくいものであったという説、さらにはまた日本人の美意識として、見せびらかしのような顕在的な美を嫌ったとする説など、諸説紛々

腰掛けた巫女　6世紀
文化庁

であろうか。

だ。強いて言えば、これらがすべて働いて他国とは違う装飾品の歴史が生まれたのであろうか。

古代の日本人はなかなかの洒落者《しゃれもの》だった。「腰掛けた巫女《みこ》」と呼ばれる埴輪《はにわ》は、悠然と腰掛けた巫女の像で、首飾を二本、大きな耳飾、腕輪、腰のあたりに大きなブローチを二個、さらにはなんと左右の足首にアンクレットをつけている。これは六世紀、古墳時代のものだが、この時代までの我々の祖先は、他の民族同様、多彩な装身具を用いていた。今日、考古学上の遺物として各地で発掘されている、木、獣骨、ガラス、土などで作られた櫛、耳飾、首飾、腕輪、さらには翡翠《ひすい》や碧玉《へきぎよく》を用いた勾玉《まがたま》など、日本独自のデザインによる装身具は実に多い。さらには貝殻を用いた貝輪と呼ばれる腕輪や、それを石や金属を用いてコピーした腕輪なども大量に出土している。またこれらと比較すると極めて少数ではあるが、金製や銀製の指輪、腕輪、耳飾なども出土している。これらは残念ながら、我が国で作られたものではなく、中国あるいは朝鮮製のものが渡来したのであろうと言われている。全体として見ると、やはり当時の国力を反映して、用いられた素材は、せいぜいが石、貝、木などの天然物に集中し、若干なりとも高度な加工を要する金属製のものは少ない。だがこうして見ると、なかなかどうして、我等が祖先は相当なスタイリストであったことが分かる。

痛そうな耳飾

特に古代日本人の装身具としてユニークなものを、いくつか詳細に見てみよう。最初は勾玉。これは全体がC字状のもので、その頭部に紐《ひも》を通すための孔《あな》を持つ。勾玉で最も古い縄文期のものを見ると、動物の牙《きば》をそのままに用いていることから、おそらくは一種の首飾として用いられ、強い動物の力が牙を通して使用者に伝わることを希望した、魔除《まよ》けに近い祭祀《さいし》的な意味を持つものとして発生したと想像される。弥生時代に入ると次第に形を整えて、古墳時代になると、碧玉、硬玉、メノウ、さらにはガラス製のものが現れた。五世紀に入ると勾玉のC字状の背中の部分に、さらに小さな勾玉を取り付けたデザインの、子持勾玉なる複雑な形状のものも登場した。これらはすべて、一種の首飾あるいは腕輪として、支配階級の人々によって着用されたものであろう。

また縄文中期のものとして、耳たぶに開けた孔にはめこむ形で取り付ける、一種の耳飾ともいうべき耳栓《じせん》が登場する。ほとんどが粘土を焼成して作られ、最大は直径七センチにも達する。粘土が軟らかい時に、全体に透し彫りに似た模様が彫り込まれている。一説では、これは耳から悪魔が入りこむのを防止する目的もあったと言われ、形状的には古代マヤ族が翡翠を用いて作ったイア・フレアと呼ばれる装身具に酷似しており、我等が祖先とマヤ族との間になんらかの関係があったのではと、勝手な想像が楽しめる。

貝輪、または貝釧《かいくしろ》と呼ばれる腕輪は、縄文、弥生、古墳時代全体に用いられていた。これは古代人の食料の一つであった貝の殻に、真上から孔を開けそれを少しずつ広げる方法で、貝殻のへりの部分を輪にしたものだ。初期のものはアカ貝、サルボオなどの日本産の貝のみだったが、古墳期に入るとイモ貝、スイジ貝などの巻貝が用いられたものが増え、これらの貝は南方産で日本近海には産しないものであり、この当時すでに相当規模の交易が行われていたことを示す資料となる。

玦状《けつじょう》耳飾は見るからに痛そうな装身具だ。玦とは輪の一部が欠けた状態を意味し、中央の孔から下方に向けて切れ目がついている。素材はほとんどが石で、平たく円形に研磨されている。これは縄文期の耳飾で、着装の方法は耳たぶに大きな孔を開けて、この切れ目を下にしてひっかけるようにさしこんで用いた。考えただけでも「痛い」と言いたくなるが、美しくなるためなら、女性は実に我慢強いのは太古も今も同じようだ。今日のピアス——これは耳たぶに小さな孔を開けて耳飾を固定する留め方——用の孔など、これに比較すると、蚊にさされた程度のことであろう。

子持ち勾玉

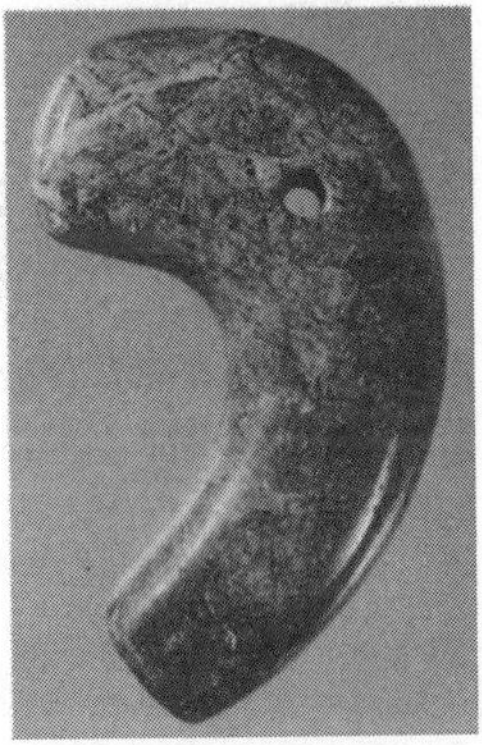

勾玉

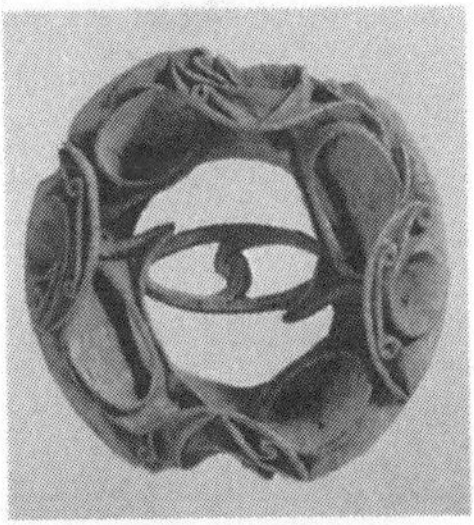

耳栓　桐生市教育委員会

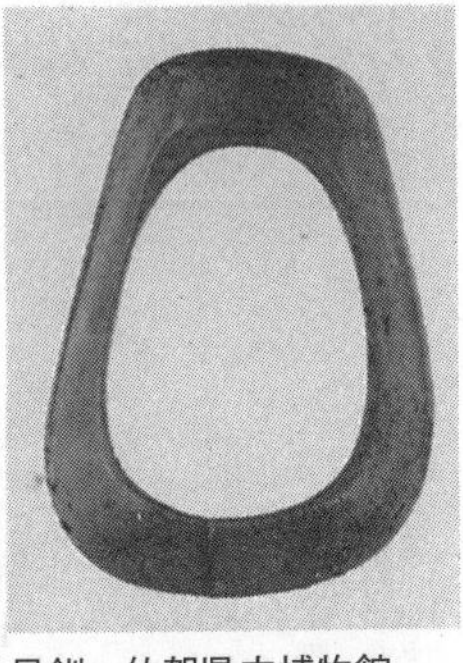

貝釧　佐賀県立博物館

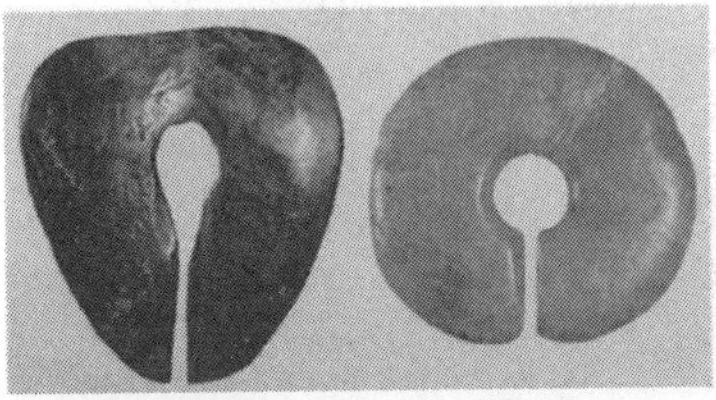

玦状耳飾　関西大学考古学資料室

金属技法は一流

こうした多様な伝統が忽然《こつぜん》として消滅した。続く飛鳥、奈良時代になると、実物はもちろん、様々な服飾史や生活史上のすべての資料から、宝飾品に相当するものが完全にと言ってもいいほどに消えてしまう。正倉院御物の金工の部分を見ても、広い意味で宝飾品と言えるのは、北倉一五七番の「御冠残欠」と呼ばれる、壊れた宝冠の一部しかない。この時代からいわゆる明治の御一新にいたるまで、我々の祖先は、宝石や貴金属を用いて身体や衣服を飾ることを、ほとんどと言ってよいほどにしなかった。飛鳥以降の日本人と、それまでの祖先とを比べると、全く別の人種を見る思いがする。

だからといって、日本から金工技術が消滅したわけではない。技術的には極めて高い水準の、鋳金《ちゅうきん》、彫金、鍛金《たんきん》と呼ばれる様々な技法が、他の諸国とはちょっと違った形で残り、それぞれに見事な作品が宝飾品以外の分野で残っている。また、こうした伝統があったればこそ、明治の御一新後わずか百年のうちに、世界屈指の宝飾品産業が成長し、日本人のデザインや制作技術が世界一流のものとなり得たのだ。

こうした技術は、古くは仏教美術に用いられ、その後戦国の世にかけて武器、武具などの装飾に用いられた。江戸時代になると茶道具、刀装具、さらには印籠《いんろう》や根付といった実用具の装飾が盛んになった。また女性用のものとしては、わずかに櫛、こうがい、かんざしなどの頭部装飾品の一部が日本独自の技術による装飾品として残った。こうした物に用いられた金工技術の水準の高さは、今日においても世界の人々を驚倒させるに足るものだった。だが、そうした技術を用いて装身具を作ろうという発想は全くなかった。この間に日本独自のものとして発達した素材や技術も多い。四分一《しぶいち》、赤銅《しゃくどう》、木目金《もくめがね》などの独特の金属、魚子《ななこ》やある種の象嵌《ぞうがん》などの技術は、今日でも世界中の金属工芸家の注目するものである。

頭の飾りのみ発達

そうしたなかで、明治以前の日本人女性が身に付けた唯一《ゆいいつ》といってもよい装身具である、櫛、こうがい、かんざしなどについて見てみよう。

櫛という道具は、その用途から見て、髪を梳《す》き整えるための実用具である梳き櫛と、髪に挿したままにしておき、飾りとして用いる美しい挿し櫛とに大別される。櫛の場合にも奇妙なことに、古墳時代までのものとして出土する櫛の多くは、材料は単純なものながら、装飾用の挿し櫛であり、奈良時代以降はがらっと変わって実用的な横長の梳き櫛となる。この櫛が再び装飾的なものとなって装身具の一種となるのは、江戸中期の宝暦以後のことだ。この時代になると、素材も木や竹だけではなく、象牙《ぞうげ》、べっこう、牛爪《ぎゅうづめ》、ガラスなどが登場、加工手法としてはある種の象嵌、漆、螺鈿《らでん》などの、日本が世界に誇る技術が登場する。この時代以降の日本の櫛は、世界に類を見ない美しいものとなる。なかなか手を出さないが、着手すればすぐに世界一になってしまうところまでやる、という日本人の特性が良く出ている。

こうがいは髪飾りの一種で、元来は髪を細かく整えたり、あるいは結い上げた髪の下の頭皮を掻《か》くための実用具であったものと思われる。江戸の元禄《げんろく》期になると、こうがいを髪の根元にさし、それに髪を巻き付けてまげを作る髪型が登場した。そして、そのまげから左右にはみ出した部分に装飾をほどこして飾りとする、装飾品としてのこうがいが完成した。江戸末期になり、こうがいを中央で二つに切ってまげに左右から差し込む形の、本来の機能を失った完全な装飾品が生まれ、これが今日、花嫁の文金高島田を飾る、両端に大きな立体形の飾りをつけた「花こうがい」のもととなった。

かんざしは、二またになった差し込みのある棒の一端に飾りをつけて、髪に差し込む飾り物をいうが、これも元来は、公家などの冠を髪に固定するためのピンが変化したものだ。やはり江戸中期から高度な発達をみせ、前差し、後差し、玉かんざし、さらには歩揺という、ひらひらする飾りの垂れ下がったびらびらかんざし、などという多様な種類へと分化した。

こうした髪の飾り物はほとんどが、その後の女性の短髪化が進むにつれてすたれてゆき、今日では形を変えて、花嫁の衣装の一部として残っているにすぎない。現在、全盛期の遺品を見ると、そのデザイン、技術、素材の利用法などは他に類をみないユニークなもので、我々の祖先が身を飾るということに決して無関心ではなかったことが一目で分かる。ただ他の民族と、その表現方法が完全ともいえるほどに違ったのだ。

武具の美

こうした特異な女性用の装身具と併行して、男性の世界でも、世界に類のない装身具――身に付けるものという広い意味で――が存在した時期がある。室町から江戸期にかけての武器、武具である。

鎧《よろい》、兜《かぶと》、刀といった武具が、純粋の意味での装身具でないことは当然で、単なる戦さの道具にすぎないと言う人もいるかもしれない。しかしこうした実用具も、ある階級から上の人間にとっては、実用というよりむしろ権威を示すためのものになることを知り、世界に冠たる、高度かつ過度の装飾を加えて、一種の美術品にまで仕上げてしまった日本人の美的感覚には、見事を通りこしてやや異様なものをすら感じる。江戸中期以降の、悪く言えばデザインのためのデザインに流れたようなものは除き、戦国の世の、生死紙一重という武将の人生から生まれた、自分の生活のなかに美を求めようとしたこうした作品は、広い意味での装身具であり、これこそ、最も男らしい生活にふさわしい、男性の宝飾品ではなかろうか。これに比較すると、今日のチャラチャラしたメンズ・ジュエリーなどは、その時代ならば〝陰間《かげま》のお飾り〟としか言われなかったであろう。

こうした状態で千年の年月が過ぎ、明治の御一新を迎えた。廃刀令とともに、刀装関連品や身辺細貨品をこしらえていた職人達がいっせいに転職をしいられた。こうした人々が、初期の宝飾品生産者となっていった。それは、形こそ変わっていたが、千年にわたって保存されていた技術が基礎となっていた。

全く新しくスタートをきった明治期の宝飾品業が、いつ頃誰の手で始められたのかは、確証が少なくはっきりしない。一説では、明治二〜三年頃すでに、長州・毛利家の命でダイヤモンド入りのカマボコ形の指輪が作られたと伝えられるが、確たる証拠はない。ただ、古くからの伝統を生かして新しく宝飾品製造業に挑戦した人々が数多くおり、そうした人々が今日の宝飾品産業の基礎を作ったことは確かだ。明治以来、この分野では欧米から学ぶ一方であった我が国の業界も、二十世紀末ごろから製品の逆輸出を欧米にむけて始めており、内容的にも欧米諸国をしのぎかねない勢いだ。世界史上、唯一の例外ともいえる宝飾品拒否民族であった日本人としては、いささか夢のような思いがする。

2　ダイヤモンド――この傲慢なる宝石

正八面体の力

地中から掘り出されたままで、人間の手で加工が全くなされていない宝石の素材を原石と呼ぶ。ダイヤモンドの原石は、普通あまり見られるものではないが、決して美しいものではない。ダイヤモンドは、人間が様々な加工をして初めて美しさを見せる宝石なのだ。

ダイヤモンドのカット方法が確立された時期については、様々な説があるが、十四ないし十五世紀だ。だから、それ以前にダイヤモンドの価値として認められたのが、その美しさであったとは考えられない。

ダイヤモンドが、いつ頃から人類に知られていたのかについては、はっきりしない。旧約聖書の「出エジプト記」に出てくる jahalom なる語をダイヤモンドとする説、英語の diamond の語源となっているギリシャ語の adamas をダイヤモンドに当てはめる説などがあったが、今日の学説としては、旧約聖書やギリシャの古典には、ダイヤモンドが登場しないということで一致している。

はっきりとダイヤモンドが文献に登場するのは、ローマ時代になってからだ。プリニウスの『博物誌』第三十七巻にあらわれる。ここでは、鉄鋼をふくめての硬いもの全体を表現した「アダマス、adamas」という物質の一種として取り上げられ、そのなかで、特にインド産のものとして、透明な平面が六つの角を作った結晶――これは今日で言う正八面体の結晶――を持つ鉱物と明記されているのが、文献に残る最古のダイヤモンドである。

しかし、これほど古い時代、現在のブリリアント・カットどころか、原始的な研磨方法すら知られなかった時代に、未加工の状態ではなんの美しさもないダイヤモンドの原石を、どうして古代の人々は大切な石と考えたのであろうか。

彼等が感じとったのは、宝石としてのダイヤモンドの美しさではなく、代表的なものとされた正八面体の結晶――これは天然の鉱物としては、大変に珍しい――の持つ神秘性、そして何物よりも硬いという性質、それにはるか遠くの原産地インドから風に乗って伝えられた伝説などが色々に混りあった、神秘的かつ呪術《じゅじゅつ》的な力なのだ。このダイヤモンドに、他の宝石にはない、呪術的な力を感じ、それが稀少性《きしょう》とあいまって、実際以上の伝説的な魅力をローマ人に感じさせたのだ。実際、ローマ時代の人々は、こうした伝説的あるいは呪術的な力を信じたが、キリスト教の時代になると、ダイヤモンドが持つとされる力は、単なる迷信として排除された。以後、カットの方法が確立して、その美しさが理解されるまでの十数世紀にわたり、ダイヤモンドは、宝石のなかでも低い扱いしか受けていない。

たとえば、ルネッサンス後期の著名な金細工師であったベンヴェヌート・チェリーニは、ダイヤモンドをルビーやエメラルド以下とし、価格もルビーの八分の一以下と決めている。呪術性の被膜を失ったダイヤモンドは、さらに数世紀してまがりなりにもカットの方法が開発されるまで、宝石の王たるには、ほど遠い地位しか持てなかった。

最も手間のかかる宝石

ダイヤモンドは地上で最も硬い鉱物だ。だから、ダイヤモンドを研磨する、言い換えるならば削り取ることができるのは、当然ダイヤモンドのみとなる。ダイヤモンド同士をこすり合わせたり、またダイヤモンドの粉末を付けた皮などでこすることで、さしもの硬いダイヤモンドも形を変える。この事実が、一体いつ頃から欧州で知られたのかはっきりしないが、十五世紀初めにはすでに知られていた。インドで行われていた技術が、ヴェネツィアなどの交易都市を経由して伝わったものだ。

ダイヤモンドの持つ美しさは、反射と屈折という二種の光学現象から生じる。簡単に言えば、反射は、光のダイヤモンドの表面からの照り返しであり、屈折とは――これはずっと後になって知られたのだが――光が一度ダイヤモンドのなかに入って、そこで折れ曲って再び表面から出てくる現象を言う。

初期のダイヤモンドの研磨が目指したのは、この反射を良くすることであった。原石のすりガラス状の表面を削って、光沢のある面にする、そして時には、不用な角の部分をすり落とす程度のものだ。古いカット方法として、今日も実例が多く残っているポイント・カット、ミラー・カット、テーブル・カット、そしてローズ・カットなどは、すべてこうした目的のためのものだ。

天然鉱物のなかで最も高いダイヤモンドの屈折率を利用して、美しさをさらに高めることができることを発見した職人が、いつ頃の誰であったか記録は全くない。光学、物理学の知識すら全くない時代に、ダイヤモンドの下の方に大きく三角形を残すと、光が強くなることに、経験的に気づいたカット職人がいたのだ。古く、インドより伝わったとされるダイヤモンドのなかに、この種のカットをほどこした例がないことからして、この方法を開発したのは、欧州の職人であったろう。

一七〇〇年、ヴェネツィアのガラス職人であったヴィンセント・ペルッチなる男が、ダイヤモンドの上下の部分に、合計五十八個のカット面をつけた、今日でいうブリリアント・カットの原型を創作した、と伝えられているが、近年では疑問視されている。新しいダイヤモンド・カットの歴史の始まりは謎のままである。

その後、ウエード、トルコウスキーなどの研究と努力によって、物理的にダイヤモンドを最も美しく見せるカットの詳細が決定された。だが、実際の商売の上では、この理論通りの最善のカットを行うと、原石の歩留りがあまりにも悪くなるためにカットが完了したダイヤモンドが、原石の大きさに比較して、小さくなりすぎる――今日では、アメリカで開発されたアメリカン・アイディアル・カットと呼ばれる――ト方法が、普通に行われる最上のものとされている。

こうしてダイヤモンドは、他の宝石と異なり、色の美しさではなく、光をはね返すブリリアンシーと呼ばれる輝きと、プリズムの効果に似たファイアと呼ばれる光の分散、それにシンチレーションと言われる光線のきらめき、という三種の美しさによって、宝石の王座についた。これほどに、手間のかかる宝石はない。貝から取り出されたままで、美しさを見せる天然真珠と比較すると、その違いの大きさがはっきりする。

いわば、化粧、ヘアメイク、衣装に凝りに凝って完成する女優の美しさと、何の化粧もしない若い女性の健康美ほどの差がある。人工的な美女には傲慢《ごうまん》さがつきまとうが、ダイヤモンドもまた、この意味で極めて傲慢な宝石である。

複雑怪奇なダイヤ市場

近代ダイヤモンド産業の成立は、南アフリカでの大ダイヤモンド鉱山の発見と、ダイヤモンドの工業用用途の増大とによる。

古代、唯一のダイヤモンドの産地はインドであった。一七三〇年代になって初めて、ブラジルが産地として登場した。だが、大資本が存在せず、ほとんどが奴隷《どれい》中心の人

正八面体の結晶
スミソニアン博物館

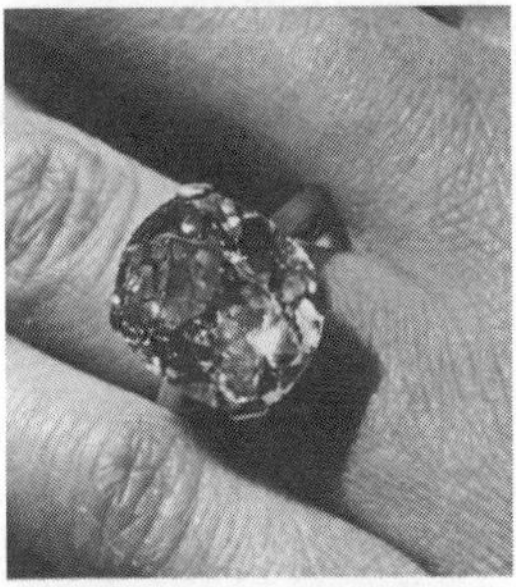

「ユーレカ」
キンバリー金鉱博物館

海戦術による採鉱にすぎなかった。産出量も、最大年産三十万カラットに達しはしたが、平均すると年十万カラット程度で、資本の不足から、後の南アフリカに見られたような大規模採掘は行われず、地表を人力で探す程度に終始した。

しかし、ブラジル産ダイヤモンドは、それまでにインドから細々と流入してきたものと比較すると、莫大《ばくだい》な量と言えた。これが契機となって、欧州各地、特にアムステルダム、アントワープなどの町に、ダイヤモンド加工工場が初めて設立された。家内工業から産業への、転換の始まりであった。

ブラジル産のダイヤモンドは、一八六〇年代には早くも枯渇し始めた。このため、せっかく誕生した欧州のダイヤモンド産業も、倒産や縮小の危機にみまわれた。だが、ちょうどその時に、南アフリカで新しい大鉱脈が発見された。一八六六年のことである。

アフリカ大陸で発見された最初のダイヤモンドは、ユーレカ——我、発見せり、というギリシャ語——の名前で知られている。原石で二十一カラット強、カットされて十一カラット弱のこのダイヤモンドは、欧州でカットされたが、現在、南アフリカに買い戻されて、キンバリーの金鉱博物館に展示されている。

アフリカにおけるダイヤモンド産出の特色は、初生《しょせい》鉱床と呼ばれるダイヤモンドが天然に生成された時のままのものから、それが川の流れなどによって削り取られて沈《ちん》澱《でん》した、漂砂《ひょうさ》鉱床と呼ばれるものまで、様々であったことだ。さらに、大資本の投入が可能であったために、地下千メートルにまで掘り下げる、地下採鉱も採用することができた。

こうしたアフリカ南部でのダイヤモンドの埋蔵量の膨大さは、すぐにはっきりとしてきた。一八七〇年、わずか十万カラットであった生産は、七七年には百七十六万カラット、八〇年には三百十四万カラット、その後ボーア戦争中は二百万カラット台に落ちたものの、一九一三年には六百万カラットへと増大した。

こうした一種の急激な過剰生産は、ダイヤモンドの価格を非常に不安定にした。カラット当りの単価で見ると、生産が開始された一八六七年から七三年までは、三十シリングで安定していたが、七七年には十九・五シリングまで下がった。三十シリングの価格を回復したのは、八九年のことであった。その後また九九年のボーア戦争までは、二十シリング台のままであった。生産開始後、ほぼ五十年たった一九一三年でも、カラット当りの単価は四十二・五シリングにすぎなかった。これでは、実質価格では値下がりに等しい。

このような事態を放置すれば、ダイヤモンド採鉱業者は、いつまでたっても利益なき繁忙へと追いやられるだけであることを、いちはやく見抜いた男がいた。セシル・ローズである。後年、南アフリカきっての政治家となったセシル・ローズは、典型的な植民地英国人であった。英国と英連邦の利益が、すべてに優先するタイプである。彼がダイヤモンド市場に見たものは、過剰生産の悪夢だった。つまり、新採鉱技術や新しい鉱山の発見によって増大する供給に比例して、需要が必ずしも増えないことを察知していた。その生産を一社に限定しておかないと、価格統制はできない。もし、生産体制を統一できるならば、需要が停頓《ていとん》すれば価格を下げるのではなく、生産量を減らせばよい。

ローズはその生涯を通じて、ダイヤモンド生産を集約して、価格の安定をはかる体制を作ることを目標とした。彼は一八八一年にデビアス鉱山会社を設立、八八年には最大のライバルであったキンバリー鉱山を合併した。その後、ウェッセルトン、ヤーガースフォンテインなどの鉱山群を買い取り続けた。ローズ率いるデビアス社は、十九世紀末には、当時知られた生産地の九割以上を支配していた。彼の夢は、このまま達成されるかに見えた。

しかし、アフリカの大地は、ローズの予想よりもはるかに豊饒《ほうじょう》であった。ローズは一九〇二年に死去したが、この年、プレミア鉱山が発見された。これは巨大な鉱山で、デビアス支配下の全鉱山の生産量と同量のダイヤモンドを産出した。さらにまた一九〇八年には、現在のナミビア、当時の独領南西アフリカで、巨大な漂砂鉱床が発見された。デビアス社の勢力の及ばない、鉱山や採鉱業者の生産が拡大する。これこそ、ローズが最も危惧《きぐ》した事態であり、デビアス社自身の生産支配は大きく低下して、二十世紀初めにはわずか四十パーセントになっていた。新しい組織と、それを運営できる人間が必要であった。

ここにまた、あたかもセシル・ローズの遺志をつぐような、一人の天才的商人が登場する。アーネスト・オッペンハイマーである。

名前からも分かる通り、オッペンハイマーはドイツ系のユダヤ人で、英国で訓練を受けた後、南アフリカに渡った。彼はまず、現在でも世界最大級の金生産業者であるアングロ・アメリカン社を一九一七年に設立した。ついで、第一次大戦後に独領から南アフリカの信託統治となった南西アフリカで発見されていた漂砂鉱床の鉱山をうまく入手、コンソリデイテッド・ダイヤモンド・マインズ社（ＣＤＭ）を設立して、ダイヤモンド業界へ進出した。一九一九年のことであった。そして彼は、一九二六年にデビアス社の役員に、三〇年には同社の会長となった。このようにして、ダイヤモンド生産業界の主要業者を支配し、その統一のための資金をも、必要とあれば供給できる人物が現れた。彼の手法は、大先輩のローズのものと、ほとんど変わりない。他の業者にとっては、協力して支配下にはいるか、協力せずにつぶれるか、の選択であった。

彼が一九三三年以降に着手した、ダイヤモンドの生産から加工、販売にいたるシステムは、今日でも他に類を見ないほどの独創的かつ精密なものだった。第一に、ダイヤモンド・プロデューサー・アソシエイション（DPA）と呼ばれる生産業者の連合を作り、生産調整を行わせ、ついでその生産物を一括して買い上げ、分類作業を行うダイヤモンド・トレーディング社（DTC）を設立、さらに、それらのダイヤモンドを一手に販売する、セントラル・セリング・オーガニゼーション（CSO）という機

セシル・ローズ

アーネスト・オッペンハイマー

構を作り上げた。こうした組織は、今日でも基本的に大きく変っていない。

このシステムによって、デビアス社は、生産量の調整を行うと同時に、生産実績に応じて販売内容と価格を決定、得た利益をプールすることで、生産調整に不可欠な買い入れ資金を得るという、巧妙な循環システムを作り上げた。このシステムに従わない業者に対して、陰に陽に圧力を加えたのは、もちろんであった。イアン・フレミングのジェームス・ボンド・シリーズの『ダイヤモンドは永遠に』は、デビアス側から見た、このシステムに従わないダイヤモンド業者への対応を中心に書かれたものだ。その後、同社のグループを構成する企業は、さらに増えている。その相互の関連については、いくら当事者から説明を受けても、充分には理解できないほど複雑怪奇だ。

独占の功罪

現在のダイヤモンド市場は、もし世界にまたがる独占禁止法でもあれば、真っ先にひっかかるほどの、人為的に見事に統制されたものだ。ただ、現実的に見るならば、独占という言葉から想像されるような、悪い面ばかりのものではない。功罪、相半ばする、と言えるだろう。

ダイヤモンド原石が、デビアス——二十一世紀に入ってからはＤＴＣなる組織——

の手を離れて、世界中のダイヤモンド業者にわたるのは、このDTCが行う「サイト」による。このサイトなる販売方法は、主としてロンドンで行われるが、いかにも英国人ならではと言ったら失礼だが、不遜《ふそん》かつ一方的なものである。

このサイトに参加できる資格を持つ業者を、サイトホルダーと呼ぶ。その認定は、DTCの一方的なものである。現在、世界で八十七社ほどのサイトホルダーがいるが、日本では、わずか一社にすぎない。

サイトは、一年に十回、ロンドン本社で行われる。各サイトホルダーは、事前に自社の要求を、ダイヤモンドの種類別に――ダイヤモンドは、そのサイズ、形、色、質などに応じて、二千五百種類以上のカテゴリーに分類されている――提出する。しかし、この希望はあくまで買い手側の希望であって、完全にかなえられることはない。

各サイトホルダーは、CSOからダイヤモンド原石の入った袋を提示される。サイトホルダーは、入っている原石の内容を調べ、自分の希望に合致しているかどうかを判断し、買うか買わないかを決定する。袋の中身の選別買いはいっさい認められない。全部買うか、全く買わないか。もちろんサイトホルダーは、中身が希望と合致しなければ、買うのを断ることができる。だが、あまり断り続けると、次のサイトに招待されない、こともある！

これほどに、売り手が勝手気儘《きまま》な業界が、他にあるだろうか。こんな売り方ができるのなら、世の中から不良在庫などという言葉自体がなくなるであろう。売れない商品を、売れる商品と一緒にして、押し付けてしまえばよいのだ。実に巧妙であると同時に、あきれるほどに厚かましい方法ではないか。

当然、サイトホルダー側は、常に大きな不満をいだく。また、こうした事実を少しなりとも知る消費者ならば、こうした不当販売に似た方法をとらなければダイヤモンドの価格が維持できないのなら、価値そのものが信用できないのではないか、また、不当に高い価格を、人為的に押し付けられているのではないか、という疑問を持つのは当然だ。こうした、価格を統制するような行為がなければ、女性あこがれの的であるダイヤモンドの価格は、もう少し安くなっているはずだ、というのが、デビアス社への不満と不信なのである。

たしかに、経済の原則として、価格の人工的な統制がなければ、競争原理が働いて需給のバランスがとれるところで価格が決まるであろう。だが、その場合、現在のようなダイヤモンドへのあこがれが維持できたであろうか、という疑問はついてまわる。すべての生産、在庫調整をやめて、ダイヤモンド市場を自由にしたならば、間違いなく供給過剰となる。なぜなら、現在確認されている鉱山だけでもフル生産に入るならば、産出量はすぐにでも倍になることは、はっきりしているからだ。この事実を認識して、南アフリカと並ぶ大産出国であるロシアも、決してデビアスを困惑させるような販売方法はとらず、むしろ、そうしたシステムを最大限に利用して、外貨かせぎに熱中している。こうしたシステムが働いているからこそ、ダイヤモンドの価値とイメージが安定しているのだ、というのがデビアスの政策を肯定する側の論理である。

たしかに、これにも一理ある。規模こそ違え、デビアス社と同じような独占的地位を持っていた日本の真珠業界の現状と比較してみると、良く分かる。世界の真珠業に占めているその絶対的な地位を利用して統一価格を設定せずに、自由競争に走った日本の養殖真珠業界が、今日、外国からも指摘されるような、安かろう悪かろうという悪循環におちいり、利益をあげ得ないでいるのを見ると、国民性の差を感じると共に、どちらが果して、本質的に顧客の利益となっているか、単純に独占を悪とするわけにはいかないのではないかと考えさせられる。

けたはずれの大採掘工事

現代のダイヤモンド採掘作業は、実に壮大な規模のものとなっている。ダイヤモンド掘りといえば、先住民がざるを持って川に入ったり、つるはしで土をほじくり返したりしている写真が多い。だが、現実の作業は、一種の大土木工事ともいうべき、我々の想像を絶する巨大事業だ。一例として、CDMが経営する、ナミビアのオレンジ川河口の採掘現場で行われている漂砂鉱床の採掘を紹介する。

この地から出るダイヤモンドは、そのほとんどが宝石質のものだ。この大鉱床は、オレンジ川が大西洋に注ぐ河口にある。ここで発見されるダイヤモンドは、数億年の長い間にわたり、オレンジ川やその支流が、流域にあるダイヤモンド鉱山を浸食し、押し流されてきたダイヤモンドを含む土砂が、河口と、その前を流れるベンゲラ海流とに押されて、北の方角の沿岸にまきちらされたものだ。同じダイヤモンドでも、工業用の低質のものは宝石用に比較して軟らかいので、長い間の流転で粉々になり、失われ、宝石質のものだけが残った。このために、産出物のほとんどが宝石用という珍しい鉱山となった。ダイヤモンドは海岸の砂の間をすりぬけて、下にある岩盤の上にたまる。これを採るには、砂をどけて海水を遮断しなければならない。

このために、海岸の砂を大規模に移動して、その砂で巨大な防波堤を海岸に作る。つまり、一辺が数百メートルから一キロに及ぶ、空から見て逆コの字型の防波堤を、海に突き出す形で作ってゆき、それで遮断された岩盤の上で、黒人の労働者がほうきに似た道具を用いて、ダイヤモンドを含む砂を集める。この、横断面がピラミッドに似た防波堤は、頂上でも幅二十〜三十メートルはあろうという巨大なもので、当然、海に面した側は、常に波によって浸食されているので、絶えず砂を補給し続けなければ、防波堤は崩れ去ってしまう。

フィンチ鉱山での露天掘り風景

このようなダイヤモンドを含む海岸は、オレンジ川河口から、延々約八十キロにわたって——東京から小田原くらいの距離——続いている。この距離を、同じ作業を繰り返しつつ、全て掘ってゆこうというのだから、その作業規模の巨大さは想像できよう。五十トン積みという巨大なトラックやトラクターが、常時数十台も走りまわっている光景からは、探し求めているものが、あの小さなダイヤモンドであるとは、とても想像がつかない。この作業により、一年間に動かす砂の量は六千万トンに及ぶ。おそらく、今、世界で行われている土木工事のなかで、最大のものの一つであろう。

将来の暗雲――これからどうなる？？？

ここまでの記述は、二十世紀末頃までのダイヤモンド市場の図であるが、二十一世紀になると、劇的な変化が生まれる。その変化を生み出したのは、ダイヤモンドの過剰生産、それと人工ダイヤモンドの登場である。

一九七九年、オーストラリア北岸で巨大なダイヤモンド鉱山が発見された。アーガイル鉱山である。生産がピークだった一九九四年には、この一つの鉱山だけで四二〇〇万カラットものダイヤモンドが採掘された。その結果、世界で採れるダイヤモンドは年間一億カラットを超えたのだ。さらにその後もロシア、カナダ、ボツワナ、中国などで鉱山が開発された。もちろん、その多くは低質のダイヤモンドであったが、明らかな過剰生産の時代に入ったのだ。さすがのデビアスも、そうしたダイヤモンドを多く買い取り、価格を維持するという、これまでの独占的な価格支配はできなくなった。かくして、デビアス社は、これまでの買取りの放棄を宣言する。もちろん、友好的な国のダイヤモンドは買い続けるが、そうでない国のものはご自由にということだ。ところが不思議なことに、ご自由にと言われた国々も、ご自由にはしないでデビアスの出方を見ながら、それに沿って活動を行っている。下手に反抗するよりも、デビアスの真似をした方が儲かるということが分かったのだろう。

もう一つのデビアス・グループの変化は、「デビアス」という名前で市場に上場されている公的な企業を、二〇〇一年に上場を廃して私的な企業に変えてしまったことだ。そうして、この「デビアス」という名前をジュエリーの小売ブランドとして使うという決定をした。莫大な資産を投じて、ロンドンに本店を構え、大量の広告を行い、米国や日本にも高級宝石店として出店した。何が理由であったのかは不明だが、おそらく素材としてのダイヤモンドを供給するだけでは、それを使って大もうけをしている有名宝石店に較べて、儲けが少ない上にイメージも良くないと思ったのだろう。それなら自分の名前でジュエリーを作り、売ればもっと有名になれるし、儲かると思ったのだろうと推測する。しかし、これは錯覚であった。デビアスのブランド化は進まず、何度か提携先を変えたりして、今日まで生き残ってはいるが、最初の目的が達成されることはないだろう。

さらにここ十年前後のことだが、もう一つの大問題がダイヤモンド業界を揺さぶる。人工ダイヤモンドの登場である。ダイヤモンドの成因は炭素に高温と高圧が同時に加わったことによる。だから白墨のような純粋に近い炭素に高温高圧を加えれば、人工的にできるということは、十九世紀末には分かっていた。実際の合成では一八七九年のハネイ、一八九三年のモワッサンなどが有名だ。一九四一年にはアメリカの大企業ゼネラル・エレクトリック社が、五三年にはスウェーデンのアセア社が試作に成功している。どちらも高温高圧を使う方式のもので、この方式によるダイヤモンドが商品として成功しなかったのは、作れるダイヤモンドが小さいことと、あまりにもコストが掛かり、天然のダイヤモンドの方が安かったことによる。

一九八〇年頃から、炭化水素の混合気体を基盤の上に蒸着させるCVD、化学気相蒸着と呼ばれる方法が使われるようになる。これは生産技術としては非常に安定した方法のようで、今では世界各地で安定的に生産が始まっているようだ。それをカットされたダイヤモンドを実見したが、全く天然のものと識別は出来ない。主に「メレー」と呼ばれる飾りに使われる小さなものが主流だが、最近では数カラットの大きさのものまで生産され、アメリカではこの人工ダイヤモンド専門のジュエリー業者がすでに存在している。もちろん、ある種の装置を使えば、天然と人工のものは識別できるのだが、小さなメレーにまで識別をすることは費用と手間を考えると、非常にやっかいである。この人工ダイヤモンドが、宝石業界にどのような影響を及ぼすのか、まだはっきりしないが、その将来に暗い影を投げかけていることは間違いない。

王者ダイヤモンドの将来は、なかなかに多難である。

3　翡翠――奇怪な宝石

原始的な魔力

中国、ニュージーランド、そして今はなき中米の古代マヤとアステカ帝国。この三題噺《ばなし》ならぬ三つの全く異なる地域から、共に相通ずるものとして何を想像できるか。

共通するものは翡翠《ひすい》、それも、極めて宗教的・呪術的な色彩の強い、装飾品以外の使われ方をした翡翠だ。我々は翡翠と言えばすぐに、濃い緑色をした長円形の指輪に使われたものや、あるいは古典的な彫りを加えた平板状の帯留などを想像してしまうが、このように翡翠を直接に宝飾品の素材として用いるのは、むしろ例外であって、世界の様々な国での最も普通の利用法は、いろいろな彫刻や工芸品などの素材としてなのだ。

鉱物学的に見ると、翡翠という石は大変に紛らわしい代物《しろもの》だ。普通、翡翠と呼ばれている鉱物には、アルカリ輝石の一種である翡翠輝石という正式名を持つジェダイト、

〝硬玉〟と呼ばれるものと、カルシュウム角閃石《かくせんせき》の一種で透閃石という正式名のネフライト、〝軟玉〟と呼ばれる、全く別種のものとが混在している。今日、我が国で宝石として珍重されているのは前者であり、ネフライトを用いた彫刻、置物の類《たぐ》いに対する評価は極めて低い。ジェダイトは、歴史的に見ると比較的新しく発見された鉱物であり、十八世紀になって、中国の雲南省とビルマ（現在のミャンマー）の国境のあたりから初めて中国中心部に入ったものだ。それまで、中国古代の玉《ぎょく》と呼ばれたものから、世界の各地で工芸品や彫刻の素材として用いられてきた翡翠は、すべてネフライトである。ただ例外としては、現在のメキシコからグアテマラにかけて、古くから栄え滅んできたオルメカ、マヤ、アステカなどの王国では、ジェダイトのみが用いられていた。この硬玉も軟玉も、硬度はさほど高くはないが、結晶が繊維状にからんだ、靱性《じんせい》と呼ばれる独特の強度を持つために、彫り込んだり切ったりする加工が自由にできる特性を持つ。

　この翡翠を古代の人々は、他の石には見られない、一種不可思議な力を持つものと見ていたようだ。古代から現代にいたる中国人やニュージーランドの先住民であるマオリ族は、ネフライトの産地を生活圏の周辺に持っており、共にその翡翠を用いて、純粋の宝飾品とは言いがたい、各種の器具、祭祀用品や御守りを作り用いていた。マヤを代表とする中米の民族は、これとは逆に、細工がより困難であるジェダイトを用いて、数多くの祭祀用品を残した。こうした相互に全く交渉のないと思われる――アジアと中米との交渉が存在したと主張する学者もいるが――三つの民族が、そろって翡翠を使って、奇怪な御守り、葬器、仮面などを作り、広く使用していたことを知ると、この翡翠なる石には、現代の我々ではもう感じることのできない、古代人のみが感じ得た原始的な魔力があったのではないかとも思えてくる。

死者と共に埋めた中国

古代中国人は、この翡翠を含めて美しい石をすべて「玉《ぎょく》」と呼んだ。そのなかでも、当時の道具だけで様々な加工を加えることのできる、耐久性の高い翡翠が、特に〝玉の王〟と呼ばれ高く評価された。この玉で作られた中国の器物は、大別して三種ある。第一は王侯の権威を示すものとして宮廷で用いる礼器、第二は王が命令を下すときに家臣に持たせる「符節器」と呼ばれる実用品、第三は衣装につける目的の装飾品である佩飾玉《はいしょく》、さらには死者と共に埋める喪葬玉などの葬祭用品だ。

こうした用いられ方のうちで、翡翠のみにみられて他の宝石にはあまり例がないのが、死者と共に埋葬する副葬品としての場合だ。古代の中国人は、翡翠を人体の穴

チムールの墓

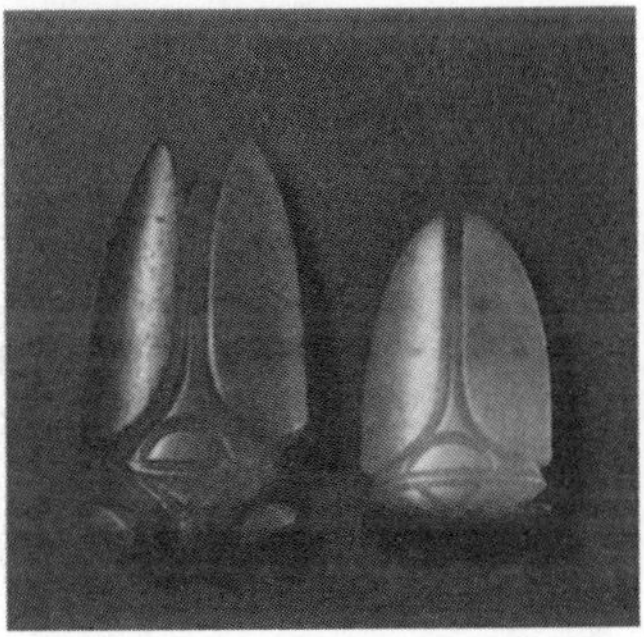

唅蟬　台北・故宮博物館

――耳や目、口など――に入れて埋葬すれば、死体は腐朽することがないと信じていた。口中に入れる翡翠を「唅《がん》」、耳用のものを「瑱《てん》」、さらには手ににぎらせたものを「握《あく》」といい、特に口中に含ませた翡翠は、蟬《せみ》の形をしたものが多い。唅蟬《がんぜん》と呼ばれる、死者の口中に入れられた翡翠で、古く漢の時代からあるものだ。こうした翡翠――玉信仰の最たるものが、一九六八年に発掘されて話題となった、中山国王・劉勝の墓から出土した〝玉衣〟だ。実に二千四百九十八枚の翡翠の板を細い金線で縫い合わせた屍衣《しい》で、遺体をすっぽりと包みこんでいる。玉の防腐作用についての信仰の高さが、はっきりとわかる。

古くからこのように用いられてきた中国の翡翠は、ほとんどすべてホータンを原産地とする。ホータンは、現在の新疆《しんきょう》ウイグル自治区和田《ホータン》にあたる地区で、古来、〝崑崙《こんろん》の玉〟と言われた翡翠の原石を産出した。現在でも、この地を流れる白玉川《ユルンカシユ》の河原で、翡翠原石の採取が行われている。

かつてこのホータンの地を含む大帝国を築き上げたチムールの墓は、現在のサマルカンドにある。この大英雄の墓そのものが、巨大な翡翠の板で組み立てた棺《ひつぎ》であり、その表面にはイスラム独特の模様が彫り込まれ、さらに「我この地の眠りよりさめる時、世界はうち震えるであろう」という碑文がアラビア語で刻み込まれている。

西域地方の地図を見ればすぐわかる通り、このホータンを中心とする地域は、中国中心部よりもインド北部への方がずっと近い。当然、古代の西域交易で翡翠がインドに流入して、インド独自の翡翠文化が発生した。だが、インドでの翡翠文化は、ムガール朝が最初で最後であり、それ以後は全くといってもよいほど途切れている。ムガール王朝は、チムールの末裔《まつえい》がトルコ系の民族と混血して生まれた部族が立てたもので、十六世紀半ばのアクバル大帝の統治した時代に、国力の頂点に達した。ムガール帝国は、中国人の技術者を翡翠加工の師として招聘《しょうへい》し、それを基に独自の翡翠加工技術を打ちたてた。

これが今日、ムガール翡翠、あるいはインド翡翠と呼ばれる作品だ。骨董《こっとう》としては、中国のものをしのぐ高い評価を受けている。純粋の宝飾品は少なく、コップ、ポット、皿といった実用品が多い。イスラム独特の模様を、翡翠の表面に線刻したり、金の細い線を色石や七宝と共に埋め込んだりしてあり、中国産のものと歴然たる違いがある。また、極度に繊細な透し彫りのデザインのものも多い。鉢や皿などの肌を、完全に透き通るばかりに薄く仕上げたものもあり、ムガール帝国に栄えた翡翠加工技術は、師とした中国を時にはしのぐものであった。このようなインド翡翠の傑作は、逆に中国の宮廷にも送られた。現在、こうしたインドや西域地方産の最上のものは、台北の故宮博物院で「痕都斯坦《トルキスタン》玉器」として、見ることができる。

埋葬後、掘り出したマオリ族

マオリ族は、ニュージーランドの先住民だ。この民族は、相当に古い時代から、連続的にタヒチなどの地方から移住してきた。ニュージーランド南部のクック山やその近辺に、ネフライトの鉱脈を発見したマオリ族は、これをポウナムと名付けた。彼等はこれを用いて、武器や日用品を作った。その後、このポウナム加工に習熟したマオリ族は、自分達の先祖のシンボルとして、今日、ヘイティキと呼ばれている一種の御守りを作り出した。グロテスクに曲げられた人間の形をしており、頭部を大きく曲げ、足を開いた奇妙な形が普通で、目には真珠母貝をはめこむか、蠟《ろう》などを流し込んである。ティキというのは、ポリネシア伝説での最初の人間を意味する。このヘイティキ

ヘイティキ
オークランド戦争記念博物館

の奇妙な形状は、原始状態の混沌《こんとん》から生まれ出ようとしている、最初の人間の誕生を示しているのではないかと思われる。

マオリの人々は、この翡翠で作ったヘイティキが持っている力をマナと呼び、その力はヘイティキと接触した人間の持つ力により生じるものと信じた。ある人が死ぬと、ヘイティキも共に埋葬されるが、一定の期間がたつと、ヘイティキは掘り出されて、子孫や親友が再び身に付け、これによって、その新しい使用者の持つ力がそのヘイティキにのりうつる、と信じた。このようにして、代々伝えられたヘイティキは、色々な所有者のマナをとりこんだ、魔力の強いものとして、大変な貴重品とされた。最近でも、観光土産としてヘイティキが売られているが、どうやら今出来のものには、こうした魔力はないようである。

御守りにしたマヤ族

メキシコ南部、グアテマラ、ホンジュラスなどの中米地区に花開いたオルメカ、マヤ、アステカなどの諸文明には、いろいろな相違点と共通点がある。翡翠、それも細工が非常にしにくいジェダイト、硬玉の方を用いて種々の細工品を残したのは、完全な共通点だ。これほどに、大量かつ良質の硬玉を使用した文明は、世界中どこにもない。中国やビルマ（ミャンマー）産の硬玉が、世に知られたのは十八世紀半ば以後のことだ。

この地方での翡翠の用い方は、純粋の装飾品と言えるものは一つもない。全ては、小さな像、仮面、祭祀的な彫りの入った平板で、おそらくは建築物の壁面に取り付けられたものだ。小さな孔の開いた、ペンダントに用いたと思われるものもあるが、飾りよりも御守りとしての色彩が強い。今日でも、何の目的のために作られたのか、理解しがたいものが多い。ほとんどのものが立体的で、高度に磨き上げられており、有名な古代中国産の翡翠彫刻よりも技術水準は高い。また、驚くべきことに、マヤ人は翡翠で義歯を作った。これが実用のものであったのか、あるいは権威の象徴にすぎなかったのかは、はっきりしない。だが、その加工技術は、我々が想像する以上に高度であったことは明らかだ。

マヤ族が用いた装身具のうちで最もユニークなのは、イア・フレアと呼ばれる巨大な耳飾だ。これは円形のすりばち状の耳飾で、大きいものは外部のラッパ状の部分が十センチ近くもあった。マヤ族の女性は、十代の初めには耳たぶに孔を開け、その孔にこの巨大な耳飾を取り付けた。たぶん偶然の類似だろうが、これは縄文時代から古墳時代にかけて日本人の先祖が使った、耳栓《じせん》に酷似している（第Ⅰ章1節）。奇妙な東西の一致だと言えよう。

この地方に住んでいたインディオ達は、翡翠には生命力を豊かにする力があるものと信じ、生命力との接触を死後も絶やすことのないようにと、死者の口に翡翠を忍びこませた。中国の唅蟬と、何と似た風習だろうか。特にマヤ人は、死者に翡翠を持たせておくと、死後の世界で食物を買うことができると信じていた。

この地を征服したコルテスを始めとするスペイン人は、こうした翡翠の価値を全く理解することがなかった。コルテスが去ってから半世紀ほど後に、欧州で翡翠を医薬品として、かつまた一種の御守りとして、使用することが流行《はや》ったために、多くの貴重な翡翠の細工品が欧州に送られ、そこで壊された。

このように、互いに関係がなかったと思われる世界の色々な地区で、翡翠なる鉱物が宝飾品としてではなく、古代の人々の実用品――宗教用品や祭祀用品は、古代の社会では日常用品であった――として用いられた。翡翠という石には、他の石にはない〝何か〟があるように思いたくなる。

現代の日本では、この翡翠のうち、硬玉だけが、指輪あるいは帯留に広く使用されている。その深い緑色が日本人の肌に合い、和服とも合うために、日本の女性、特に高い年齢層の女性に大変人気がある。だが、そうした使用方法は、翡翠の長い歴史のなかではむしろ例外であって、太古から、見も知らぬ国々の人々が、翡翠のうちに潜む魔力を見出していたのだ。この事を知れば、翡翠の魅力もまた、一段と増すであろう。

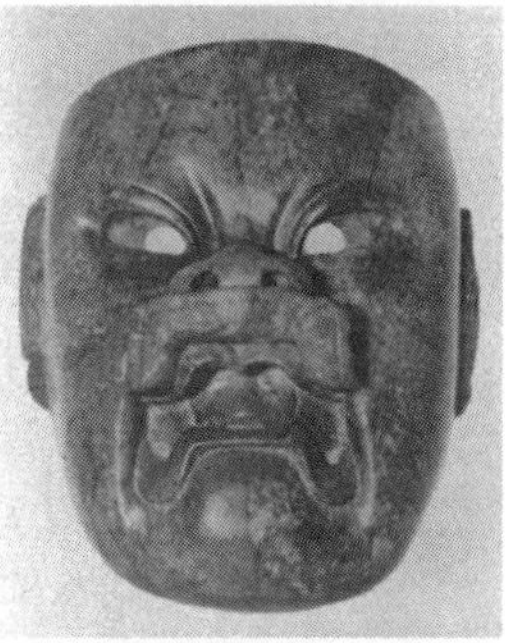
オルメカの翡翠マスク
ダンバートン・オークス博物館

中国の人面の翡翠
フリア美術館

4 真珠——知られざる歴史

最も身近な宝石

我々はともすれば、自分の身の回りに普通にあるものを軽視しがちである。真珠がよい例だ。今でも日本は、世界の真珠市場の過半を制しているだけでなく、日本人が所有している宝石のなかでは、この真珠が群を抜いて多い。そのため、ともすれば見慣れたものとして扱いやすいが、この真珠こそ、様々な宝石のなかでも、最古の、人に知られざる歴史を持つ、特色のある宝石なのだ。なによりの誤解は、真珠は丸いもの、と我々は思っているが、天然真珠を用いたジュエリーを見れば分る通り、丸い天然真珠はむしろ例外なのだ。

日本人の真珠に対する冷淡さに比較して、西洋人は我々が考える以上に真珠を好む。一九七五年、英国のエリザベス女王が日本を初訪問された。その折、女王側から唯一、どうしても訪れたい所として要求があったのがミキモト真珠島であった。訪島された女王は数時間を過ごされ、いたくご機嫌麗しく、養殖真珠のすべての説明を受けられたという。また一九八六年に来日された英国のダイアナ妃（当時）も大の真珠好きであった。ダイアナ妃が着用していた宝飾品のほとんどは真珠であり、やはり訪日ということを意識したのだろうかとも思われるが、もともとダイアナ妃は、御自身でダイヤよりも真珠が好きと明言されていた。御成婚以来、実に多くの真珠宝飾品を用いられていた。特に目をひくのは、ドッグネックレスと呼ばれる、首のつけねではなく首にぴったりと、犬の首輪のように取り付ける首飾を、公式の場で多用されてきたことだ。日本ではこの他にも、シンプルな二連の首飾を用いられたが、これはクラウン・パールと呼ばれる、英国王室歴代の有名な天然真珠であった。

一九八五年、福井県の鳥浜貝塚で縄文前期のものと見られる真珠が発見された。その少し前には、化石となった真珠が広島県で発見されており、これは実に千五百万年も昔のものと推定されている。真珠と呼ばれる物質は、本質的には、様々な種類の貝の体内に異物が入った時、貝が自己防衛のために貝殻と同じ物質を分泌《ぶんぴつ》して、その異物を自分の体に害のないように、巻き込んでしまう活動から生まれるものと言ってよい。したがって、理論的にはすべての貝が真珠を作り得る。ただ、宝石としての美しさを持つものとなると、自然と特定の貝に集中してくる。

古代、人類が食物としたもののなかに貝類が含まれていたことは、我が国の貝塚を見るまでもなく、世界中の漁労民族にとっては当然のことだった。食物とした貝のなかに、美しい真珠を、古代人が偶然に発見したであろうことは容易に想像できる。最も古い時代に、このようにして真珠と出会い、その美しさを認めたのは、紅海、ペルシャ湾、インド沿岸、セイロン（現在のスリランカ）、そして中国南部からベトナムにかけての地方、それに中国内陸部の湖水地方などに住む人々であった。こうした地域から、地中海地方や欧州に真珠が大量にもたらされたのは、アレキサンダー大王の東征の時であったとされている。

真珠という言葉そのものは、多くの古い文献に登場してきた。旧約聖書に真珠が登場しているかどうかについては、学者によって意見が分かれる。新約聖書には間違いなく登場し、プリニウスの『博物誌』、ユダヤの聖典『タルムード』、インドの古典『ラーマーヤナ』、ギリシャの古典『オデュッセイア』などにも真珠に関する記述がある。また中国でも紀元前二千年の夏《か》の時代から知られており、三国時代の『魏志倭人伝《ぎしわじんでん》』にも、卑弥呼《ひみこ》の娘壱与《いよ》が、真珠を意味する白珠五千孔を献上した記録などが見られる。このように、その起源から見ても、古記録の確かさから見ても、間違いなく真珠は人類が知った最古の宝石だ。

またあまり知られてはいないが、北米、中米に居住していた先住民のインディオ達も、アメリカ大陸の淡水河川、メキシコ湾、パナマやベネズエラなどから採れた真珠を、装飾や祭祀用に広く用いていた。近年でも、こうした天然真珠は細々とではあるが採れており、その状況は、スタインベックが、カリフォルニア湾で天然真珠を発見した漁民をテーマとして書いた名作、『真珠』によく見ることができる。

洋の東西を問わず

このように、世界の各地で古くから人類となじんでいた真珠は、その後も中世から現代にいたるまで、実に多種多用な用いられ方をしてきた。現代の宝飾品に見られる

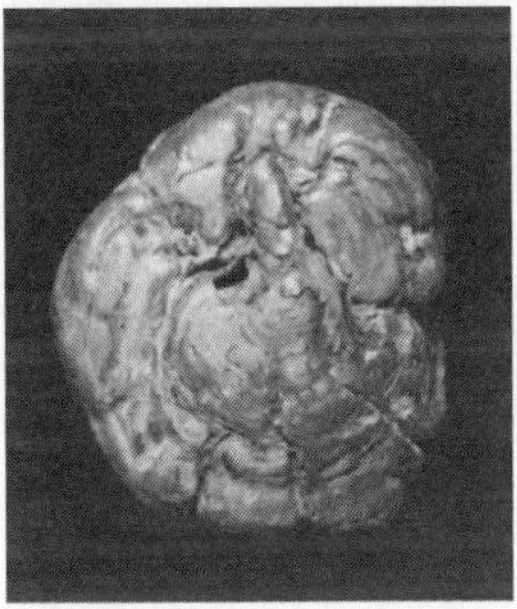

鳥浜真珠
若狭歴史民俗資料館

ライオン・ヘッド・ブローチ
ルネッサンス期

ような、単純な指輪や首飾ではなく、たとえば王侯貴族はその王冠に、貴婦人たちは衣服に直接縫い付ける飾りとして、そしてトルコ、ペルシャ、インドの太守達はそのターバンを飾るものとして、そして中国人は漢方の素材として、実に莫大な量の真珠を使用してきた。

ルネッサンス時代からバロック期にかけて、極めていびつな形に変形した真珠——これをバロック真珠と呼ぶ——の形状をそのままに生かして、いかに具象的なデザインをするかに宝飾品を作る職人の関心が集まった。宝石としての真珠の特色は、他の宝石と異なり、人間が勝手にカットしたり磨いたりできないことにある。こうした制約が逆に職人達を刺激し、かつまた自由さのある時代の精神と一致したのか、主としてブローチとペンダントを中心に、今日残る真珠を用いた宝飾品の最高のものは、ほぼこの時代の作品だ。

イコンと呼ばれる宗教美術品は、我々日本人にはあまりなじみがない。主として東方教会の信徒が礼拝に用いる、キリストや聖母を描いた画像のことだ。ビザンチン時代には、板や布の上にテンペラ絵具で画像を描いた単純なものだったが、ロシア帝国の時代になると、キエフやモスクワを中心として、より高度な作品が作られるようになった。これと併行して、イコンの画像の顔の部分以外をすっぽりと包みこむ形式の、貴金属製で見事なデザインと細工をほどこした、オクラド――つまりイコンのカバーである――と呼ばれる細工品が作られた。ロシア帝国の支配王朝であったロマノフ家を中心とする、皇帝、大貴族などのために作られたこのオクラドには、表面を飾るものとして、特に聖母の衣服を表現するために、莫大な数量の天然真珠が使用された。

また真珠を愛することでは、欧州各国の宮廷を彩《いろど》る貴婦人達も負けてはいなかった。宝飾品として用いられる場合も多かったが、特に人目をひいたのは、孔を開けた真珠をそのまま、一種のアップリケのような形で、衣服そのものに縫い付けて飾りとしたものだ。それも一着の服に十個、二十個という数ではなく、数百から数千に及ぶ量を用いている。一人の貴婦人が一体こうした服を何着所有していたのかはさだかでない

ロシアのイコンとオクラド

カージャール・クラウン

が、使用量の莫大さは想像がつく。このような真珠の使い方は男性の場合にも見られ、王侯の衣装に縫い付けられた形で、巨大な真珠が数多く使用されている。

天然真珠の産地であったペルシャやインドの王侯達も大の真珠好きであった。ペルシャやインドに残る膨大な宝飾品のなかでも白眉《はくび》とされるのは、カージャール・クラウンと呼ばれる王冠で、実に千八百個以上の天然真珠が、まるで道路の敷石のように王冠の表面を飾っている。

イギリス統治下のインドには、自治権に近い権限を認められた藩王国が数多くあり、その君主はマハラジャあるいはナワブ——イスラム教徒の地方君主のこと——と呼ばれ莫大な富を所有していた。こうした藩王達の富の巨大さは、我々の想像を絶するものがある。歴史上名の知られたダイヤモンドの過半が、かつてはこの藩王達の所有であったことからもその富裕さが分かるが、彼等は真珠も、主としてセイロン産のものを中心として、日本人の目から見れば悪趣味と言えるほど大量に使用している。

また中国人は、真珠を宝石として扱う以外に、漢方薬の材料の一つとして重視した。『本草綱目』にも見られる通り、真珠を強壮剤や解熱剤《げねつざい》として高く評価してきた。現在でもケシ珠と呼ばれる日本産、中国産の一〜二ミリほどの小さな真珠を、そのまま飲用する中国人は多い。

はかないパール・ラッシュ

では、これほどまでに世界の各地で、大量かつ長期間にわたって愛用された天然真珠を、集め供給する側の仕事はどのようになされていたのか。実は、これは知られざる大産業であった。天然真珠についての世界的権威であったクンツ博士が、一九〇六年（明治三十九年）に行った推計によれば、全世界では約十万人の人々が天然真珠の採取にあたり、真珠と真珠貝とを合わせた総生産高は、生産地価格で約千二百万ドルに達していた。この頃の対ドル・レート、一ドル二円で計算すれば、生産地価格で二千四百万円、最終製品の販売価格を約三倍とみると、実に七千万円を超える大市場を天然真珠業は持っていた。ちなみに、翌明治四十年の日本の全輸出額が四億二千五百万円の時代のことだ。

アメリカ産淡水真珠を用いたブローチ

天然真珠の漁場は、文字通り全世界に広がっていた。ペルシャ湾とセイロンが一位と二位の漁場となっていることは当然としても、第三位はなんとアメリカ国内の河川からの淡水真珠だった。今日では、そのアメリカが日本の養殖真珠の最大の輸出市場であることを思うと、昔日《せきじつ》の感がある。カリフォルニアを中心としたゴールド・ラッシュは有名であるが、一八五〇年代から九〇年代にかけて、パール・ラッシュがアメリカの河川でおきていた。この、あまり知られない真珠騒ぎについて、詳しくみてみたい。

アメリカでのパール・ラッシュは、一八五七年にニュージャージー州のパタースンという小さな町で、一人の大工が、近くの川から食用のために採ってきた貝から大きな真珠を発見したことに始まる。この真珠はティファニー宝石店のチャールズ・ティファニーに買い取られ、まわりまわって最後にはフランスのウジェニー皇后のものとなり、クイーン・パールと呼ばれた。

このニュースが伝わるや、その川めがけてドッと人が押し寄せたのはゴールド・ラッシュと同様だった。ゴールドの場合と異なるのは、仕事が、単に裸足で川に入って、足先で貝を探すだけでよかったために、大人だけでなく子供までもが簡単に真珠探しに参加できたことだ。このため、一つの川に生息していた貝が、完全に採られ消滅してしまうまでに時間はかからなかった。

このパール・ラッシュはペンシルバニア州、オハイオ州、テキサス州、そしてコロラド州の川へと移っていった。なかでも高い評価を受けたのが、ウィスコンシン州の川から採れた真珠で、特にシュガー・リバーという名の川からの真珠はロンドンへ送られて、数年のうちに五十万ドルを超える売り上げとなった。

不思議なことに、この地区に住んでいた先住民のネイティブ・アメリカン達は、真珠をさほど高く評価した形跡がない。このパール・ラッシュ以前に先住民の漁夫達が偶然に見つけた真珠は、単に幸運の石として子供達の遊び道具となっていた。これは、南アフリカでのダイヤモンド発見の時の逸話とほとんど同じだ。

悪いことに、一八九〇年代頃から、こうした貝の貝殻が、ボタンの素材としても役立つことが分かったために、ボタン工場があいついで設立された。一つの工場で毎年数万もの貝が乱獲され、貝がなくなるとその地区を見捨てて、別の地方へと工場が移動するという事態が発生した。こうした貝の乱獲が、アメリカの真珠産業に急速な終りをもたらした。第一次大戦の頃には、アメリカ国内での真珠採取は終りをつげていた。もしこの頃に、貝の乱獲を防止し、科学的な研究努力を少しでもこの方面へ向けていたならば、養殖真珠は今日、アメリカの特産物となっていたかも知れない。

二十世紀は養殖真珠の時代である。日本人の手になる養殖真珠業は、世界の天然真珠採取業に大きな打撃を与え、同時に天然真珠そのものも、貝の乱獲や海の汚染で消滅していった。この移行期のエピソードが一つある。

ニューヨークにロヴェンスキーという名前の大富豪の夫人がいた。彼女は真珠の大愛好家であったが、カルティエのニューヨーク支店のショウ・ウインドーに展示されていた、見事な天然真珠五十五個と七十三個からなる二連の首飾に魅せられてしまい、一九一六年、とうとう自分が五番街に所有していたビル一つとその首飾とを交換してしまった。ところが、その数年後に出現した養殖真珠のおかげで、首飾の価値は大きく低下してしまい、一方、ビルの方は、現在カルティエのニューヨーク支店となっている。

これが養殖真珠が世界を制覇する以前の、真珠の概略史である。真珠というものが、決して丸いものではないことがお分かりいただけたものと思う。また、すべての真珠が乳白色の、いわゆる真珠色をしているわけではなく、実に様々な真珠があることの一例として、口絵に掲げたコンク・パールと呼ばれる、一種の巻貝であるコンク貝が作る、見事なサーモン・ピンクの不透明な真珠を用いた首飾がある。

第Ⅱ章　歴史を作った男たち

1　カール・ファベルジェ——ロシア宮廷の徒花

ペテルブルグの工房

こんなジョークがある。かつて冷戦時代、ソビエト・ブロックの首脳が一堂に会して議論をしていた。チェコスロバキアの大臣が、立ち上って発言を求めた。近い将来、我が国は海軍省を設立したい、と。これを聞いたソビエトの大臣が大笑いして言った。チェコスロバキアは内陸国ではないか、海がないのに、どうして海軍省が必要なのか、と。チェコスロバキアの大臣が静かに答えた。しかし閣下、ソビエトにも文化省があるではないですか、と。これは、一九一七年のロシア革命以後のソビエトにおける文化の不毛を、見事についたジョークだ。

ロシアを支配したロマノフ王家が残した様々な文化遺産を見ると、どうしても芸術や文化と、社会的正義との矛盾を感じざるを得ない。ここに取り上げるファベルジェの作品を筆頭に、ロマノフ王家が所有していた宝飾品の数々は、「宝石狂の人々」の項でも取り上げるが、その水準の高さと豪華さにおいて世界一のものであった。だが、それを生み出した社会における貧富の差もまた世界史上トップクラス（！）で、ロシアの王族、貴族の豪奢《ごうしゃ》と、それを支えてきた農奴の生活との差は、他に類を見ないほどであった。今日でも復元できない水準の作品が、こうした不正なる社会から生まれ、その不正が革命によって取り除かれたとする当時のソビエトからは、文化らしい文化はたいして生まれなかったという事実は、芸術というものが持つ本質の奇怪さを物語っているように思える。

今日残っている、ファベルジェ作とされる数多い作品は、ピーター・カール・ファベルジェを中心とする一族と、その工房に働いた数十人の、極めて優れた職人とが協力して作り上げたものだ。工房がファベルジェの名前で実際に稼働《かどう》したのは、一八七〇年頃から一九一七年までの五十年弱にすぎない。この短さから見ると、異常ともいえる数量の作品が世に送り出されており、ファベルジェの工房は、近代では最初のシステム的な生産方法を取り入れたものであったことが分かる。この点でも彼は極めてユニークな宝石商であった。

イースター・エッグ

ファベルジェ家の祖先は、フランスから脱出したユグノー教徒であったが、一族が宝石商として初めて歴史に名前を残したのは、一八四二年にカールの父グスタフが、サンクト・ペテルブルグに店を開いた時に始まる。

カール・ファベルジェは一八四六年に生まれた。父が始めた宝石商は、カールとその兄弟の参加によって次第に拡大し、一八七〇年にはロシア皇室御用達になった。一八八六年、時の皇帝アレキサンドル三世の要請により、初めて皇室用のイースター・エッグを制作した。以後、ロマノフ王家の絶対的なひいきを受けた宝石商として、モスクワ、キエフ、オデッサ、さらには海外にも支店を持つ大宝石商となっていった。

ファベルジェが残した作品の多くは、ロマノフ王家の需要を満たすものとして、宝飾品の技術を利用した飾り物、置物、文房具、写真立て、置時計などの実用工芸品が多い。皇帝を中心とするロシア宮廷内での贈り物、さらにはロマノフ家から、世界の各地の王家への贈り物として作られたものがほとんどだ。もちろん、要望に応じて、宝飾品も多く制作されてはいるが、工芸品に比較するとはるかに見劣りがする。

この種の実用品は、OBJETS D'ART、またはOBJECT OF VERTUなどと呼ばれ、日常生活に用いる実用品のうち、宝飾品に用いられるのと同じ素材あるいは技術を用いて作られたものを言う。十七世紀から十九世紀にかけて欧州で全盛となり、二十世紀になってもカルティエなどが伝統を引き継いだが、王侯貴族といった優雅なスポンサーの消滅と共に次第に消え失《う》せ、現在ではほとんど作られていない。ただ、過去の秀作を中心にした骨董《こっとう》市場は大変に大きく、巨額の市場となっている。

こうした作品のなかでも特に優れ、今日では最高の工芸品として高い評価を受けているものに、イースター・エッグがある。

王家の信仰を受けて、ロシア帝国の国教となっていた東方正教会では、キリストの復活を祝うイースターは、最も重要な祭りであった。イースターでは、再生のシンボルとして、様々な模様や色彩を付けた卵、いわゆるイースター・エッグを贈りあう風習がある。このイースター・エッグを卵ではなく、信じがたいほどの精密さを持った宝石細工と、ユニークなデザインとで作ったものが、今日、ファベルジェのイースター・エッグとして知られる美術品なのだ。それぞれのエッグには、必ず小さな仕掛けがほどこされており、単に外見の美しさだけではなく、その仕掛けを楽しむことができるようになっている。

ファベルジェのイースター・エッグは、アレキサンドル三世、ニコライ二世の二代にわたり、一八八六年から革命直前の一九一六年までの間に、それぞれの皇后と母后のために約五十四個が制作されたと言われ、このうち今日まで五十一個が残っている。革命の年、一九一七年にもこの年のエッグのデザインは完成していたが、ついに制作されることはなかった。こうしたイースター・エッグのなかで、代表的な作品三点を詳しく見てみよう。

最も有名なのは、「ルネッサンス・エッグ」と呼ばれる、一八九四年にアレキサンドル三世が皇后に贈ったものだ（口絵参照）。乳白色の大きなメノウを卵状にえぐり、その上に金の格子《こうし》状のデザインをほどこしたもの。格子の上には、赤、青、緑、白色のエナメルと、ローズ・カットのダイヤモンドとカボッションのルビーが用いられ、下のメノウの白さと鮮明な対比を見せている。全《すべ》ての作品のなかで、本当の卵に一番似ているのみならず、デザインの鮮明さで群を抜く。残念なことに、このイースター・エッグのなかに入っていた仕掛けは、流転《るてん》のうちに失われて、何が入っていたかすら今では分からない。

次は「オレンジ・ツリー・エッグ」と呼ばれる、鉢植えのオレンジの木の茂みの部分を卵に見たてたもの。一九一一年に、ニコライ二世が母親の皇太后に贈った。濃緑色のネフライトの台座の上に、白色のクオーツ（石英）で鉢を作り、そこからさらに、

オレンジ・ツリー・エッグ

リリー・オブ・ヴァレー・エッグ

金で作った樹《き》が伸びている。その上にネフライトで作ったオレンジの葉が密集して、卵状になっている。葉の間には、ダイヤモンドや色石で表現された花や果実が見える。この葉の一つを押すと、一番上の部分が開いて小鳥が現れ、一声鳴いてからすっと引っ込む、という仕掛けがなされている。全体の高さが、わずか二十七センチほどの、実に精巧なものだ。

三番目は「リリー・オブ・ヴァレー・エッグ」と呼ばれる、これもまた、ニコライ二世が母后に贈ったもので、一八九八年製のもの。精密な彫りをほどこして金に地模様をつけたものの上にバラ色のエナメルをかけ、その上に、緑色のエナメルをほどこした金で葉を、天然真珠で花を表現したスズランを取り付けてある。スズランの茎と全体の卵状を支える足には、色調を整えるために、珍しいグリーン・ゴールドを使用。このエッグの仕掛けは、上に飛び出す画像だ。スズランの花を一つ回すと、下から画像が三枚せりあがってきて、左右に開く。画像の主は、贈り主のニコライ二世とその最初の子供であるオルガとタチアナの二皇女だ。おそらくは、画像は象牙《ぞうげ》板を用いたミニアチュアであろう。この年から十九年後、画像の三人共、革命の騒ぎのなかで処刑された。この画像とその入れ物の壮麗さからは、後に三人を待っていた悲劇の影は全く感じられない。ファベルジェ作のイースター・エッグのなかで、最高作とされるこの三点は、長くアメリカの経済関係の出版社として有名なフォーブス社の社主、フォーブス氏のコレクションとしてニューヨークで公開されていたが、フォーブス氏が大統領選に出た後の混乱から、二〇〇四年、氏の相続人からロシア人が買い戻し、いまではロシアで展示されている。

顧客は国際的

こうしたファベルジェの作品に用いられている手法は、ネフライトやメノウを主とした様々な宝石を自由にカットする石刻の技術と、数十色に及ぶ多彩な七宝、それに作品の随所に使われている、精巧なミニアチュアと様々な仕掛けである。こうした技術を組み合わせて、ファベルジェとその一門の細工師達は、ロシア王家とその宮廷を取りまく大貴族を主たる顧客として、数多い作品を世に送り出し続けた。どの作品にも、気の遠くなるような技術を用い、そしてこれだけ多くの物を作りながらも、同じデザイン、同じアイディアを重複して使わないという、努力のあとがはっきりと現れている。この執念とも言うべき努力と熱意には、驚かざるを得ない。

ファベルジェのユニークさを認めたのはロシア人だけではなかった。アレキサンドル三世の妃《きさき》フョードロヴナは、英国王エドワード七世の妃のアレキサンドラと姉妹であった。誕生日ごとに、フョードロヴナ妃からファベルジェの作品を贈られたアレキサンドラ妃とエドワード七世は、その作品が全て大変に気に入ったので、ついには王家自らも注文を出すまでになった。またさらに、ファベルジェの職人をペテルブルグからロンドンに派遣させて、王室が飼っていた動物を皆、半貴石でミニアチュアに作るよう依頼までしている。この作品は今でも英王室のコレクションとして、英国で見ることができる。

またタイ王家も、チュラロンコン王時代、ロマノフ家と極めて親しかったために、多くのファベルジェの作品を贈られており、自分でも注文を送っている。このために、今でもタイ王室には七十点を越すファベルジェの作品がある。

　こうした作品に共通する、特に注目すべき技法は、金の地金の表面に精密な彫りを入れて、その上に様々な七宝をかけたものだ。これによれば、単に七宝の色が美しいだけではなく、半透明の七宝を通して、その下にある彫りの部分が模様として浮び上ってくる。七宝と彫りの図柄とのコンビネーションで、数百のデザインを作ることができる。この七宝の技術と半貴石の石刻との組み合わせで作られた、ファベルジェならではの作品が、小さな生け花だ。これは、無色のロッククリスタルを鉢にして、そこから小さな花を色石と七宝で表現している。冬が長く、生花の少ないロシア人にとって、花へのあこがれは我々の想像以上だったことがよく分かる。

　カール・ファベルジェ自身は、特に優れた細工師ではなかったが、優れた職人を多く自分のもとに集め、彼等が作るべき工芸品や宝飾品のアイディアとデザインとを、次々に出し続けた。この点でも、彼は当時までの宝石商としては、極めて珍しい人物であった。

　一九一七年、ロシア革命がペテルブルグでおこると、ファベルジェの店と工房とは人民委員会の手で没収され、翌年には閉鎖されてしまった。ファベルジェ自身も、英国大使館の館員になりすましてロシアを脱出、スイスのローザンヌに渡ったが、一九二〇年に同地で死去した。

ファベルジェの工房で制作された作品は、今日、クレムリン宮殿内の国立博物館に最も多く所蔵されているが、その数倍の作品が、革命後に亡命したロシア貴族や王族の手で西欧に流出、また作品の価値をよく理解できなかった革命委員会によって、革命直後に売却されたこともあって、世界の各地にコレクションされており、現在でも骨董市場で商品として流れているものは多い。世界で最も著名なコレクションは、イースター・エッグのところでも触れたアメリカの出版王フォーブス氏が所有していた九個であったが、今ではロシア人に買い取られ、ロシアの大地に帰り、クレムリンの

ピーター・カール・ファベルジェ

ファベルジェ式生け花
籠は金、葉は翡翠、花は真珠

武器庫が所有する十個と並んで、生誕の地に展示されている。

これほどの金と宝石の細工技術が、当時では欧州の片田舎にすぎなかったペテルブルグに花開き、栄え、そして後世に甚大な影響を与えたこと自体、一つの奇跡であり、三百年にわたるロマノフ王朝最後の、つかのまの徒花《あだばな》であったとしか言いようがない。

2　ルイ・カルティエとその一族——近代宝飾品の創始者

史上最大の宝石商

今日、商品として売られている宝飾品の創造に、最も影響を与えた宝石商は誰かと言われるならば、間違いなくカルティエを挙げる。もちろん、現在市場に溢《あふ》れている商品としての宝飾品が、全てある一つの傾向だけで作られているわけではないが、全体の基調を作った人、あるいは時代に最も大きな影響を与えた者がいるとすれば、カルティエ商会の創始者であるルイ＝フランソワ・カルティエであり、そしてその子孫達、アルフレッド、そして三代目のルイ、ピエールそしてジャック・カルティエの三兄弟を含む一族が、史上最大の、かつ最もユニークな宝石店を作り出したのである。

宝石商カルティエは、一八四七年にルイ＝フランソワ・カルティエがパリに工房を開いた時に始まる。カルティエが現在の宝飾品業界に残した遺産は数々ある。その基本は、十八世紀からの伝統的なデザインを基礎としながらも、十九世紀中頃から登場した様々な素材や技術（新しいカットのダイヤモンドや色石、プラチナなど）を、いちはやく上手に取り込み、さらにまた、世紀末にかけて顕著になってきたオリエンタル趣味（ペルシャ〔現在のイラン〕、インド、中国、日本などの影響）をデザイン面に取り入れ、さらには天然真珠を積極的に取り扱うなど、様々な新しい試みを、大胆かつ率先して商品に取り入れ続け、宝飾品の世界の多様化に休むことなく取り組み続けた姿勢だ。ルイ・カルティエはまた、同時代のカール・ファベルジェとも良い意味での競合者として、多くの置物、女性用小物入れ、時計などの実用品を製作した。そのなかでも、「ミステリー・クロック」と呼ばれる置時計は、ファベルジェのイースター・エッグと並ぶものとして、最も注目すべき美術品となった。

十九世紀半ばから現代にいたるまで、宝飾品の変化の先駆者となり、その変化をより深く多様化した宝石商こそ、このカルティエ商会であった。

カルティエの偉大さは、こうした制作やデザイン面での改革者であると同時に、実際の商売の面でも大成功をおさめたことだ。一時期ではあるが、カルティエ商会は、以下の王室や君主の御用達宝石商として公認されていた。英国、スペイン、ポルトガル、タイ、ロシア、ギリシャ、セルビア、ベルギー、イタリア、モナコ公国、ルーマニア、エジプト、アルバニア、そしてオルレアン公とプリンス・オブ・ウェールズの、十三国、二人である。この他にも、数多いインドのマハラジャやナワブの宝石顧問でもあった。さらに二十世紀初めには、ニューヨークにも進出し、当時増え始めていたアメリカの新興実業家達を顧客とすることにも成功した。つまり、この時代の大金持ちはほとんど全てが、カルティエの顧客であったわけだ。

創始者ルイ゠フランソワ・カルティエが初めて宝飾品を作った頃の作品は、もちろん商品として最も売りやすい、当時の主流であった十八世紀の作品のコピーで、大柄で派手なデザインのものだった。だが、三代目のルイ・カルティエは、王族のためのティアラの作製、特に、一九一一年の英国国王ジョージ五世の戴冠式《たいかんしき》に出席する、各

ルイ・カルティエ

パティアラのマハラジャ

王室のメンバーのためのティアラを作製して、一躍有名になった。この極めて人目につく宝飾品であるティアラは、新興のアメリカ産業界の大立物の夫人達にとっても、あこがれの欧州の生活をコピーするための手段として、絶対に必要な、最新の流行となった。ルイ・カルティエは、ヴァンダービルド、アスター、グールド、ハード、ロックフェラーといった、今日では知らぬ人なき大富豪の夫人のために、ティアラやそれよりもさらに派手なエイグレットを作製している。

様々なオリエンタル趣味

これより少し以前の十九世紀末の頃から、中国や日本との交易が広まり、その事物が知られるにつれて、社会全体にオリエントの影響が——特に芸術の面で——顕著となった。この風潮を鋭く反映して、カルティエの作品には、オリエンタル趣味、特に最初の頃はペルシャやインド、少し後には中国と日本からの影響が強くなってきた。素材としては、翡翠《ひすい》、真珠母貝、サンゴ、漆など、デザイン面では東洋独特の模様やパターンを利用した作品が、数多く作られている。時代の最新流行であった東洋趣味を取り入れて、全く異質の世界である宝飾品や実用品のデザインへと消化してしまったその能力は、見事の一語につきる。

この新流行のなかで、我が国のモチーフや素材をカルティエがどのように利用したのか、詳しく見てみよう。ルイ・カルティエが、日本からのものとして最初に気にいったのは、なんと、布袋《ほてい》様であった。どうも我々日本人としては、憮然《ぶぜん》とならざるを得ない。だが、ルイ・カルティエは、この腹の飛び出た布袋様を、幸運の神様として大いに気にいり、その座像を翡翠、ローズクオーツ、そしてトルコ石などを用いて数多く作り、デザインの一部に取り入れた。ミステリー・クロックの一番上に鎮座まします布袋様を見ると、いかにカルティエが近代の尊敬すべき大宝石商とはいえ、日本人なら仰天するであろう。もし、この時計の発注者が日本人ならば、この部分については、断固クレームを申し入れたに違いない（口絵には布袋様がビリケンになったミ

印籠形の化粧品入れ
プラチナとエナメル

ステリー・クロックを載せる)。

どうも、東洋の仏像は西欧のデザイナーを色々と刺激するようで、ファベルジェもタイの王室からの注文で、翡翠製の仏像をデザインしたものを二体納めている。

次にルイ・カルティエの目にとまったのは、印籠《いんろう》であった。彼は、いくつもの箱を縦に並べて、横側に絹紐《きぬひも》を通してまとめ、その紐の上部末端に根付をつけて、全体をつりさげるという構造をそのまま取り入れて、「ヴァニティ・ケース」と呼ばれる女性用の小物入れのデザインとした。もちろん、根付が作られたのではなく、その部分は指を通してぶらさげるための輪、また時には口紅入れとなっている。その頃、やはり欧州に伝えられた蒔絵《まきえ》などの漆技術には、カルティエはあまり関心を持たなかったようで、同業のブシェロンなどが高蒔絵——デザインの部分を高く盛り上げる様式の蒔絵をいう——まで取り入れているのと比べると、対照的だ。

一九二〇年代のアール・デコの時代にも、カルティエは先駆者となった。東洋からの事物や細工品の他に、彼は東洋独特の模様に一九〇〇年代の初めから注目していた。そして、東洋で発達した雲文、流水文、雷文などの、抽象化された幾何学模様を使い、当時、新たに宝石の素材として登場してきた、多角形や菱面体《りようめん》にカットされた色石などを用いて、極度に左右対称を重視した、幾何学模様のデザインの宝飾品を世に送った。カルティエのこの時期のデザインで目につくのは、漆黒のオニックスあるいは黒エナメルで作った直線に囲まれた部分を持つデザインだ。黒の縁どり、様々な色石、白いプラチナ、ダイヤモンドの輝きなど、極めてはっきりとした対比が、鮮烈ですっきりとした、力強いデザインを生んでいる。かくしてカルティエは、アール・デコ時代のデザイナーとしても、代表的地位を保ったのだ。

天然真珠とカルティエ

カルティエはまた、日本の養殖真珠が世界の真珠業界を席捲《せっけん》する直前の、天然真珠時代の最後を飾った宝石商でもあった。第一次大戦に先立つ十年ほどのあいだに、欧州から、莫大《ばくだい》な量の宝飾品を含む美術品が、アメリカの新興資本家の手に流入した。ニューヨーク、シカゴ、フィラデルフィア、ワシントンなどのアメリカの名家とされる人々は、競って、宝飾品のみならず由緒《ゆいしょ》ある骨董品を買いあさった。これはアメリカ人の持つ、父祖の地である欧州への憧《あこが》れと劣等感の表れであったのだろうが、とにかく、フランスの中世の修道院をまるごと買い取り、ニューヨークへ移築してクロイスターを建てたロックフェラーを筆頭に——これは現在、工芸品では世界最高の中世美術館になっている——欧州から優品を買い集めた。

こうして動いた宝飾品のなかで、他の時代と比較して、特に異常なまでに高い評価を受け、求められたのが、天然真珠であった。当時市場に流通していた天然真珠には、二種類あった。一つはロシアを含む欧州の旧家が代々所有していたものであり、もう一つは、ペルシャ湾やセイロンから新しく産出したものだった。カルティエは、競売に積極的に参加することで、古くからの名品を入手し、一方では、自らバーレンなどのペルシャ湾諸国やインドへ出掛けていって、新しい真珠を手にいれた。それらを売るための準備として、一九〇九年にニューヨークに支店を開設した。

こうしてカルティエは、パリの真珠専門業者であったローゼンタールと並ぶ、大真珠商人となった。カルティエはこの時期、パリのルーヴル美術館が売りに出したティエール・パール――これは三連、合計百四十五個で、総重量二千七十九グレーン（一グレーンは〇・〇五グラム）という大きなもの――を、二百二十万ドル以上で落札したのを始めとして、莫大な量の天然真珠を売買した。この時期、天然真珠はダイヤモンドをしのぐ異常な高値で取り引きされた。一例をあげよう。カルティエ自身がアメリカのエヴァ・ストテスベリー夫人に、一九一〇年に売った重量六百五十六グレーン、四十九個の首飾が十六万二千ドルであったのに比較して、同年に売れたグーテンベルク聖書――一四五五年に印刷された欧州最初の印刷物――が、わずか五万ドルであった。また、カルティエが現在の五番街の店舗を、真珠がらみでどのようにして入手したかは、真珠の項で述べた。

一九二〇年代になって、日本の養殖真珠が登場した。よく誤解されているのだが、世界の天然真珠産業を壊滅させたのは、養殖真珠とは言えない。一九三〇年代の世界不況が、こうした異常な価格を崩壊させると共に、主産地であったペルシャ湾での石油の発見が、真珠採取にたずさわる人々の数を激減させたのが、最大の理由なのである。現に、今でも、良い天然真珠は極めて高い価格で取り引きされている。このことは、日本の真珠産業の名誉のためにも、はっきり言っておきたい。

古き良き時代の産物

十九世紀半ばに新しい貴金属として登場してきたプラチナを、宝飾品の素材として採用することでも、カルティエ商会は先駆者であった。カルティエがプラチナを初めて宝飾品に使用した記録は、一八五九年にまでさかのぼるが、大量に使用したのは一九〇〇年以降であった。彼は十八世紀に流行したガーランド・スタイルと呼ばれる宝飾品を、プラチナを用いて復元、再流行させた。小粒のダイヤモンドを、白いプラチナの上にびっしりと埋め込み、流れるような曲線を生かしたこの時代のカルティエの作品は、今でも骨董品として市場に出るが、現在の技術をもってしても、なかなか復元できないほど高度なものが多い。

一方、一九二二年のツタンカーメン王墓の発掘を契機に大流行したエジプト・ブームをも、カルティエは抜け目なく利用し、象形文字、スフィンクス、ピラミッドなどのエジプト・モチーフを使用したデザインの作品を、数多く発表し売りさばいた。とにかく、商売人としても抜け目のない男であったことがよく分かる。

またカルティエ商会の作品のうちで、特にすばらしく、注目に値いするのは、置時計だ。カルティエは、一九〇〇年以前から懐中時計を製造していたが、一九一三年に初めて作られた、ミステリー・クロックと呼ばれる置時計は、時計という実用品の枠を超えた美術品だ。このミステリー・クロックの長針と短針は、中空に浮んでいる。一見しただけでは、どうしてこれが動くのか分からない。実は、時計の長針と短針とは、それぞれが一枚の透明な板の上に固定されており、その板自体が回転して時を刻んでいるのだ。その二枚の板の外側にまた、クオーツ、シトリン、アクアマリンなどの透明な石が装飾としてはめこまれている。たかが時計に、これまでに手の込んだ細工をする熱意と執念には、あきれざるを得ない。

考えてみれば、これだけの作品を作るには、これだけの作品を必要とし理解できる

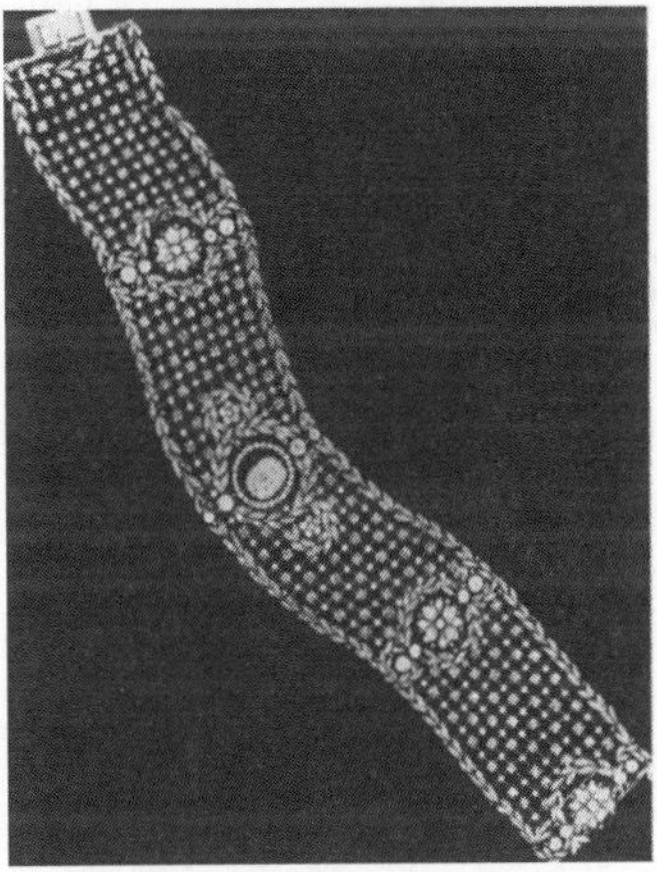

ドッグ・ネックレス

ミステリー・クロック

顧客がいなくてはならない。カルティエが活躍した時代は、良い時代であったのかもしれない。今日の宝石商が、どんなに優れた作品を作っても、売れなければ長続きはしない。カルティエのこうした作品を、買うことによって支えてくれた人々、ロシア王室を始めとする各王家、貴族、エジプトやトルコの王様たち、インドのナワブやマハラジャ、アメリカの大企業の創業者などは、全て消えたか、消えかかっている。大衆社会といわれる現代の商品を、百年たった後に振り返った時、果してカルティエやファベルジェに匹敵できるだけの作品が残っているのか、極めて疑問であろう。贅沢《ぜいたく》とは、現代ではおおむね批判の対象でしかないが、優れた文化には贅沢のうちからしか生まれないものもあるのではなかろうか。

その後、一族が絶えたこともあって経営は人手に渡ったが、カルティエ商会の宝石商としての見事さは、一族三代にわたる年月のなかで、様々に変化してゆく流行を素早くとらえ、強い関心と積極性で、常に他社に先駆け、新しい時代の傾向を自分のものとして消化し、それぞれの時代の代表作といえる作品を残し続けた一方、商売人としても、全世界にまたがる有力な顧客をみつけだし、つなぎとめ、ロンドン、パリ、ニューヨークに広がる大宝石店を作りあげたことにあろう。残念なことに、これからの我々の社会が、第二のカルティエを必要とし、支え得るだけのゆとりを持つ社会となることは、まずあるまいと思われる。

3 チャールズ・ティファニー——新大陸の伝説

場末からの出発

ティファニーの成功と、その後の経営面での混乱による停頓《ていとん》こそ、優れた宝石店の経営は、宝石を愛する人によってのみうまく行くものであることを、明瞭《めいりょう》に示す例である。

ティファニー商会が、チャールズ・ティファニーの手でニューヨークに開設されたのは、一八三七年の秋であった。一八三〇年代のニューヨークという町は——敢《あ》えて町という字を使うが——ディッケンズの小説の舞台さながらの、おそるべき場所であった。建物のほとんどが木造であるための頻繁な火事。それに、やっと欧州から新天地を求めてたどりついた所が、よりひどい貧困のなかにあったことへの失望と、不況の連続による将来の不安を感じた人々の暴動が、日常のことであった。数千人の人が、高潮になると水浸しになる小屋で眠り、三七年の一年間でアル中でつかまった十六歳以下の少年が千人以上もいた。

何よりもすごかったのは、その不潔さだ。衛生という観念そのものがなかった。ごみ集めは全く行われず、街頭のごみ掃除の仕事は、何と豚の役目であった。市内には一時、二万頭の豚がいたという。町を歩く人々が気をつけねばならなかったのは、馬車と、ごみめがけて突進してくる豚であった。この事実には、さすがのディッケンズも驚いたようで、その作品『アメリカについてのノート』のなかで取り上げている。

今日、世界屈指の優雅なる店舗として広く名を知られるティファニー商会が、商売を始めたのは、こんな時代の、こんな町であった。

ティファニーは友人のヤングと共に、父親から借りた合計千ドルを元手に、ファンシー・グッズの店、「ティファニー・アンド・ヤング」を開業した。ファンシー・グッズと言うと、何やら今日の女の子向けの小物屋を思わせるが、当時の表現では、要するに何でも屋である。場所はブロードウェイの南はずれ、という場末であった。開業後すぐに、彼は、中国や日本の雑貨が良く売れることに気づいた。そこでやったことが、ユニークだ。ティファニーはドックへ出掛けてゆき、東洋から来た船の船長や乗組員と協定を結んだ。彼等が航海のたびに、東洋から運んでくる物を買い上げたのだ。成功する商人につきものの、抜け目のなさが分かる。

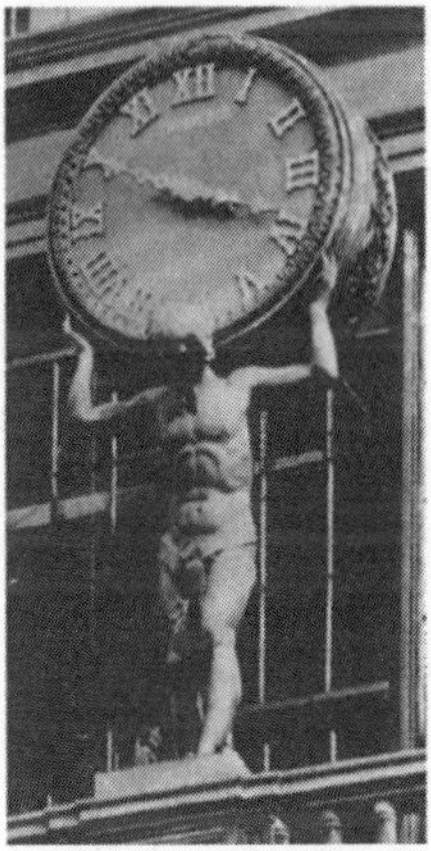

ティファニー本店の入口上のアトラス像

チャールズ・ティファニー

それにしても、ティファニー商会は宝石商としてスタートしたのではなく、一時的にせよ、日本製のガラクタを売っていたのだ。とにかく、当時のアメリカの消費水準は低かった。宝石というものが、良く知られていなかった。ガーネットやトルコ石、それにカメオ細工などが宝石扱いされていた。さすがにティファニーは、こうした程度の低さに満足しなかった。一八四一年、ヤングをパリに送り込み、本格的な買い付けを始めた。ヤングは早速、それまでにアメリカで知られなかった数々の珍しい商品を送り込んできた。これは大成功で、これ以後、ティファニーの店は、他では入手できない珍しい品物を買える店として知られてゆく。

これだけではなく、ヤングは、一八四八年にパリで勃発《ぼっぱつ》した二月革命で亡命したルイ・フィリップが残した、フランス王朝歴代の宝飾品のいくつかを、革命のどさくさ騒ぎのなかでひそかに入手したらしい。特にマリー・アントワネットのガードルと呼ばれた品物を入手し、それをバラバラにしてアメリカで売ったようだ。ティファニーにとって名誉な話ではなく、いろいろな記録もこの点については言葉をにごしている。

一八五三年、共同経営者が引退したために、店は晴れてティファニー商会と改名した。

チャールズ・ティファニーは、名をなした他の商人達と同様、自己宣伝の天才であった。この頃、彼は、大きな時計を肩に担《かつ》いだアトラス像を木で作らせ、店の前に飾った。現在でも、本店の五番街側の入口の上についている像である。この時計が、一八六五年四月十五日、午前七時二十六分に突然止まった、という噂《うわさ》が流れた。この時刻に、リンカーン大統領が暗殺されたのだ。そして、その噂は、彼が作って流したものと思われる。事実であったか否《いな》かは問わないが、いかにもアメリカ人好みの話ではある。

こうした広報活動のうまさと共に、ティファニーはアメリカ産の淡水真珠をフランスのウジェニー皇后に売り込んだり、一八五八年にアメリカとヨーロッパとを結んで海底ケーブルが——この通信網は結局、しばらくの間は稼働しなかったのだが——ひかれると、そのケーブルの使い残しを使った商品を作ったりして、着実に成功をおさめていった。店舗もブロードウェイからマジソン街、そしてユニオン・スクエアと移転したが、今日の五番街にはまだ達していなかった。

失敗もあった。ティファニー製という時計を製造し販売しようとしたが、アメリカの無名の会社の下請けなどまっぴらという頑迷なスイス業界の、陰にまわった妨害で見事に失敗した。

ティファニー、大恥をかく

ティファニー商会が、アメリカ大陸のみならず、世界的な知名度を持つにいたった最初の作品は、宝飾品ではなく、銀器であった。今でも、宝石商としては認めないが、銀器商、特に十九世紀末頃の銀器商として、ティファニーを大変に高く評価する人は多い。一八六七年、パリの大博覧会に、ティファニーは初めて、銀のピッチャー、コーヒーセットそしてティーセットを出品、大陸、特に英国のメーカーを押さえて一等賞を獲得した。銀器は欧州のもの、と信じこんでいた人々には、大きな衝撃であった。

この頃から、ティファニーは本格的に宝石専門店への道を目指す。アメリカ中を、ダイヤモンド熱がおおっていた。だが、新大陸アメリカで、正しい宝石の知識が確立するには、多くの困難と長い無知の時代を経ねばならなかった。ティファニーはこの頃、アメリカの宝石専門家として知られ、ダイヤモンド・フィーバーの中心人物であったが、その実態は、次のエピソードが示す通り、極めて怪しいものであった。

一八六〇年代に、アフリカでダイヤモンドの大鉱山が発見されたニュースが伝えられると、アメリカでも同じような鉱山が発見されてもおかしくない、とする意見が広く流れた。こうした時代の背景を利用して、歴史に残るダイヤモンド詐欺《さぎ》事件が発生、〝ダイヤモンドの専門家〟ティファニーも大恥をかく。

一八七二年のことだ。アーノルドと名乗る男が、サンフランシスコの銀行家ラルストンの所に、小粒のダイヤモンドが入った袋を持ち込んだ。その発見話がすごかった。アパッチ族の居住区の奥深い隠し場所でこのダイヤモンドを発見し、連れていった先住民を殺して埋め、その墓を目印に残してきたのだ、と。宝石商がその石を調べ、間違いなくダイヤモンドであると発表したが、ラルストンは疑い深く、自分が選んだ専門家がその場所を確かめるまでは信じない、とアーノルドに告げた。アーノルドは直ちに了承し、コルトンという金鉱専門家を現地に連れてゆくことに同意、ただちに出発した。あわれなるコルトン氏は、金鉱の専門家ではあったが、ダイヤモンドについては何も知らなかった。大体、この時代、アメリカにはダイヤモンドの産出する現場の状況を知る人は誰もいなかった。

アーノルドはコルトンを目隠しのまま、三日間も引きまわし、秘密の場所と称する所へ連れていった。目隠しをはずされたコルトンは、ただちに、一つのアリ塚が太陽にキラキラと輝いているのを発見した。何と、輝きは全て、ダイヤモンドの粒であった！ アーノルドの導くままに、コルトンはそこら中を掘り返し、多くの石を発見したのだ。全ては、ダイヤモンドであった。

早速、ラルストンの手で、資本を出す人が集められた。多くの銀行家、軍人、法律家などが出資に同意した。ただ、彼等はもっと慎重であった。条件として、チャールズ・ティファニーの意見を求めること、というのが彼等の要求であった。詐欺師アーノルドは、ティファニーといえどもダイヤモンド鉱山の状態を知らないであろうという方に賭《か》けた。ただちにティファニーの〝鑑定〟が行われた。最後にティファニーはこう意見を述べた。「それぞれの石をカッターが良く調べなければ正確ではないが、これだけでも十五万ドル以上の価値があると思う」と。

これで確定的となった。六十万ドルという大金で、〝ダイヤモンド鉱山〟の権利が譲渡された。アーノルド以下の詐欺師たちは、すぐに逃亡した。が、ボロは簡単に出た。アーノルドはうかつにも、彼が発見した〝鉱山〟にばらまいたダイヤモンドのなかに、カットしたものを加えてしまったのだ！　〝鉱山〟を正式に調査にきた技官は、思わずこう叫んだと言われる。「おい、この鉱山はダイヤモンドを産出するだけでなく、カットまでするらしいぞ」ラルストンは破産、後に自殺した。

ティファニーは自己弁護はしなかったが、記者に尋ねられてこう答えた。「私の店では、カットしたダイヤモンドしか扱っていないのだ。これが間違いのもとだ。これまで、原石を見たことはないのだ」大ティファニーにしては、冴《さ》えない話だ。まあ、誰にでも間違いはつきものであろうが。

偶然ではあるが、この後まもなくして、ティファニーは二十世紀最高の宝石学者と出会う。ジョージ・クンツ博士である。クンツは、わずか二十歳の時、自分が集めた珍しい宝石を買ってもらうために、六十七歳のティファニーを尋ねた。クンツの才能を——そのほとんどが独学で、宝石、後には真珠の世界的権威となった——認めたティファニーは、ただちに宝石の主任として採用、以後、クンツはこのティファニーでの仕事を基礎として、その才能を発揮してゆく。この二人に熱狂的な宝石収集家であった大富豪のモルガンが加わって、莫大な宝石や鉱物のコレクションが始まった。今日、ニューヨークのメトロポリタン美術館、自然科学博物館、モルガン・コレクションなどに残る世界最高の宝石や鉱物の収集品は、この三人の努力から生まれたものだ。

百万長者通り

失敗を繰り返しながらも、ティファニー商会は着実に、世界の宝石商となってゆく。一八七八年のパリ大博覧会で数多くの賞に輝いたティファニーは、アメリカの宝石商としては例外的に、王室御用達となった。アメリカには王室はないのだから、当然、外国の王室御用達だ。一八八三年には英国のヴィクトリア女王御用達に、ついでロシア皇帝、オーストリア皇帝、ベルギー、デンマーク、イタリア、ギリシャ、スペイン、ポルトガル、ルーマニア、さらにはブラジル王の御用商に指名された。創業後わずか五十年たらず、しかも、文化的には劣ると欧州から見下されていたアメリカ新大陸の商人としては、破格の出世だ。これもすべて、チャールズ・ティファニー自身の独創と、常に新しい物を求め続けた努力の結果であった。

今なお業界で、「ティファニー・セッティング」と彼の名前を付けて呼ばれる、ダイヤモンドの留め方がある。読者のなかにも、知らずに用いられている人もいると思われるが、六本の爪《つめ》だけでダイヤモンドを高く持ち上げて留めたものだ。これはティファニー商会が作ったもので、ダイヤモンドに光が最も多く入り、そして上部へと美

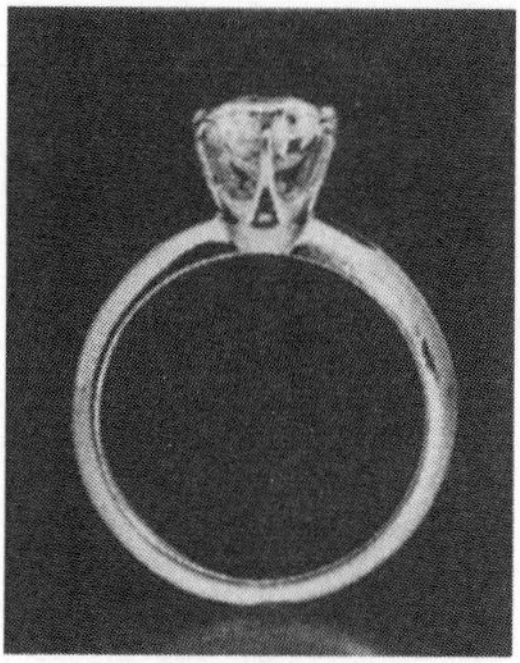

ティファニー・セッティング
本物(上)とひどい日本製(下)

しく抜け出るセッティングである。これができるまでは、ダイヤモンドの下部をすべて金属で囲いこむ留め方がほとんどで、これではダイヤモンドの色もはっきりせず、光の反射や屈折も充分ではなかった。不思議なことに、ティファニー商会のなかで、このセッティングを誰が、いつ、作ったのかははっきりしていない。現在、我が国でもこのセッティングによる指輪は多いが、ダイヤモンドをできるだけ大きく見せようとして、真上からみた爪の飛び出し部分を異常に大きくした、もとのティファニー・セッティングとは似ても似つかないものが多い。ティファニーが見たら、どっと泣き出しそうな下品さだ。

一八八七年、パリでフランス・ブルボン王家歴代の宝飾品の競売が行われた。ティファニーも参加、全体で六十九点あった宝飾品のなかから、二十四点を落札、最大の買い手となった。さらにこの年、アフリカが産出した最大のダイヤモンド原石四個や、英国のヘンリー・ホープ氏が集めた有名なホープ・コレクションも買い入れた。

ティファニーが、こうした巨大な宝石をたてつづけに買い入れることができたのは、それを購入してくれる多くの顧客を持っていたためである。事実、前にあげたモルガンを始め、アスター、ヴァンダービルド、グールド、スタンフォードなどの大富豪は、彼の顧客でもあり友人でもあった。チャールズ・ティファニー自身が、アービントン・オン・ハドソンという静かな町の、「百万長者通り」と呼ばれる場所に自宅を移していた。この通りに住む隣人は、モルガン、ロックフェラー、ヴァンダービルド、ウェンデル、そしてグールド家の人々であった。こうでなくては、大きな宝石商売はできない。

ユニオン・スクエアのティファニー商会は繁栄を続け、さらに店舗の拡張と移転が必要となった。この計画に着手していたティファニーは、一九〇二年二月、九十歳の誕生日を迎えたが、その直後、肺炎をおこして死去した。大宝石商としての栄光に包まれ、三千五百万ドルという巨額な遺産――今ではたいした額ではないが、同年に死んだアフリカのダイヤモンド王セシル・ローズの遺産が、二千万ドルであったことを思えば、大変な額である——を残した彼の死は、その後のティファニー商会の流転を知らずにすんだだけでも、幸せな死に方であった。

二代目は芸術家

ティファニー商会が、ティファニー一族の手で経営されることは、チャールズ・ティファニーの死後、二度となかった。個人経営がほとんどの、成功した宝石商のなかでは、極めて稀《まれ》な例である。

長男であるルイス・コンフォート・ティファニーは、父の跡を継がなかった。だが、この二代目の方が、芸術の世界では父よりも有名である。アール・ヌーヴォー時代のアメリカを代表する芸術家として、特に「ティファニー・ガラス」と呼ばれるステンドグラス装飾と、実用品ガラス器の制作で、父親とは全く違った意味で歴史に名を残した。だが、宝石商ティファニー商会とのかかわりで見ると、経営面では全く関係を持たず、父の残した遺産を全てを自分のやりたいことに費やしてしまった、典型的二代目であった。とにかく、商人としても芸術家としても、彼はコストというものに、全く関心がなかったのだ。

ルイス・ティファニーは、絵画の勉強から芸術の世界に入ったが、すぐに才能の限界を感じ、建築とインテリア・デザインの道を選んだ。インテリアの一部として、彼はステンドグラスに大きな関心を寄せた。この分野では一応の成功をし、一八八二年にはホワイトハウスの内装を一部引き受けるまでになった。

彼のガラスへの関心は、ステンドグラスからさらに実用品の製造へと向かい、ついにはロングアイランドに自分のガラス工場を建設するまでになった。ルイス・ティファニーがこの工場から世に送り出した多くの実用品ガラスこそ、今日、ティファニー・ガラスの名前で、アメリカにおけるアール・ヌーヴォー芸術を代表する美術品として、非常に高い評価を受けているものだ。

このなかでも、特に美しいのはランプである。ほとんどが植物をモチーフにしてお

ルイス・ティファニー

〝藤〟と呼ばれるランプ
ルイス・ティファニー作

り、アール・ヌーヴォー独特の曲線を生かしたデザインと、微妙な変化を見せる多彩な色のガラスとを組み合わせたランプ・スタンドには、日本や中国のデザインの影響が色濃く見られる。

彼はまた、ローレルトン・ホールと名付けた巨大な家をロングアイランドに建設、自分でステンドグラスをふんだんに用いた内装をすると共に、ガラス工場からの作品で飾り、時には名士を集めて大仮装パーティを開いた。建築そのものは、異常なまでの細部へのこだわりと、建設コストを無視した作りが特徴であった。このようにして、二代目ルイス・ティファニーは、父親とは異なった意味で、幸福な生涯を送った。一九三二年、彼は八十四歳で死去、父から受け継いだ千三百万ドルの遺産は、百二十万ドルに減っていた。彼が建てた家は、あまりの使いにくさのためにやがて壊され、独創的なガラス器の多くは、その時代には理解されることなく、失われていった。

今日、ルイス・コンフォート・ティファニーの作品は、骨董美術品として天文学的な価格で取り引きされている。また、美術史の上では、今世紀初頭のアメリカを代表する工芸家として、その評価は定まっている。初代は世界最高の宝石店を作り、二代目は世界最高のガラス美術品を作ったが、その子孫は誰も、そのどちらをも引き継がなかった。

転落と流転

ティファニー商会そのものは、創立者の同僚や友人の手で、順調に運営されていた。二代目の社長クックの手で、一九〇五年、新しい店が三十七丁目に完成したが、この頃から次第に、会社のなかに保守主義が顕著になってきた。

成功しながら革新的であり続けることはむずかしい。チャールズ・ティファニーが生涯をかけて追い求めた、これまでにないものを作り出すという努力は次第に影をひそめ、手なれた商品を固定した客に売ってゆくという、安易な繰り返しが見え始めた。二〇年代末までの業績は好調であった。一九一九年の売り上げは史上最高の千七百万ドルに達し、配当も年五割から十割という高配当を行った。株式は、めったに市場に出ることはなかったが、ある年には一株六千ドルの高値がついた。

こうした好調のなかで、微細な変化が生じていることに経営陣は気づかなかった。ティファニーの絶対的地位に変化がおこっていたのだ。

ある時、一人の男性が銀のピッチャーを買いに来た。ティファニーのものは、男の予算よりも若干高かった。どうしようかと、夫人に電話している男を待っている店員の耳に、夫人が大声で「それなら、他の店に行きなさいよ」と言っているのがもれ聞こえた。ティファニーは、ワン・オブ・ゼムという扱いであった。たいしたことではない、と思われるかもしれない。が、小売業、特に高級雑貨品の小売業というのは、こんな小さな変化を先取りして対応できるか否かが、盛衰の分れ目なのだ。ティファニーは、過去の成功に安住しすぎていた。

そこへ一九二九年の大恐慌《だいきょうこう》がやってきた。ティファニー商会が打った手は、全て逆目であった。市場の回復を期待して、ダイヤモンドや色石の在庫を大量に買い付け、自信を示す策として、百ドルの株に百六十五ドルの配当をした。

一九三〇年、ティファニー商会は、創立以来初めて赤字となった。売り上げは前年比で四十五パーセントも下がって八百三十万ドルにすぎなかったが、なお、百四十ドルもの配当を払い、広告費の削減も全くしなかった。売り上げは三一年には五百三十万ドル、三二年には二百九十万ドルへと減少した。

三〇年代を通じて、ティファニー商会の業績は低下の一途をたどり、毎年百万ドルに近い欠損を出し、ついに四〇年には、配当が一株五ドルにまで低下した。全盛時に貯《た》めこんだ積立金は、大幅に取りくずされた。こうした困難のなかではあったが、再び店舗の移転を計画、さらにアップタウンを目指して、現在の店舗所在地、五番街と五十七丁目の角に新店舗を建築した。一九四〇年のことであった。

現在にまで続くティファニー商会の経営面での混乱は、こうした業績の低下にともなう、配当減少への株主の不満に始まる。五〇年代半ばから、ティファニーの経営は色々な企業の手に渡ってきた。最初は百貨店ボンウィット・テラーの社長であったホーヴィングの手に、ついでアメリカ最大の化粧品会社エイボン社の手にわたり、二十世紀の末頃にはオイルマネーを背景とした投資家グループの手で経営されていた。

ニューヨークの〝宝石〟

こうした経営面での混乱のなかでも、さすがに伝統といおうか、ティファニー商会は二人の天才を業界に送り出した。一人は同社の主任デザイナーである、ジーン・シュランベルジェ、もう一人はウインドー・ディスプレイで世界の第一人者といわれるジーン・ムーアだ。

シュランベルジェはアルザス生まれのフランス人で、第二次大戦中にアメリカへ渡った。彼はパリのファッション・メーカーであるスキャパレリのために、コスチューム・ジュエリーをデザインすることでデザイナーとしての人生を歩み始め、そのまますぐに、ティファニーのトップデザイナーに登りつめたという、珍しいキャリアを持つ。彼の作品は、何のケレンもない正統的なもので、全体に大柄、動植物の具象パターンをデザインに取り入れたものが多い。極めて立体的で、どの方向から見られても、時には裏から見られても良いように作られている。シンプルさとか、軽快さが売り物の近代宝飾品のなかでは、ルネッサンス以来の正統を継ぐ、堂々たる作品を作る。彼はまた、ファベルジェがイースター・エッグに、カルティエがミステリー・クロックに取り憑《つ》かれたのと同様、色々なボックスに非常な関心を持っている。化粧品入れ、煙草《たばこ》入れ、その他目的は様々であるが、重厚なデザインと共に、ボックスの開け方に工夫を凝らしたものが多い。

ティファニーの店には、幅約一・三メートル、高さ九十センチほどのショウ・ウインドーが五箇所ある。このショウ・ウインドーの第一の目的は、人々の足を留めさせることだ。これは、近年のディスプレイ・デザイナーとして最高の評価を受けているジーン・ムーアの信念である。

ムーアのディスプレイ・デザインの基本は、常識的には宝石と結びつかない品物を用いて、宝石をディスプレイし、全体にユーモアあるいはジョーク感覚をウインドーのなかに感じさせることにある。

大きな氷の塊――プラスチック製――にたてかけた氷ばさみが、ダイヤモンドの指輪をつかんでいるウインドー、アイスクリームのコーンに差し込まれた指輪、爪が何十本もそそりたった板、その爪の上にのせられた首飾、書き込み済みの税金の確定申告書の上にのせたダイヤモンドの首飾。ニューヨークが旱魃《かんばつ》で、町中の噴水が止められた時、ムーアはウインドーの中に循環式の小さな滝を作り、池のなかに指輪を沈めた。その脇《わき》に注意書き。「流れているのは貴重な水ではありません、貴重ではないジンです」と。

ティファニーのウインドーは、ニューヨークの観光名所の一つになっている。

アメリカ製イコール大量生産品、中級品というイメージが普通ななかで、これだけの魅力ある店舗と商品を創造し得たチャールズ・ティファニーなる人物は、間違いなく、近世宝飾品史を彩《いろど》る天才であった。そうした強い個性を持った指導者が消えた時、いかに優れた宝石店でも、その経営に困難が生じるということを、最も具体的に示した例がティファニー商会でもある。願わくば今後も、アメリカを代表する数少ない個性ある宝石店として、ニューヨークを訪れる人々を楽しませてもらいたいものだ。

4　ハリー・ウインストン——奇妙な大宝石商

相手は大富豪のみ

現在の日本には、明らかに存在していながら誰もが無視する、あるいは知らないふりをする、一群の顧客がいる。それは大金持ちの客だ。富豪という人々に対して、日本ほど嫉妬心《しっとしん》の強い社会は世界に例を見ないように思える。国民のほとんどが、中流意識を持つというこの不思議な国。しかし、人類の歴史の一部である文化、文明史をひもといてみれば自明の通り、今日残っている文明の遺産の大部分が、それぞれの時代の富裕な人々の手で作られ、残されてきたものだ。文明、文化というものは、誰にでも創造し得るものではないのだ。

宝飾品もまた、極めて原始時代のものを除けば、こうした王侯、富豪の保護を受けて育ってきたもので、いかに優れた作品といえども、それを購入してくれる客なしには、存在し得ない。

近代の宝飾品の世界にも、こうした現代の大富豪だけを相手として、ユニークな世界を作り上げた一人の宝石商がいた。

ハリー・ウインストンという宝石商がその生涯を閉じたのは一九七八年十二月であった。彼は、二十世紀になってから初めて世界の宝石業界に登場した人物ではあるが、その生涯そのものと、彼が作り出した数々の宝飾品、そしてその仕事が業界に与えた功績が大変に巨大であり、仕事の先輩にあたるファベルジェ、カルティエと並んで、今日の宝石業界に多大な影響を残した人物の一人に数えられる。

ウインストンが、群れをなす他の宝石商と根底から異なるのは、彼が、扱う商品の幅をしぼりこみ、資産性のある宝石のみを取り扱ったことにある。この、資産性のある、という表現は誤解を招きやすいので注意を要するが、具体的には、極度に良質で巨大な宝石や宝飾品で、不用になった時には資産の一部として、自由に換金できるだけの質を備えたものを言う。

こうした宝石の再使用は、欧米においては普通の事として広く行われており、これが宝石、特に巨大な宝石の――信じがたいことだが、一個数億円や十億円を超えるものもざらである――価値をたもつ基礎となっている。

完全なダイヤモンドへの執念

ハリー・ウインストンが宝飾品の世界に入ったのは、一九二〇年代の終り頃であった。この時代は第一次大戦の混乱のさなか、欧州の王族や貴族などが、崩壊してゆく社会のなかで金に困って手放した大きな宝石が市場にあふれ、一方ではこれを買う新しい顧客として、アメリカの新興産業家を中心とする大富豪が登場してきた時代にあたっていた。この二つの流れを上手にあやつって、かつまた、この頃から生産が本格的に始まった南アフリカの巨大なダイヤモンド原石を自らカットして、市場に送り込む仕事をしたのがウインストンであり、彼はわずか一代、五十年で世界最大のダイヤモンド小売商となった。

どの商売でもそうであるが、ある分野で大をなすためには、自分が扱う商品に、商売を超えた愛着を持つ必要がある。宝石商の場合には特にそうであり、歴史上、名を残した宝石商はすべて、尋常でない宝石狂であった。そのなかでも、宝石というものを愛し、本能的に宝石を理解した点では、このウインストンを上回る人物はいない。

ウインストンは、不完全な宝石というものが生理的に我慢ならなかったのだ。彼が欧州やインドの大富豪から入手した、古くからの宝石の多くは、ほとんどが不完全なカットのものであった。古いダイヤモンドや色石のカットが、いいかげんなものであったのは当然だ。その美しさのもとである光の屈折を正しく理解して、どう磨けば光線が最も美しく見えるかを確定できたのは、一九一九年のことである。それ以前の物、特に古代のインド産のものなどは、ただ表面の光沢を出すためにのみ、磨かれていただけであった。

ウインストンは、自らの見識と最新の知識とに基づいて、こうした不完全な宝石を再カットして質の向上をはかり、再販売した。これと併行して、その頃から本格的に生産が開始された南アフリカの大きなダイヤモンド原石を、自ら購入しカットする仕事にたずさわった。彼が生涯に自らカットしたダイヤモンドは、二十カラット以上のものに限っても二百個以上、そのうち三十カラット以上のものが七十五個という、べらぼうな数だ。世界中のいかなる王侯貴族や大博物館でも、これだけの数のダイヤモンドを扱う事はあるまい。しかも、そのほとんどが、業界でD、Eカラー、フローレスと呼ばれる最上質のもののみだ。ウインストンの手になるもので最も有名なダイヤモンドは、ヨンカーと呼ばれる百二十五カラットのもので、これは一九七四年に香港《ホンコン》で四百万ドル——十四億円！——で売られて以来、所有者不明であるが、一説では日本人が所有しているとのこと、事実ならばぜひ見たいものである。

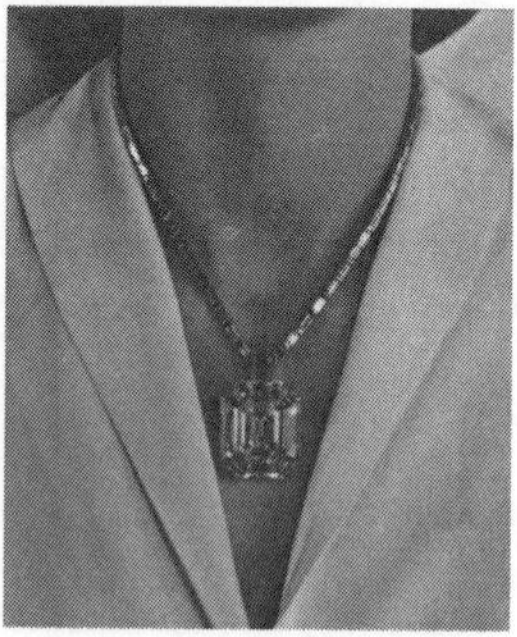
「ヨンカー」ダイヤモンド

これほどのユニークな地位を得たウインストンには、世界のダイヤモンド業界を支配しているデビアス社の総帥《そうすい》であったハリー・オッペンハイマーも、一目おいたようだ。

一九七四年のことである。この二人のハリーは、ロンドンで原石一袋、二千四百五十万ドルという取り引きを行った。一袋、八十八億円！　取り引きはわずか十分で終了した。取り引き成立の握手がすむと、ウインストンはオッペンハイマーに言った。「ところでハリー、これだけの買い物に何かおまけはないのかね」と。通常、会長のオッペンハイマー自身が、こうした取り引きに立ち会うことはない。しかし、この取り引きは自ら行いたいと、席に臨んだのだ。一袋二千四百五十万ドルという価格は、原石の取り引きでは、史上最高のものであった。

オッペンハイマーは、にやりとすると、ポケットから百八十カラットもある原石をつまみ出すと、ウインストンの方へ転がしてよこした。ウインストンはそれをつまみ上げると、「どうも、ハリー」と言ってポケットにしまいこんだ。この原石からは、最大四十五カラットの見事なダイヤモンドがカットされ、「おまけ」というとぼけた名前を付けられて売られた。現在、再び市場に出るならば数億円はする〝おまけ〟であった。

貴金属は宝石にあらず

ウインストンは、ダイヤモンドという素材を扱う業者として、他に例をみないほどの大宝石商となった。だがこれと共に、宝飾品の世界でも、「ウインストン・スタイル」と呼ばれる独特のスタイルを生み出している。彼が制作した宝飾品の特徴は、そのデザインのなかに、金とかプラチナという貴金属を絶対に使用しないことだ。これは奇妙に聞こえるかもしれないが、宝石を留めるための部品としてのみ貴金属を用い、貴金属でデザインをしようとはしないという意味だ。宝飾品はすべて、宝石と貴金属との組み合わせでできており、世にある宝飾品のほとんどは、貴金属そのものを光らせたり、彫りをいれたり、あるいは小粒の宝石を埋めこんだりして、デザインとして用いている。ウインストンは、貴金属は宝石にあらず、という確固たる信念を持っていた。

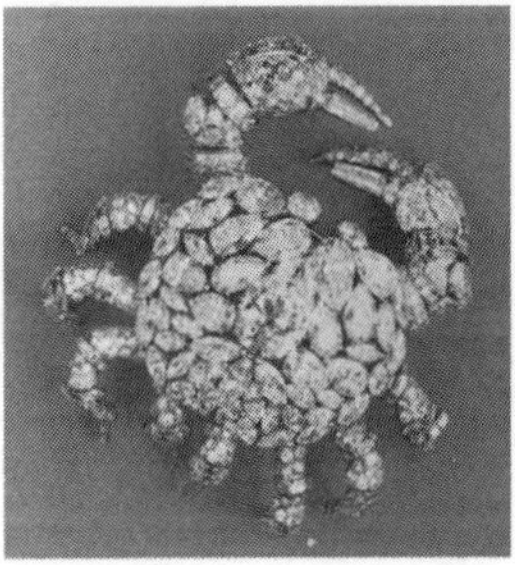
〝ウインストン・スタイル〟のブローチ

だから、貴金属をデザインの一部に取り入れることをせず、デザインは全て宝石で表現した。その結果、でき上った宝飾品は見事な美しさとなるが、その値段はとてつもなく高くなる。

これは誰にでも想像できるであろう。たとえば、デザインとして必要な一センチ四方の正方形があるとしよう。これを一センチ角のプラチナの板に三ミリ弱の孔を九個開けて、メレーと呼ばれる小粒のダイヤモンドを埋めこむのと、一センチ四方のダイヤモンドを一個、そのまま用いるのでは、遠目の効果は似ていても、そのコストの差たるや千倍近いものとなる。しかし、その美しさは比較にならない。だから、コロンブスの卵に似たこのアイディアは、長い宝飾品の歴史の上で、誰も気がつかなかったのか、あるいは、知っていても実行できなかったのだ。これを断固として実行し、かつまたそうしたコストをかかえた多くの宝飾品を、全て売ることができたことこそ、ウインストンが残したユニークな成果なのだ。

客も破格

ウインストンの名前が知られるようになるにつれて、世界中の顧客が彼の店へ集まってきた。実に個性あふれる客ばかりであった。エジプトのファルーク王がいた。王はウインストンの最上の顧客であったが、革命で追放された後は、ダイヤモンドの付けを踏み倒そうとしたり、ラルキラと呼ばれた極めて珍しい緑色のダイヤモンドを紛失したり、大活躍であった。占星術に凝りかたまったインドのマハラジャがいた。そのマハラジャは取り引きのすべてを星占いで決めたために、ウインストンは、大西洋を何度も行き来しなければならなかった。そして、サウジアラビアのサウド王がいた。王はウインストンから、ダイヤモンドのブレスレットを八十五個も一度に買い上げた。ブレスレットといっても、今はやりの金のブレスレットではない。一個が少なくとも三十万ドルはしようという品物である。この注文を受けた時、ウインストンは大変喜んだと彼の伝記は伝えているが、本心としては、売れたのは喜んだとしても、一体どうして在庫を回復したらよいのかと、大いに悩んだはずだ。この手のブレスレット一個を作るのに、いかにウインストンでも半月はかかるからだ。また彼は、自分が大変に気に入ったので、自分の名前を付けた「ウインストン・ダイヤモンド」をサウド王に売ったが、王から一年後に返されてしまった。どうしてですかと尋ねたウインストンへの、王の返事がふるっていた。王には正妻が四人いて、それぞれを公平に扱わねばならない。一人だけに、そのダイヤモンドを与えるわけにはゆかないのだ。だから、ウインストンがこれと同じダイヤモンドを四個そろえてくれるのなら、全部いただこ

ハリー・ウインストンと彼が最も愛した「ウインストン・ダイヤモンド」

う、というのだ。そんなものがあろうはずがない。彼はただただ、恐れいってひきさがる以外、どうしようもなかった。こうした、金も個性もある顧客を数百人、常に持ち続けることができたことこそ、宝石商としてのウインストンのすばらしさであり、しかも、それをわずか一代五十年でやりとげたのだ。

　ハリー・ウインストン自身のポートレート写真は、生涯ただ一枚しかない。彼は生前、宝石についての正しい知識を世間に広める目的で、宝石のすばらしさ、美しさについては自ら先頭に立って大いに宣伝した。だが、顧客のプライバシーを大切にしたことと、ウインストンの保険会社が彼の誘拐《ゆうかい》を恐れて、写真の公開や自分自身についてのコメントを厳禁したために、自分とその作品について語ることは全くなかった。そのために、他の宝石商と比較すると、現在にいたるまでほとんど一般には知られることがなかった。しかし、このハリー・ウインストンこそ、近代の宝飾品史上、独自のスタイルをうちたてると共に、実際の商売でも大成功をおさめた宝石商として、最も奇妙で魅力のある人物なのだ。

この項で取り上げた彼のダイヤモンドのほとんどは、今日再び世に出るならば、一点一億円を下回るものはない。我が国も、世界屈指の宝石大国と言われているが、こうした作品を商品として流通させている西欧社会の蓄積の厚さは、どうも表面だけではおしはかれない、奥深いものがある。

5 ジョージ・ジェンセン――銀をよみがえらせた男

彫刻家への夢

日本人は銀が好きである。いぶし銀のような人、という褒め言葉は日本語独特の表現であろう。才能を持ちながら、決してそれを表面に出さない謙虚な人、というような意味で、銀ではあっても、表面をわざと黒くして――硫化銀のこと――銀の輝きを消したものにたとえる。

古代では、銀は金よりも重視されたことがある。自然銀から純銀を分離するのが、金の分離よりも困難であったためだ。その後、中世にはドイツから、そして十六世紀からはアメリカ新大陸から、大量の銀が採れだし、製錬法も確立されるに及んで、銀は燭台《しょくだい》などの宗教用品や、食器類などに広く使われるようになった。こうした銀を用いた実用品を、銀器（SILVERWARE）とまとめて呼ぶが、銀器と銀を使った宝飾品とを、現代の社会に新しく復活させ、独特のデザインをうちたてた男がいた。

二十世紀初頭、どちらかと言えば二流の金属扱いを受けていた銀を用いて、確固たる主張を持ったデザインと技術をもとに、デザイナーとしても、また実際の商売人としても、大成功した一人の職人が、デンマークのジョージ・ジェンセンである。

ジェンセンは一八六六年に生まれ一九三五年に死去した。その七十年に満たない人生のなかで、彼は創作につぐ創作を続け、自分のデザインによってだけではなく、有能な若者達をデザイナーとして育てあげることによって、銀を用いた宝飾品と、銀器の世界に、画期的な業績を残した。だが、現在入手できる資料によれば、ジェンセン自身は、自分の仕事が世界のデザイン界にどれほど画期的な衝撃を与えたのか、意識すらしていなかったようだ。また、私生活でも、三人の夫人に先立たれるなど、決し

ジョージ・ジェンセン

て幸福とは思えない生涯を送った。憑かれたように自分の作りたいものだけを作り続け、それ以外のことにはほとんど関心を持つこともなかった一生であったと思われる。

桶《おけ》作りの職人の子供として、コペンハーゲン北方の田舎に生まれたジェンセンは、当時の常として、職人としての徒弟生活に入った。正規の教育は受けていないに等しく、あまり知られていないことながら、生涯、彼は文字を正しく書けなかったと言われる。

やがて一人前の職人となったジェンセンは、昼間は金細工師として生活の糧《かて》を稼ぎながら、夜は技術学校へと通い続けた。王立芸術アカデミーへの入学が目標であった。そして一八八七年、ジェンセンはアカデミーの彫刻科に入学する。これは、社会的階層がはっきりしている当時のデンマークでは例外的なことであった。四年後に卒業するが、彫刻で食べていけないのは、昔も今も変わらない。ましてや彼は早婚で、すでに二人の子供をかかえていた。

生活のためにジェンセンは、有名な陶器商であるビング・アンド・クロンダール社に入社するが、強制された仕事には向かず、数年で退社する。一九〇〇年、パリに遊学するが、同じ年に最初の妻が死去した。この年に、友人のニールセンが描いたジェンセン像が残っているが、三十四歳とは思えない、老成した暗いものだ。

生活に追われて――これはジェンセン自身が回想録で用いている表現――彼は、長年追い求めていた彫刻家となる夢をあきらめ、手なれた仕事である金銀細工師の道を選んだ。しかし、彫刻家になることは、彼にとって一種の強迫観念となったのか、彼は生涯、自分の仕事を「金銀彫刻師（ORFEVRE SCULPTEUR）」と称し続けた。

一九〇四年、間もなく四十歳になろうかという頃、ジェンセンは初めて自分の工房兼店舗を、コペンハーゲン市内に開いた。朝には作品の入ったショウケースを壁面にかけ、夕方にはそれを取り込む、その程度の店舗ではあったが、ジェンセンが作り出した銀の宝飾品は、実にユニークなものであった。

それは、過去のどんな宝飾品にも似ていなかった。地金は銀のみで、使う宝石類も、コハク、マラカイト、ムーンストン、オパールといった安価なものばかりで、大きな資金を必要とするダイヤモンドや色石などは扱わない。デザイン・モチーフも、ジェンセンが田園生活でなじんでいた花や昆虫が、大きく取り上げられた。強いて言えば、当時流行していたアール・ヌーヴォーのデザインと類似していないこともなかったが、ジェンセンの作品は、アール・ヌーヴォーに見られる過度の洗練はなく、デンマークならではの北欧的な荒々しさが魅力であった。

この新しい銀の宝飾品は、その安さもあって、美的感覚に優れた中流階級の人々を中心に、すぐに広く受け入れられた。だが、ジェンセンは商売人ではなかった。資金は常に不足し、利益は少なすぎ、設備は不充分で、一九〇八年になってもまだ、銀を暖房用のストーブで溶かしているありさまであった。だが、本人のこうした態度にもかかわらず、彼の作品は次第に名声を得ていった。

銀器での成功

宝飾品の世界で成功しながらも、その限界に気づいたところがジェンセンの動物的ともいえる鋭さだ。宝飾品はファッションの流行によって変化せざるを得ず、ファッションの変化は宝飾品の変化よりもはるかに早い。これに比較すると、実用品である銀器は、流行にはかかわりなく、一度優れたものとして認められたデザインは、大変に長い寿命を持つ。たとえば、ドングリと名付けられたパターンは、何と一九一五年に作られたものだが、今日でも一番売れている。ジェンセンは宝飾品を作るかたわら、銀器の世界にも足を踏み入れた。一九〇五年のことであった。

もちろん、こうした商売上の思惑とは別に、彫刻家を目指したジェンセンの夢が本能的に形を変えて、立体的な作品を作りたいと、彼をかりたてたのが銀器であったのかもしれない。ジョージ・ジェンセンの名前を世界のデザイン史に残すことになる、銀の食器や実用品の本格的製作が始まった。

予言者故郷に容《い》れられず、ということわざがあるが、こうしたジェンセンの銀器を最初に認めたのは、デンマークではなく、ドイツであった。一九〇九年にはすでに、ベルリンにジェンセンの店が開店、大成功をおさめた。一九一四年に第一次世界大戦が始まるまで、この店はジェンセン製作の作品の九割を売りさばいていた。パリ、ロンドン、そしてニューヨークでの店舗も予定されていたが、戦争と共に計画は消滅し、ベルリンの店も閉鎖された。

だが一方、新しい市場もひらけた。スウェーデンがジェンセンの作品を認め、また、サンフランシスコで開かれた国際展では、ジェンセンが展示した作品の全てを、新聞王ハーストが購入したのだ。一九二四年、アメリカでの店舗が初めてニューヨークに開かれた。

共同作業ができたデザイナー

ジェンセンのデザインの特徴は、どんな所にあるのか。それが一番よく分かるのが、ジェンセンが一九〇五年に初めて作ったティーポットだ。第一に目につくのは、用いられている銀の厚さの持つ重量感であり、鏡面のように磨かれた面と線の正確さと鋭さだ。この上に、このポットの場合には、ふたのつまみ部分の花模様と、三本の脚部分の獣足で表現された、具象的で人間味のあるモチーフが加わる。これによって、鋭く磨かれた冷たい銀に、暖かみが加わる。これがジェンセン自身、そして彼に教えられて後に続いたデザイナー達の作品の共通点だ。こうした人間味あるデザイン、そしてそれを具体化できる技術力が、これまでの伝統にこだわることなく、新しい銀の世界を二十世紀に開くことができた。

もう一つの技術上の特徴は、表面仕上げにある。凹凸のある銀の表面を、酸につけてその上を軽く研磨すると、酸によって黒くなった部分が若干残る。これをデザインのポイントとするもので、彼はこの技法を日本のいぶし銀の技法から修得したと伝えられている。おそらく、当時日本から欧州にもたらされた、武具や印籠《いんろう》などのモチーフに啓発されたものだ。

ジェンセンはまた、デザイナーとして他の人々と決定的な違いがある。デザイナーという人種は、本質的に自己顕示欲が極めて強く、他のデザイナーと協力あるいは協同して仕事をすることができない場合が多い。だがジェンセンは、デザイナーであれ、職人であれ、さらにはまた自分の会社を経営してくれる人であれ、優れた人と仕事をすることに少しもこだわらなかった。ジェンセンの生前から見られたこの協力関係は、

ジェンセンのデザインによるティーポット（上）とブローチ（左）

彼の死後も継続され、ジョージ・ジェンセン社の伝統として、その技術、デザイン水準を保つのに大きな役割を果した。
ジョージ・ジェンセン社が育て、共に働いた一流デザイナーは数多い。ジェンセン自身と最初に仕事を始めたヨハン・ローデ、ハラルド・ニールセン、そしてスウェーデン王室の一員でもあったシグヴァルド・ベルナドッテ、さらにはジェンセンの死後、同社の代表的デザイナーとなったヘニング・コッペルなど、近代スカンジナビアのデザインは、同社から源を発しているといっても誤りではない。
ジョージ・ジェンセンは一九三五年に死去した。死去する時まで、自分が二十世紀のデザイン界でどれほどの功績をあげ、自分が育てたデザイナー、職人、そして会社そのものが、その後の工芸及び産業デザインの世界でどのような地位を占めたか、全く意識することがなかったと思われる。とかく、実力以上のハッタリが横行しがちな宝飾品業界やデザインの世界では、まれに見る人物であった。

スカンジナビア・デザインの源

第二次大戦は、ジェンセン社にも、大きな影響を与えた。第一に銀の供給が止まってしまった。銀のかわりとして、ステンレスを用いた食器類の生産が研究され、ニールセンのデザインになるものが生産された。この商品は、銀の供給がもとにもどった現在でも、同社の商品の一部として、銀とは異なった商品として成功をおさめている。

ジェンセンの後に続いたデザイナーのうち、特記に値いするのがヘニング・コッペルだ。銀の塊からハンマーで打ち出して作ったもので、軟体動物を思わせるような見事な曲線が特徴。一ミリの狂いも許されない、異常なまでにとぎすまされた線の見事さは、ジェンセンの伝統を引き継ぎながらも、まったく独自の世界をうちたてたと言える。

コッペルは一九一八年の生まれで、ジェンセンとほぼ同じ教育を受け、彫刻家を目指したことも似ている。だが、彼の才能は多岐にわたり、銀器ではジェンセン社と四五年から、陶器ではビング・アンド・クロンダール社と六一年から、さらにガラスではオレフォス社と七一年から、それぞれデザイナーとしての契約を結んでいる。

今日、スカンジナビア四国——デンマーク、スウェーデン、ノルウェー、そしてフィンランド——は、宝飾品を含む工芸デザインの宝庫となっている。世にいう、スカンジナビア・デザインだ。良いデザインが発達するためには、買う側に生活上のゆとりがあることと、美的な感覚を持つことが必要であり、さらにデザイナーを生み出すだけの教育や研修のための機関が備わっていなければならない。

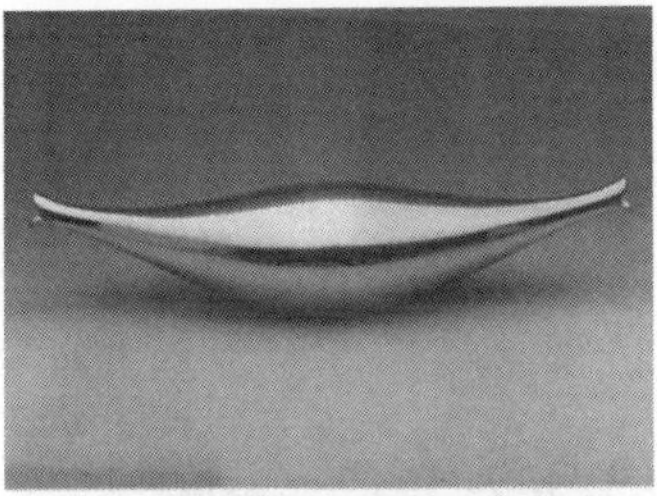
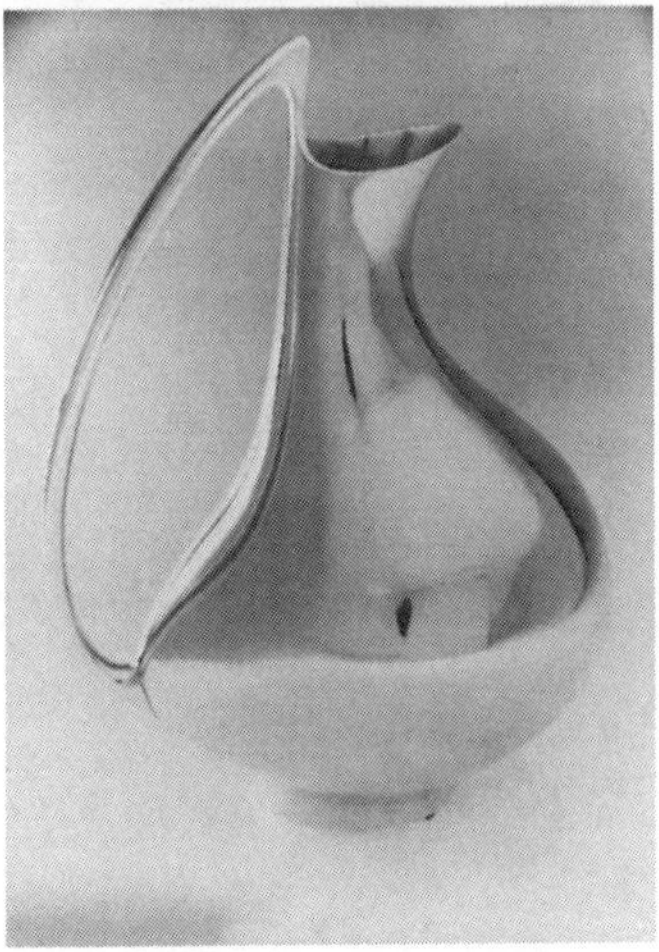
コッペル作、銀のコンポート（上）と水差し（下）

スカンジナビア諸国はこうした条件を、今世紀初めには全て備えていた。そうした環境のなかで、ジョージ・ジェンセンはデザイン水準の高度化にイニシアティヴを取った——本人はさらさらそんな意識は持っていなかったが——デザイナーの一人であった。もし、このジェンセンという男がいなかったなら、今日のスカンジナビア・デザインの様相は、かなり変わっていたであろう。

スカンジナビア諸国のデザイナー達の活動は、今でも世界中で最も活発であり、その生み出す作品は、特に銀製のものを中心として、幅広いファンを世界中に持っている。特に日本では、シンプルで、地味で、強い色彩を使わないこうした作品が、日本人生来の渋好みともあいまって、強い人気がある。どの時代でも、デザインの流れの変化を、特定のデザイナー一人に帰すことはできないが、ジョージ・ジェンセンこそ、銀という金属に新しい息吹を与え、そして新しい可能性の世界を開き、さらに後続の数多いデザイナーを育成した、極めてまれなデザイナーであった。

第Ⅲ章　ジュエリーの歴史

1　ジュエリーの起源――なぜ人間は身を飾るのか？

装身は本能か

ふつう宝飾品という日本語はあまり用いられない言葉である。もともとは英語のJEWELLERYの訳語で、宝石と貴金属という素材を組み合わせて、身を飾るために作られた工芸品を言う。最近では宝飾品という耳なれない言葉の替わりにジュエリーと英語のまま用いられることが多く、宝飾品も含め、素材を問わず人間の身体を飾るためのものを装身具と呼ぶ。

この宝飾品の歴史は人類の歴史とほぼ同じくらい古い。よく人類最古の職業はスパイと売春だと言われるが、宝飾品を作った人々の歴史もまた、この二つの職業と同じくらい古いものである。世界に広がっている考古学上の遺跡には、それらを作った古代人がどのような民族であったのかすら、はっきりしないものが数多くあるが、そうした遺跡からも必ず、数多くの宝飾品が発見されており、逆に宝飾品が一個も出ない遺跡はないと言っても過言ではない。

現代の我々は、ともすれば宝石・貴金属というものは、特定の階層の人々のものであって、社会における身分差、階級差を示すものとして発生し、存在してきたと考えがちである。が、宝飾品の起源と歴史とをさぐってみると、どうもそうではなく、もっと人間の本質に深く根ざしたもの、動物としての人間の本性から生み出されたもののようである。

色々な物と技術とを用いて身を飾る行為——装身。その最も原始的な形は、直接人間の身体に人為的な加工を加える、考古学で言う身体変工、入墨、身体装飾などである。身体変工というのは、文字通り、歯や皮膚という身体の一部に損傷を加えて、その結果の変化を装飾とするもの。具体的には皮膚に切り傷をつけたり、

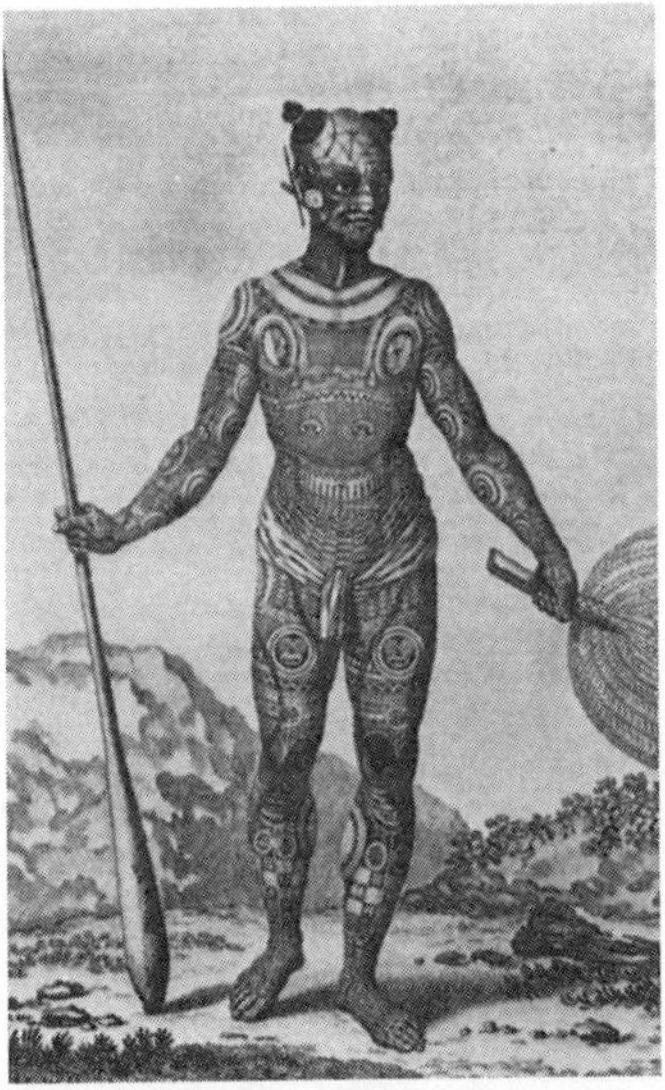

全身に入墨をほどこしたポリネシア地方の民族

耳たぶに孔《あな》を開けて引き伸ばしたり、歯を抜き去ったり削ったりする。入墨は、色々な色素を人工的に人間の皮膚に固定させる作業であり、身体装飾とは一種のボディペインティングで、現在の化粧の元祖とも言うべき行為だ。

この、最も原始的な段階を過ぎると、日常の生活で簡単に手に入る特異な品物——たとえば、農耕民族であれば貝殻とか果実の種、狩猟民族であれば強い動物の牙《きば》や骨、美しい鳥の羽根など——に簡単な加工を加えたものが、最も古い装身具となったと思われる。こうしたものは、素材が有機物であるためにほとんどが破損、消滅し、今日まで残っているものは極めて少ない。だが、逆に現在でも未開民族の装飾品として、現実に使用されている例を多く見ることができる。現存する遺品として手近なものでは、日本人の祖先が用いた貝釧《かいくしろ》、貝輪などが、食用とした貝の残りを利用して古代人が装飾品を作った実例である。

御守りとアイデンティティ

古代の人々が、どうしてこれほど装身に大きな努力を払っていたのかについては、様々な説がある。社会における階層をあらわすために宝飾品を用いたという、現代の我々に一見分かりやすい説明は、最も初期の装身具が、まだ社会の階層区分が成立していなかった原始社会ですでに存在したことを見ても、受け入れられる説ではない。もっとも妥当ではないかと考えられるのは、未知なるものへの恐れに対しての〝御守り〟としての意味。そして人間の本性に根ざした相矛盾した二つの欲望——自己異化(自分を他人と区別したいという欲望)と自己同一化(自分を一つの社会的グループの一員として認識したいという望み)とによって、装身という人間の営みが始まったとする考えである。同じ化粧をしたり、同じ品物を身に付けたりして同一の種族や村に属することを表示しながら、小さな部分では自分なりの個性を出そうとする古代の人々の努力を想像してみたい。こうした人間としての願望は、それから数千年を経た今日でも同様に、はっきりと見ることができるのではないか。

たとえば、結婚指輪をつけることで既婚者であるということを示し、スクールリングをつけることで特定の学校の卒業生であることを表わし、会社員が社章を着用することで、ある企業の一員であることを表示するのは、古代人が求めた自己同一化と同じ行為であり、また逆に、ユニークなデザインの宝飾品や極めて高価な宝石を身に付けることによって、他人との識別をはかる行動は、自己異化の典型だ。それは古代の人々の行動となんら変わるところがない。

また、御守りとしての装身具で最も古いものは、人間が自然のなかで出会うもののうち、最も力強く手強《てごわ》いと感じた動物——虎、熊、狼《おおかみ》などの猛獣——の牙や骨であったろうと想像される。そうした牙を身に付けることによって、着用者がその猛獣を倒したことを証明すると同時に、その獣が持っていた強い力を自分にのりうつらせることができると信じたのだ。我が国の遺品として残っている動物の牙を用いた装身具を見ると、古いものは熊とか狼の牙であり、年代が下がるにつれて、犬、狐、さらにはイルカやオットセイなどの海獣の牙が用いられている。最初に古代人の心を捉《とら》えたのは強い動物の牙であり、やがて牙ならなんでもよいという風に変化していったのだろう。我が国の勾玉《まがたま》なども、その形から見て、こうした牙を、石を用いて代用的に表現したものではなかろうか。

ややも形を変えたものではあるが、御守りなのか装飾品なのかの区別がつきにくい例として、現在もニュージーランドに住むマオリ族が用いている、ヘイティキと呼ばれる人間の形をしたペンダントがある。第I章でも触れたが、このヘイティキは所有者が死ぬとその遺体と一緒に埋葬されるが、しばらくすると掘り出されて再び遺族や友人によって用いられる。この過程を繰り返すことにより、そのヘイティキにはかつてのいろいろな所有者が持っていた種々の力が累積《るいせき》し、魔力の強いものとなるとマオリの人々は信じている。したがって、代々伝承されたヘイティキは、強い魔力があるものとして極めて大切にされているのだ。

　こうした強い魔力を身に付けた人が、呪術師《じゅじゅつし》となり、さらには神と人間とを結ぶ者として村や国の代表者となり、その過程のなかで、かつての呪具であったものが、代表者の権威を象徴する装身具に変化していったことは、容易に想像できる。

　こうした様々な理由があろうとなかろうと、本質的に人間という動物は、美的表現をする感覚を備えているのだ、とする説も捨てがたい。装身具の場合だけでなく、実用器であった土器も、最初の頃は器の役をするだけだったのが、時代と共にその口縁部分に飾りがほどこされ、縄目による文がつけられ、彩色がほどこされるようになった。装身もまた、そうした性質が自然発生的に現れたものだと言えるのかもしれない。

熊の歯のペンダント
ベルリン古代博物館

装身具、必需品となる

色々な過程を経て発生した宝飾品も、その後の人間の歴史のなかで大きく変化してきた。社会における階層の分化と共に、宝飾品は階層の差異を顕示するための手段として、特定の階層の人のみが用いるものとなる。これが逆に、宝飾品というものは特定階層の人々が自己顕示のために用いるもの、ひいては社会的不平等を示す実物例として非難を受けることとなり、こうした偏見は今日でも広くはっきりと残っている。こうした誤解の代表的な例は、ロシア革命直後のレーニンが言ったと伝えられる次のような発言である。共産主義革命が完成したら、金などは何の価値もない、その時には金で便所を作ってやる、と。

現在、大きな大衆社会を持つにいたった国々――主として先進工業国――では、古代の人々にとって装身が必要な行為であったのと同様に、ほとんどの人々にとって装身具が生活上欠くべからざるものとなっている。それも特定の階層の人だけではなく、社会全体として、それぞれに程度の差こそあれ、なんらかの装身具――宝飾品やアクセサリー――を身に付けることが当り前のこととなっている。

客観的にみると現在の日本は、少なくとも物質的な面では、他の先進国同様豊かな国であることは間違いない。そして宝飾品が、それぞれの人の社会的、経済的能力に応じて若干の差異こそあれ、ほとんどの人の必需品となっていることは、街に出てあたりを見回せばすぐに分かるだろう。街を行く女性で、宝飾品やアクセサリーを全く付けていない女性は何人いるか。まずいないといってよい。特に年代が若くなるほど、全く何も使用していない女性の数は激減するだろう。

　現在我が国は、世界中でアメリカ、中国に次いで第三位の宝石大国であり、その年商は下がったとは言え、一兆数千億円に達する。女性一人あたりの支出額で言えば、おそらく世界最高の支出をしている国なのだ。女性のもう一つの必需品である化粧品業界の年商一兆七千億円と比較しても、そう劣るものではない。いかにジュエリーと

指輪を交わしあう恋人たち（部分）
クリーブランド博物館

おびただしい装身具をつけたパルミュラの像
紀元前３世紀頃

いうものが、女性にとっては必需品となっているか、お分かりいただけるだろう。

身の回りの物を自ら加工して身を飾った古代の人々の時代から数千年を経た今日、自分の資力に合わせ、自分の感性にしたがって宝飾品で身を飾る現代人のなかには、古代の人々と同じ装飾本能が見える。

2　古代の遺品――知られざる国を中心に

今日、世界中の博物館、美術館で無数ともいえる数の宝飾品を見ることができる。数千年の歴史のなかで、興《おこ》りそして滅んでいった数多い民族や国家がそれぞれに宝飾品を残していったのだから当然のことである。いうまでもなく、エジプト、ギリシャ、ローマなどの古代文明には無数の見事な作品があるが、宝飾品の多様性を示すものとして、特に我々があまり知らない、古代の民族が作り用いた宝飾品を中心に見てみよう。また、年代はぐっと近代に近づくが、象牙《ぞうげ》海岸（現在のコートジボアール）を中心とするアフリカ、それに特異な品物を数点、取り上げてみたい。

古代アイルランド

ケルト族が鉄器文明をたずさえて渡来する以前の、古代アイルランド文明ほど、謎《なぞ》だらけの文明は少ないだろう。どんな民族が住んでいたのかすら不明なのだ。おそらくは、石器時代の人々が、グレートブリテン島を経由して北欧あたりから流れついたのではないかと言われているが確証はない。この不思議な民族が残したのが、今日世界に残る古代の金細工品でも白眉《はくび》といわれる、一連の宝飾品である。全体のデザイン・モチーフが半月の形をしたものが多いので、英語ではLUNULA（半月飾り）と呼ばれているが、これが一体何のために制作されたのか全く不明という、実に不思議な宝飾品なのだ。一見すると首飾風に見えるのだが、金板のへりは極めて薄く、実用には危険すぎる。またラッパが二つつながったような物は、衣服の留金ではないかと言われているが、どうもそうした実用具ではなさそうだ。

作り方としては、金の薄板をまず切り抜いて、その上に打ち出しと呼ばれる技法で、微細な幾何学模様をつけてある。その精密さと正確さは、現代の腕の良い細工師でもなかなかできるものではない。

その後、世界のどの文明にも、これと同様な、または類似した作品は全く発見されていない。これほど見事な金細工品を、紀元数百年の昔に、どんな民族が、何のために、またどこから金と技術を手に入れて作ったのか、全く不明である。すべてが謎のまま、このルヌーラはダブリンの国立博物館の一室で、今日も冷たい光を放ち続けて

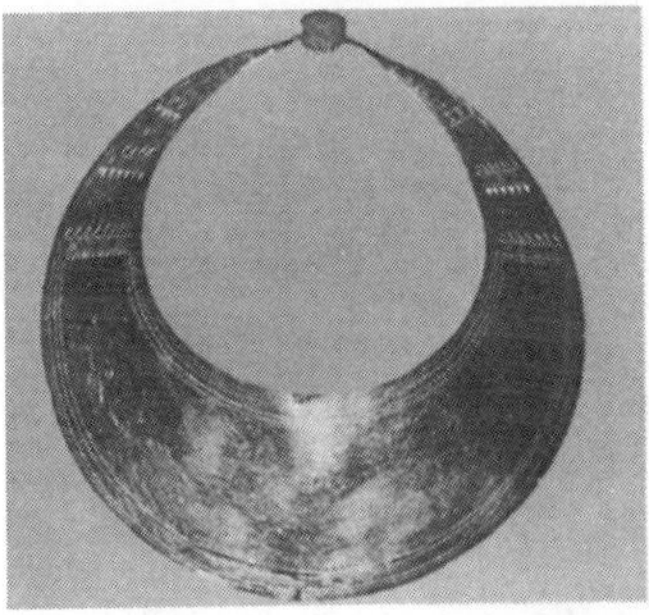

アイルランドのルヌーラ（左）
アイルランドの金製品（下）
ともにダブリン国立博物館

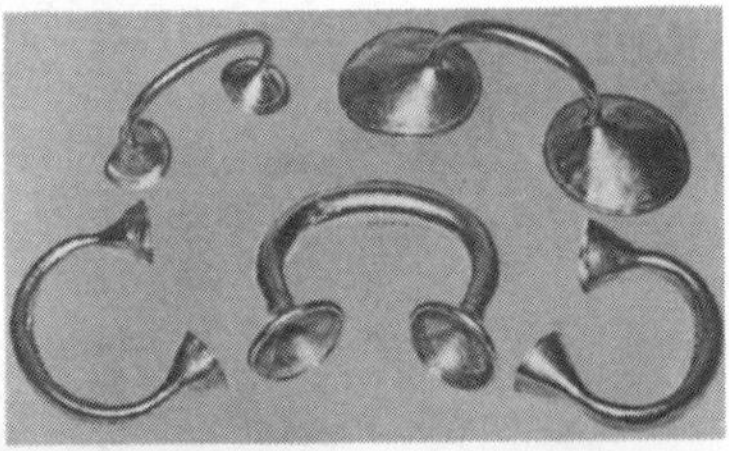

▼オーレベリー・ネックレス
ストックホルム国立博物館

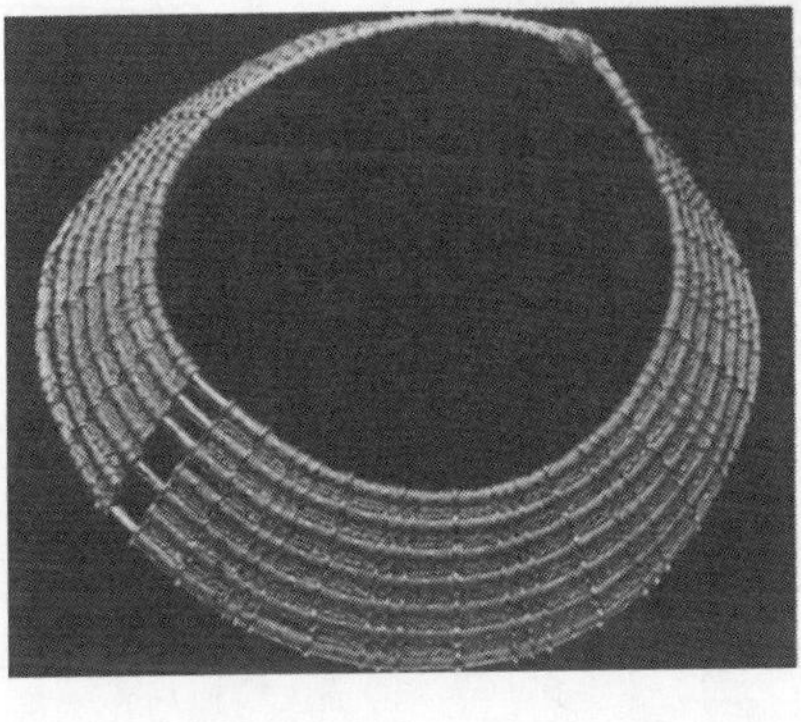

▲グリッピング・ビースト

いる。

ヴァイキングの世界

八世紀から十一世紀にかけて北欧一帯に住みつき、欧州北部を中心に広く活動していたヴァイキングと呼ばれた人々の実態は、どうも映画などで見る海賊まがいの荒っぽい民族ではなく、船による交易を仕事とした貿易民族というものに近かったようだ。このヴァイキングも独特の宝飾品を数多く残している。

そのデザイン・モチーフの特色は、獣の像を使った、いわゆる動物文が大変に多いことだ。技法面では、小刀で木材を彫り込むように、のみを用いて金属に彫り目を入れ、彫られた面からの反射をデザインとして用いる「チップカービング」と呼ばれる技術が開発され実用化されている。また、実用具としてのブローチの割合が高い。

デザインとして用いられた動物文は、動物同士が手足をにぎりあった、極めて複雑、かつ一見アラベスク模様にも似た抽象デザインにも見える「グリッピング・ビースト」と呼ばれる模様がその特徴だ。ヴァイキングの美術は、ボッレ、イェリング、などいくつかの期に区分されるが、時代が下がるほどデザインは複雑になる。また衣服の合わせ目を留めるための実用具として——この頃にはまだボタンは実用品になっていなかった——ブローチが多く作られ、そのデザインはディスク（円盤）と呼ばれる円形をしたものが多く、その上に見事な細工の動物文がついており、これらをまとめて「ディスク・ブローチ」と呼んでいる。彼等は商業民族であったせいか、比較的実用品が多く、祭祀《さいし》用のものはほとんどない。

今日残っているヴァイキングの宝飾品のなかで最も見事なのが、「オーレベリー・ネックレス」と呼ばれる金製の三重の首飾である。グラニュレーション（粒金）による細工があり、三本の金管をつないでいるのは、ヴァイキング特有の、動物と人間の顔をした部品で、その細工の精密さは驚嘆に値いする。特にこれだけの粒金細工は、今日でも復元不可能だろう。

古代の中南米の国々

コロンビアのボゴタにある黄金博物館（MUSEO DEL ORO）の展示方法は劇的である。観覧者は常に一定の人数に制限され、グループごとに展示室に入れられると入口が閉り、完全な暗闇《くらやみ》のなかにしばらく放置される。やがて次第に壁面が明るくなってゆき、そこに燦然《さんぜん》たる黄金の細工品が姿をあらわす仕掛けである。宝飾品、様々な立像、王侯貴族のための実用具など、息をのむばかりの迫力である。

現在のメキシコからチリ、ペルーにかけての中南米諸国の地域で、興亡を繰り返してきた様々な民族を一つ一つ取り上げていたら、とても切りがない。現在残っている金製品が、どんな民族によっていつ頃作られたのかすらはっきりしないのだが、紀元前一二〇〇年頃、中央アンデス地帯ですでに金が使用されていた。それが次第にメキシコの方へ北上していったようで、その影響を受けて、ティオティワカン、モンテアルバン、ワリ、インカ、チムーなど名前を挙げるだけでもくたびれるほどの数の国々が、無数の金細工品を残しては滅んでいった。

こうした中南米の金細工品には、主として二つの技法が使われている。一つは薄い金板を切り抜いてその上にデザインを打ち出す――なかには平面でなく立体のものもあるが――ものと、今日では鋳造と言われる、金を溶かして型に流し込んで成形したものの二種である。宝飾品には前者が多く、宗教的なものや実用品として作られた立体的なものには後者が用いられている。この他、翡翠《ひすい》の細工品も多く、その全《すべ》てが硬玉であり中国のものとはまた違った独特の彫刻がほどこされている。

こうした様々な細工品の数は実に厖大《ぼうだい》なものだが、全体として見ると、純粋の装身を目的とした宝飾品の比率は、他の国々の遺品と比較すると大変に低い。宗教的装飾品、あるいは王侯貴族の日常生活に用いられた装飾品または実用品がほとんどで、この地域で興亡を繰り返してきた国家の多くが政教一致国家であったことを、強く反映しているようである。

金の加工、特に冶金《やきん》の技術も大変に進んでいたようで、トムバガ（TUMBAGA）と呼ばれる金四、銅一の割合で混ぜた合金を発明している。これは融点が低いわりには硬いという性質を持っていて、他の文明では全く知られなかった。古代インディオの知恵の産物である。この合金は主として宗教用の様々な品物を作るのに使用された。

アフリカの宝飾品

アフリカの宝飾品は、これまでの三地区のものとは違い、年代的には比較的新しく、全て十六〜十九世紀のものだ。ただ、アフリカの宝飾品といえば、観光客用の今出来のものと思われがちなので、取り上げてみる。

アフリカでの宝飾品には、特に注目すべきものとして二つの系統がある。その一は、現在のナイジェリア南部にあたるベニン王国で作られた、象牙の宝飾品である。古くは十六世紀頃から作られており、後年にはポルトガル人がもたらした宝飾品の影響を受けて変化をみせている。最も多い作品は、筒状のアームレットで、全長十二〜十三センチほどの筒の表面には、極めて精巧な彫刻がほどこされており、各時代のベニン族の生活や歴史などがデザイン・モチーフとなっている。また、王の勢力を誇示すると共に呪術的な意味合いもあると思われる、仮面、立像、飾り物などが多く作られている。

第二は、現在のガーナ近辺にあたる黄金《おうごん》海岸にあったアシャンティ王国で、十八〜十九世紀にかけて作られた金製の宝飾品である。このアシャンティ族の宝飾品は、黄金海岸の名のもととなった、この地方から産出した金を用いている。代表的なものとしては、円盤状のブローチや金箔《きんぱく》をかぶせた木製の祭礼用品などがあるが、それらを使用することは誰にでも許されたわけではなく、王族と祭礼を司《つかさど》る人に限られており、作る職人も王直属だった。用いられた技術も、ロストワックス（蠟型《ろうがた》を溶かして、その跡に溶かした金属を流し込む）による鋳造、打ち出しなど、予想もできない高度なものであった。

この他にも、象牙海岸で作られていた、金と象牙を用いたバウレ族のもの、貝殻とビーズで作ったバムン族のもの、イド族の青銅を用いた細工品など、未開の大陸といわれたアフリカにも、様々な民族が作り用いた無数の金細工品や宝飾品が残っている。

コロンビア、シヌー族の耳飾

ベニン族のブレスレット
大英博物館

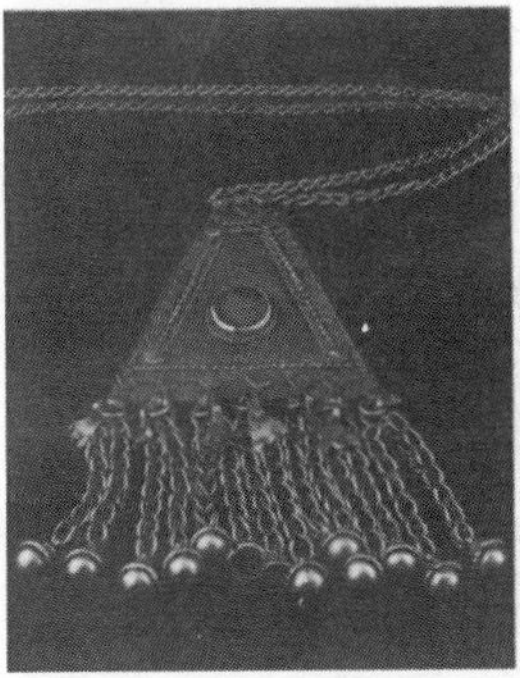

ベドウィン族の銀製の装身具

アシャンティ族の金細工品
大英博物館

色々な民族がそれぞれに

他にも特異な宝飾品は色々とある。

まずは砂漠の民ベドウィン族の宝飾品。多くは銀製で若干の半貴石——それほど珍しくはない色石のこと——が用いられており、遊牧民として常に移動する生活を前提としているせいか、身体を活発に動かしたとき効果が出るように、動く部品を多く使っているのが特徴。

次はチベットのもの。身体全体を飾るために、複雑に組み上げられたネックレスを何組もつなぎ合わせたものだが、素材は何か想像できるだろうか。人骨である。どんな意味があったのか、鬼気迫る装品である。

そして古代中国、漢の時代の翡翠。これは純粋の宝飾品とは言いがたいが、呪術性を残している時代のものの好例である。正式には旧玉唅蟬《がんぜん》と呼ばれ、すべて蟬《せみ》の形をしている。中国人は、埋葬の時にこれを死者の口中に入れておくと、死体が腐朽しないと信じていた。その用途を考えると、写実的な造形美が逆に無気味に見えてくるではないか。

古代の人々は身を飾るために、当時の技術水準からみれば、ほぼ限界ともいえるほどの努力をして、実に様々な自然の産物を装身のための素材として使っている。

その第一の例は、粘土である。粘土それ自体は決して美しいものではないが、石のカットや金属加工が思うようにできなかった古代では、自由な形に成形できる粘土で様々な型を作り、それを焼成して彩色をほどこせば、立派な装身具となったのだろう。この粘土製装身具の代表的なものは、我が国の縄文時代の耳栓であり、これは装飾としての意味の他に、耳から悪霊が入り込むのを防ぐという呪術的な意味もあったようだ。

ファヤンスと呼ばれる一種の焼成物は、今日では宝飾品に用いることはないが、古代エジプトの装身具には、多彩な色と様々な形をしたファヤンスが大量に用いられており、エジプトの遺品の最大の特徴となっている。ファヤンスは、石英の粉末を固めて成形し、それに釉薬《ゆうやく》をかけて焼き上げたもので、粘土同様、自由な形と色彩を作り出すことができた。これによってエジプトの装身具は、同時代の他の文明と比較すると、形の自由さと色彩の多様さとで群を抜いたものとなった。

もう一つのユニークな素材は、様々な色模様のあるガラスの小玉で、主として首飾などに糸を通して用いられるもので、我が国ではトンボ玉と呼ばれている。これは古代メソポタミア地方で発生したと推定されているが、その後はほぼ全世界に広がり、もちろん、我が国でもいろいろな物が作られている。トンボ玉の特徴は、その多彩な色彩や模様が、彩色などによって表面から加えられたものではなく、ガラス玉として成形される過程において練り込まれていることだ。その色とデザイン、外形は実に千差万別であり、世界中の多くの国でそれぞれに独自のものを作り出している。約三千五百年も前から、連綿と続いて尽きることのない人間の創造能力には、驚かざるを得ない。

これらの物は、もちろん今日では宝飾品に用いられることはほとんどないが、現在とは比較にならない技術的制約のあった古代に、何とかして多彩な作品を作ろうとした古代人の情熱がよく分かる。

ここに取り上げた少数の例でも明らかなように、古代から現代にいたるまで、人間は実に様々の素材を用い、色々なデザインや意匠を考え、複雑な技術を作り出し、それぞれの信仰や生活にもとづいて我が身を飾り続けてきた。極端に言えば、衣食住にすらこととかく時代、食うや食わずでおそらくは平均寿命が二十歳にも達しなかった生活のなかでも、人間は必ずといっていいほどなんらかの装身具を作り用いてきたわけだ。この装身という我々人間の行為が、単なる虚栄のためであったとはどうしても思えないのである。

3　暗黒のなかの輝き——西欧中世の宝飾品

数少ない遺品

西欧中世の宝飾品史を書くのは、正直言って極めて難しい。理由は簡単、残された遺品もまた参考文献も非常に少ないからだ。世界の博物館に残る宝飾品を調べてみるとすぐに分かるが、九世紀頃を境として、遺品の数が激減している。この理由として考えられるのは、カール大帝の治政（七六八〜八一四年）以前には、死者の埋葬にあたって、生前に用いた武具や装身具を陪葬《ばいそう》するのが普通であったが、大帝の命により、この風習が禁じられたことが大きいものと推定される。だから、フランク王国時代でも、大帝以前のメロビング朝の宝飾品の遺品は比較的多く出土している。大帝がこうした風習を禁じた理由は、一応、それが異教徒の行為であるためということになっているが、本当は、高価な宝石類が国の財産として残らずに、みすみす土中に消えることを惜しんだからだろう。また、この時代に陪葬をまぬかれて残った宝石類も、その多くが、うち続く戦争、動乱、さらには十字軍などの大騒乱のなかで、現実的な金銭にかわるものとして溶かされたり、作り変えられたりしたことも、今日、遺品が少ない理由であろう。

中世を語るとき、見逃し得ない要素が一つある。それは西欧全体がキリスト教化するなかでの、教会と聖職者の存在の大きさだ。一人一人、キリスト教へと改宗していった王達を中世の地上世界の権力の代表者とすれば、霊的世界の代表が教会であった。この時代以降、教会や祭壇を飾るための宗教的装飾品、さらには、聖職者の飾りとしての装身具が大量に作られ、今日にいたるまで、保存良く残っている。広義の意味での宝飾品としては、当然重要視すべきものではあるが、本書では触れないでおく。また、中世史が含む年代的、地理的な広がりの大きさを考えるならば、全体的な年代史をここで扱うことはとてもできない。したがって、この中世を代表する遺品のなかで最も特徴があり、そのわりには世に知られていない作品をいくつか取り上げ、時代の全体像としたい。

アルフレッド大王の遺品？

一六九三年のことだ。英国サマセット州のニュートン・パークで、一個の不思議な形をした宝飾品が発掘された。西洋梨を逆さにしたような台座の上に、奇妙な杖《つえ》を二本、両肩に担《かつ》いだ男の像が七宝で描かれており、その上にカバーとして水晶板がかぶせてある。その下には、種類不明の動物の頭がついていて、それ全体が木の丸棒でも差し込めるような輪状になっている。水晶板を取り巻く金の側面部分には、AELFRED MEC HEHT GEWYRCAN と読める。これは英語の古形の一つであるウエスト・サクソン語で、アルフレッドの命により作られしもの、という意味だ。

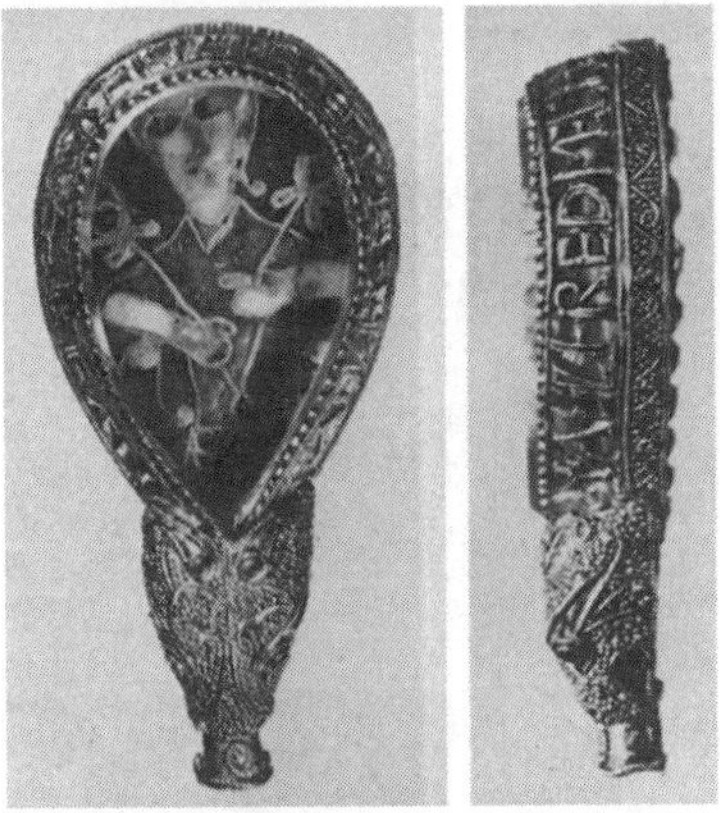
アルフレッド・ジュエル
アシュモレアン博物館

この用途不明の宝飾品は、他に全く類似品がなく、それ自体としてもユニークである。それにもまして、英国古代史の英雄、アルフレッド大王の名前が明瞭《めいりょう》に残っていることと、発見地のニュートン・パークが、大王が大昔、侵入してくるヴァイキングに対して反撃を加えた地に近いことから、アルフレッドに関連した宝飾品として、大いに英国人の関心をかきたてた。アルフレッドの宝物と呼ばれるこの作品は、現在、オックスフォードのアシュモレアン博物館の呼び物の一つとして、特別扱いを受けている。九世紀頃の作品で、中世初期を代表する優品である。歴史、考証好きの英国人のことだから、この作品の用途、描かれている人物の素性、さらには奇怪な動物は何かと、大論争が行われてきたが、結局、何の結論も見ないまま今日にいたっている。

キリストの遺物

中世を通じて、キリスト教徒であった王侯や貴族が何よりも求めたのは、聖遺物（イエス・キリストの生涯に実際に関わりのあった遺物）であった。この聖遺物を一部に取り入れた宝飾品として最も知られているのが、カール大帝（普通にはシャルルマーニュという仏語名の方で知られる）の遺物と呼ばれる大型のペンダントだ。中央に二枚の青色のサファイア——現在は一枚が破損してガラスのレプリカになっている——が入り、その隙間《すきま》に、キリストが架けられた十字架の破片——真偽のほどは不明——が十文字にはさまれ、まわりの金の部分にはガーネット、エメラルド、真珠が裏表に入っている。このペンダントは、アッバース朝のカリフであったハールーン・アッ＝ラシードがカール大帝に贈り物として届けたもので、八一四年の大帝の死と共に、その墓に埋葬された。それがなぜ地上にあるかと言うと、一〇〇〇年にオットー三世が大帝の墓を開いて、遺骸《いがい》の首に掛けられていたこのペンダントを取り出したからである。このあたりの無神経さ、大胆さには、とても日本人はついてゆけないのではなかろうか。

一八〇四年、突然に、このペンダントはナポレオンの妃《きさき》ジョセフィーヌに贈られる。その後、ナポレオン三世、その妃ウジェニー皇后の手をへて、現在はランスの大聖堂の宝物として展示されている。バグダッドのカリフの贈り物でありながら、おそらくドイツで作られたものと思われ、東西の交易の密度の濃さを示す例だ。珍しく、七宝は全く使われていない。

必需品だったブローチ

数多い宝飾品のなかで、実用の道具から発達したものが一つだけある。ブローチだ。すぐに気がつかれると思うが、他の宝飾品がすべて人間の肌に直接つけるのに対し、ブローチだけは人間が着る衣服につける。

カール大帝のペンダント

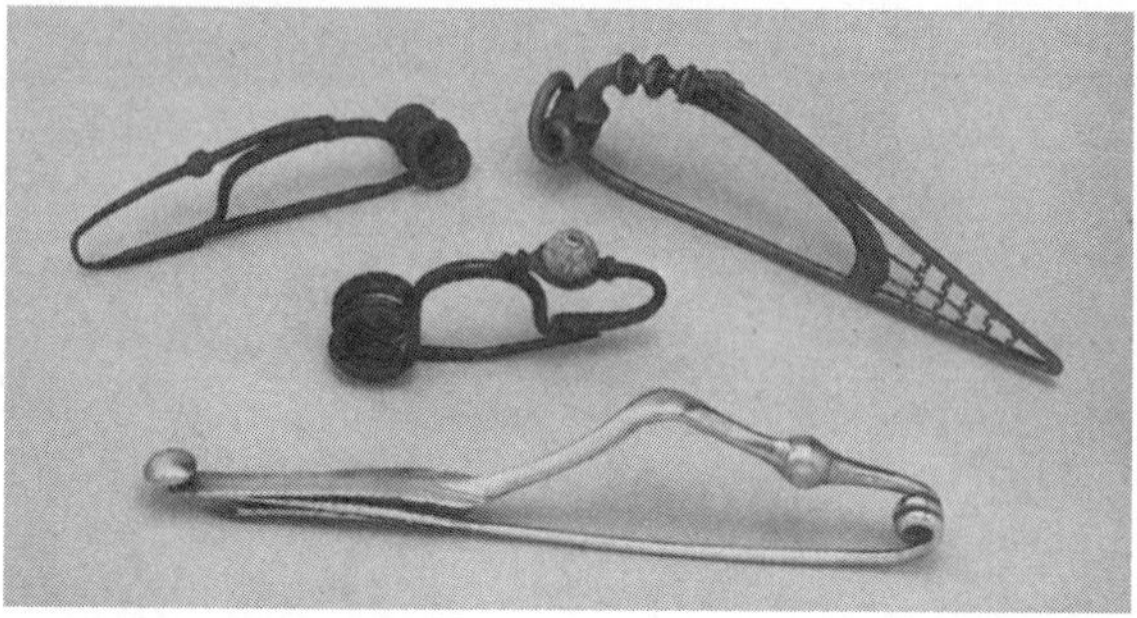

フイビュラの数々

ブローチの原型を「フイビュラ」と呼び、古くはエトルリアの時代からあるが、現在の安全ピンのように横に長い構造をしている。我々が現在、衣服の合わせ目を留めるのに用いるボタンは、実はルネッサンス期初期までは一般に用いられず、ほとんどの衣服の合わせ目は、フイビュラまたはブローチの針を、布の上からさしこんで留めていた。この針の上の部分に様々な飾りをつけたものが、ブローチとして装飾品化したのである。

中世に入って、特に顕著に用いられるようになったのがこのブローチで、北方の寒地に住み、大型の衣服を着なければならない民族の間では、必需品であった。前述したヴァイキングのディスク・ブローチと共に、アングロ・サクソン族の間にも、独特のブローチが発達した。

アングロ・サクソン族が用いたブローチはほとん

どが円環状か、現在の十字架に近い形のものだ。十字の形はキリスト教との関連を思わせるが、この形そのものはスカンジナビアを中心とする地方独自のデザインで、この時代ではキリスト教とは関連がないようだ。最も古い形のものは、ブローチを固定するためのピンが、現在のもののようにブローチの下にあるのではなく、飾り部分の上に乗っており、衣服をつまみ上げてピンにさし、衣服の重みでピンを押し付けて固定した。今のようなピン受けはなかった。比較的大きいものが多く、アングロ・サクソンの人々はのどもとで衣服を合わせ、このブローチを用いて留めた。初期のブローチは、女性だけのものではなく、むしろ男性のものだった。着衣の上にはっきりと目立つブローチは、次第に、着用者の階級を示すようになる。十三、四世紀頃には、円形の金や銀の上に、神をたたえる言葉や、愛の言葉などを彫り込んだものが貴族階級のものとして登場した。やがて銅や卑金属で作った同様のものを一般階級の人々が使い始めると、貴族が用いるブローチには宝石や真珠が多く飾りとして用いられるように変化していった。こうした事情で、中世の宝飾品の遺品のなかでは、ブローチの比率が最も高い。

ロザリオ

キリスト教が次第に定着するにつれ、純粋の装身具とは言いがたいが、上流階級の人々にとって宗教上の必需品であると共に、装身の一部となったと思われるのがロザリオだ。ロザリオは、カトリック教徒がお祈りに用いる一種の数珠《じゅず》で、大珠一個と小珠十個の繰り返しを五回、糸に通したものが普通である。大珠で主の祈りを一回、小珠十個でアベマリアを十回唱えながら、ロザリオの珠を繰り、祈りの回数を確認する用具であった。だが、中世も後期に入ると、ペンダントやブレスレットに用いるようになり、ロザリオは一種の装身具と化していった。十三世紀頃には、パリでロザリオ作りは極めて栄え、珠の素材に骨や角を使う職人、サンゴと真珠母貝を使う職人、そしてコハクと黒玉を使う職人が、それぞれ別々に独立した組合を作るまでになっていた。用いられた素材も、宗教用品とは思えないほど多岐にわたり、こうしたパリの職人が用いた素材の他に、金、銀、銀メッキ、黒檀《こくたん》、象牙、ラピスラズリなどが用いられている。技術的にも、極めて精巧かつ高度なもので、最も精緻《せいち》なものでは、金の透し細工をほどこした珠が二つに割れ、内側にエナメル細工や彫りで、キリストやマリアの生涯のいろいろな場面が表現されている。ペンダントとして用いられる時には、先端に十字架や聖母像などがつりさげられるのが普通で、これらは象牙や黒檀を精密に彫ったものが多い。こうなると、単なるお祈りのための用具とは言えず、完全に装身具であった。

香料入れ

香料の歴史は古い。香料をアルコールに浸出させて作る香水の発明は十七世紀まで下るが、固体の動物性香料や香木などは、古くはエジプト時代から神事などに際して用いられ、また殺菌や解毒《げどく》の薬として広く認められてきた。中世後期になって、この香料の入れ物として発達してきたのが、ポマンデールと呼ばれる品物だ。

これはちょうど、小粒のりんごか梨のような形をしたもので、鎖で腰から下げるか、あるいは首飾として用いられた。上下に割れて、香木や香料を練り物にした丸玉を入れることができ、表面には香りが外に出るように、隙間のある細工がほどこされているのが普通であった。ルネッサンス期の凝ったものになると、香料を入れる部分が、ちょうどみかんの袋のようにいくつにも区分され、それぞれに異なる種類の香料を入れて、使い分けて遊ぶことができるようになっている。

こうした装身具を見ると、中世という時代が少し分かるような気がする。純粋に美のための美を求めるには、中世以前の時代からの権力、そして新しく支配的な宗教となったキリスト教の霊的世界の規制が、重くのしかかっていた。だが、そうした束縛のなかでも、自分らしさのある新しい創意と美とを求めた結果、ブローチ、ロザリオ、そして香料入れといった、実用品を装飾品化する行為となったのだろう。ルネッサンス以前の、拘束と束縛の多い社会のなかでの、人々の美しいものへの可憐《かれん》な想《おも》いが、こうした品々から感じられる。

霊験《れいげん》あらたかな装身具

中世の宝飾品史を語る上でもう一つ見逃せないのは、人々が宝石や宝飾品を用いる理由が装身だけではなく、そうした品物に、ある種の隠された力、特に魔術的な力を求めたことだ。こうした魔術的な力を求めて用いられた宝石や宝飾品には二種類ある。一つは素材そのものに――石とは限らない――特殊な魔力があると信じられたものであり、もう一つは、耐久性のある素材に、魔力を引き出すと信じられた文句や印、像などを彫り込んだものだ。

自然物に特殊な魔力を認めるという行為は、太古から人間についてまわったものだ。原始的なアニミズムの一種で、強い動物の爪などを身に付けることで、その動物と同じ力が備わると考えた古代人と同様、ある宝石や石などの特殊な性質が特別な力を生んで、それを用いる人に役立つと信じたのである。この時代に信じられていた宝石の魔力とは、たとえばこうだった。最も硬い石であるダイヤモンドを身に付ければ戦いで無敵となり、ガーネットはその血に似た色からして、心臓を強くし、エメラルドはその緑色が目に柔らかいことから、目の病をやわらげ——皇帝ネロはエメラルドの薄板で眼鏡を作ったそうだ——さらにアメシストはその色がブドウ酒に似ることから、酔いを防ぐと人々は信じた。なかには、わけの分からない説明もある。トルコ石を身に付けると、乗馬の事故を防げるというのだが、どんな理屈があったのかは不明だ。

こうした特殊な性質を持つとされたのは、宝石だけではない。その代表例はトードストーンと呼ばれた石で、本当は魚の化石であったが、伝説では、これは蟇蛙《ひきがえる》の頭にめりこんでいる石とされ、これを身に付けると、あらゆる毒から身を守れるといわれた。この石を蛙の頭から取り出す方法まで麗々しく書かれているから、このために殺された蛙こそ、迷惑であったに違いない。

神秘的な文字や図形を彫り込んだ宝石を、魔力を持つものとして用いるのは、十四世紀に入って流行した。これの代表的なものは、すでに一世紀から存在し、中世にいたるまで長く御守りとして用いられた、アブラクサス・ストーンと呼ばれる石だ。古代のアレキサンドリアを中心として栄えた初期キリスト教の一派である、グノーシス派の人々の間で護符として使われたものがこの石の起源で、その後は本来の意味を失い、一種の御守りとしてグノーシス派以外の人々にも使われた。

アブラクサス・ストーンで最も普通なのは、宝石の表面に、頭はオンドリ、身体が人間、そして足は蛇という、奇怪な像を彫ったものだ。これがアブラクサスと呼ばれる精霊の王であるとされてきたが、現在の研究では、アブラクサスとは名前ではなく、一年三百六十五日を象徴する言葉であるといわれている。この像が何なのかはっきりしない。これを作ったグノーシス派は消滅していったが、この石だけは残り、独り歩きして中世にいたるまで、霊験あらたかな御守りとして多くの人の身を飾った。

この他にも、占星術による占いの結果を利用した宝飾品も多かった。が、占星術そのものが、特定階層の人々の独占的知識であったために、広く一般の民衆が用いるものとはならなかった。

こうした、魔力を持つと信じられた石を使った宝飾品のなかで、最も多いのが指輪であり、トード・ストーンなどは、男女を問わず、すべて指輪にされている。ペンダントも多い。動物の角などは、ほとんどがペンダントになっている。特に一角獣の角——実際はイッカクと呼ばれる海獣の角——を用いたものは有名で、とにかく、持っているだけでは効果がなく、身に付けねば霊験がないのだから、実用になる作りであることが第一であった。

中世には、まだまだそれまでの暗黒時代の魑魅魍魎《ちみもうりょう》が生きていたのだ。さらに新しく彼等の救いとして現れたキリスト教も、一面では極めて寛容さに欠けていた。そうした無知と束縛のなかでも、ひそかに美しいものを求め、身を飾ろうとした中世の人々のささやかな望みを、こうした宝飾品に見ることができる。中世の宝飾品には、ルネッサンス以降の宝飾品が持つ、激しいまでの自己主張は見られない。

ポマンデール

蛙の頭からトード・ストーンを取り出す方法

アブラクサス・ストーン

4　ルネッサンス——富と権力の象徴として

〝家〟に属する宝飾品の始まり

現代でも、宝石、貴金属、宝飾品といったものに対して反感を持つ人は少なくあるまい。彼等の言い分はこうだ。宝石などというものは、社会の一握りの金持ちや権力者が、自分の富や権力を、恵まれない多くの人々に誇示するための道具にすぎず、社会における不平等を何よりもよく示すものにすぎない、と。

確かに、今日の宝石、宝飾品にこうした一面がないとは言えない。だが、宝飾品についてのこうした誤解が生まれたのは比較的新しく、ルネッサンス時代以降のことである。

十一、二世紀頃からのレヴァント貿易に始まる、イタリアを中心とする西欧諸国の東方諸国との交易によって、西欧の都市には巨額の富を持つ商人層が発達すると共に、新興の新しい君主が各地に出現する。こうした富を利用した金融業、そしてガラス、織物といった初期の工業が成長し、これらの工業や交易が支える市民層の富裕化と共に、中世までの封建領主からの市民の自立が実現した。金は文化を生む。メディチ、ヴィスコンティ、エステなど、歴史に名を残す新興の貴族や名家が、こぞって様々な文化の大パトロンとなり、建築、工芸、文学、音楽などの分野で新しい芸術家を育てた。さらにまた、一四五三年のコンスタンチノープル陥落によって、多くの学者や芸術家、職人達が、かつての東ローマ帝国の首都から西欧に流入したことも、技術や知識の水準を高め、新しい文化が生まれる素地となった。

新しいパトロンに支えられた新しい芸術家が、封建領主と狭量な中世の宗教世界から離れて、自由闊達《かったつ》な社会で作り上げたもの、それがルネッサンス芸術であった。

中世からルネッサンス初期にかけての宝飾品には、単なる装飾品以上の意味があった。中世の影を色濃く引きずっていた初期の宝飾品は、護符としての役割が大きかった。やがて、御守りを必要とする動乱の時代が終りに近づき、新興の君主や大貴族が各地に定着するにつれて、新しく獲得した地位を表現するための道具として、宝飾品が広く使用されるようになる。個人の装身のための物から、君主、権力者としての一族の権威を示す物として、一族歴代の宝飾品という考えが生まれてきた。この時代の記録に残っている宝石には、持ち主であった王侯、貴族の名がはっきりしていて、名前のついているものが多い。ミラノを支配した一族のスフォルッツア家は、「狼」と名付けられた宝石を持ち、ブルゴーニュ公であったシャルル大胆王は、「三人兄弟」という三個のルビーを持っていた。どうも、この時代の王侯達は、翡翠の項で取り上げたポリネシア人と同じく、祖先から伝わった宝石には、御先祖様の持っていた力――これをポリネシア人はマナと呼ぶ――があることを信じていた気配がある。

こうした宝石、宝飾品類は、その多くが時代と共に作り直されることが多かったこともあって、現存しているものは少なく、実物よりも当時の肖像画を見た方が良く分かる。極めて大柄で堂々とした作品が多く、王冠、首飾、大きなブローチ、そしてシンボリックな意味のある指輪など、現代で言うクラウン・ジュエル（王家の宝物）の原型を見ることができる。

ルネッサンス期全体を通じての宝飾品のもう一つの効用は、君主から臣下への、あるいは逆に領民から領主への、贈り物に使われたことだ。これの典型的なものがペンダントだ。それも、単純なペンダントではなく、エナメル細工やストーン・カメオ（オニックスなど、上下に色の層のある石をカメオにしたもの）を用いて、君主などの肖像をペンダントに仕立てたものだ。これが後のロケットの原型となる。写真などない時代のこと、肖像画で新しい主君を見知りおけ、という意味があったのだろう。

美しい女性像ならともかく、髭面《ひげづら》のむさくるしき大王様の顔の付いたペンダントなどを頂戴《ちょうだい》し、着用を強いられた臣下の者こそ、大迷惑であったと思われる。

鮮やかな色彩と新しいカット

今日残るルネッサンス期の宝飾品で、最も数が多くまた多彩なのは、このペンダントである。これは形状で区分して、二種類ある。一つは十字架あるいはメダル状の長円形で、上部にチェーンを通すための環がついた普通のものだが、もう一つは、ルネッサンス期特有のスタイルで、ペンダントとしてのヘッド部分を二本または三本の短いチェーンでつりさげ、その短いチェーンを一緒に、大きな輪を付けてまとめた形をしている。これは、宝飾品の歴史上でも、最も美しく、かつまた完成度の高いもので、今日見ても見事と言う他はない作品だ。

特に、その中央部は、神話、聖書、伝説をテーマにした物語のなかの場面をデザインしたものが多い。使われた素材で目を引くのは、奇妙な形の天然真珠とエナメルで、他にはカボッション・カット（宝石の頭部を丸くカットしたもの）の色石が多い。実に奇怪な形に変形した天然真珠を、その形を生かして見事にデザインし、魚、人魚、怪物などを表現している。今日、ルネッサンスに続くバロック時代にも大いに使われた、この変形した真珠を「バロック・パール」と呼ぶが、その歴史と作品の見事さから言えば、「ルネッサンス・パール」と呼ばれるべきであろう。奇妙な形の真珠を手に入れて、どうしたらぴったりのデザインができるか考えこんでいる、この時代の職人の顔が想像できる。ルネッサンス期のペンダントには、この他にも中央部にカメオを用いたものや金製のメダルを用いたものなどがあるが、やはり天然真珠を使ったものが最も見事である。また、このペンダントは、裏側にも表とは違う作りの、同じくらい精密な細工をほどこし、着用時にペンダントが裏返っても、美しく見えるように作られている。

エナメルの多用は中世から見られるが、ルネッサンス期になると、色彩の豊かさは一段と高まり、特に、人物や動物などを立体的に表現したものに多く使われた。この明るさ、鮮明さは、制約にとらわれずに躍動する精神を表現しようとした、ルネッサンスという時代を反映したものと言えよう。また、白や黒のエナメルでも、必ずと言ってよいほど、濃い色の宝石が共に用いられており、その色彩の鮮明な対比がこの時代の宝飾品の最大の特徴である。

ルネッサンス期に入って顕著な変化が見られるのは、宝石のカッティングだ。中世までの宝石カッティングの主流は、石を丸くすりあげただけのカボッション・カットだったが、この時代から宝石に様々な角度で面をつける、今日で言うファセット・カットが登場した。特にインドから伝えられたダイヤモンドには、今から見ると原始的なものながら、様々なカットがほどこされていた。それを使ったものに、平板状な四角に石を切り、四隅を斜めに切り下げたダイヤモンドを用いて作ったイニシャル・ペンダントがある。キリスト教の教えのなかで、意味のある文字を並べて飾りとしたペンダントで、エナメルで作ったものもある。最も多い文字は、ＩＨＳの三文字に十字架を組み合わせたもの。ＩＨＳとはIN HOC SALUSの略で、この十字架に救いあり、を意味する。純粋の装身具というよりも御守りの意味が強く、ダイヤモンドの新しいカッティングの登場と共に、宗教の面にも装身具が出現したという点で面白い作品だ。

記念品として、贈り物として

キリスト教の西欧における拡大と共に、各地の聖地をたずねる巡礼は盛んになっていった。この巡礼から生まれた宝飾品がある。現在の我が国でも多いが、名所へ行くと、その土地の記念バッジやメダルを売っている。これと同じで、巡礼が流行したこの時代に、信仰の厚い人々は自分が聖地を訪れたことの証明として、土地ごとにバッジやメダルを買い、それを自分の帽子に縫い付けたのだ。当然、人々はその数を競っ

ＩＨＳペンダント

君主の肖像のペンダント

典型的なルネッサンス期のペンダント　表裏に細工がほどこされている

たのであろう。

発生当時は、鉛やピューターと呼ばれる合金などの卑金属で作られていたこれらのバッジ類――発生地のフランスではアンサーンと呼ばれた――は、聖地の巡礼に王侯、貴族が加わるようになると、次第に本来の記念品としての性格を変えて、高価な貴金属や宝石、カメオをあしらった特別製の装身具へと変化をとげた。メダルの表面のデザインも、訪れた聖地に関連したものから、聖書あるいは神話に題をとったものになり、はなはだしきにいたっては、君主自身の顔や自分の生涯の一場面などが取り上げられ、ついには巡礼の有無とは関係のない、単なる帽子のための飾り物となった。このバッジのほとんどは円形あるいは長円形で、小さな輪を通して帽子に縫い付ける形で用いられている。宝飾品史上珍しい、帽子に付ける装身具である。

前にも触れた通り、この時代の宝飾品は、君主からの贈り物として使われる例が多かった。この場合のデザインは、主として君主自身の像などを刻んだものが多く、この他にも、一種の御守りとして、キリスト教の教え、あるいは神話の一場面などを扱ったものが多く作られている。こうした人物あるいは人物を含む場面を表現するには、主として表面積の大きいストーン・カメオや、金の地金に彫刻をほどこしたものが用いられたが、この時代独特の素材として、コメッソと呼ばれたものがあった。コメッソとは、イタリア語で、モザイク細工という意味だが、これは二種類の完全に異なる石を上下に張り合わせて、一種のカメオとして人物像などを表現したものである。例えば、アメシストの地にオニックスの顔、金で作った地に石英の一種のカルセドニー製の肖像など、大胆な組み合わせが多い。これは名前はイタリア語だが、アンリ二世治下のフランスで大量に作られ、この時代以後にはあまり見ないものだ。

富の顕示の手段

現在、欧州各国の王室が所有しているクラウン・ジュエルと呼ばれる宝物は、ルネッサンス期に始まるものだが、現存するほとんどは、その後の時代に作られたか作り変えられた物だ。が、ともかくこの時代から、欧州の各地に王侯、大貴族が定着し、富の集中と世襲とが始まり、彼等が宝飾品を日常のものとする生活が始まったのだ。これこそ、現在に続く、宝飾品は特殊な人々だけのもの、という誤解が始まるもとであった。それはともかく、日常使うものに宝飾品を用いた一例が、宝石で作った衣服飾りだ。これは小型のブローチとも言うべきもので、ピンの替わりに糸を通すための輪が数個ついており、この輪を通して糸で衣服に縫い付け、デザインの一部とした。衣服に一つだけ付けるのではブローチにすぎないが、一着の服に十個以上同じデザインのものを付け、場合によっては、センター・モチーフとして、類似のデザインの大きなものを中央に付けることもあった。だが、見方によっては、これは飾りとしては度が過ぎるものかもしれない。単により美しくありたいという思いで使われてきた宝飾品が、富を誇示しようとする道具に変化していった一例とも言える。まことに残念ながら、宝飾品というものの嫌な面を示すものであると思う。

時の権力者のため、という宝飾品の在り方は、これ以来連綿と続き、王侯、貴族が没落した今日でも、大富豪による富の顕示の手段として、大きな市場を作っている。

近代宝飾業の始まり

ルネッサンス期の宝飾品は、どれほどに見事な作品でも、そのほとんどが、どこで作られたのかがはっきりしない。当時、宝飾品を作る職人、そしてそれを買う王侯の宮廷があった主要都市は、アウグスブルク、ニュルンベルク、ミュンヘン、フランクフルト、アントワープ、パリ、バルセロナ、ロンドン、それにイタリアの諸都市であった。製作地が特定できない理由は二つ考えられる。

すでに述べた通り、この時代の宝飾品は贈り物として交換され、また王家同士の結婚の際にも、花嫁の持参品として動いた。また、王家が作らせ所有した宝飾品は、もう一つの役割も担《にな》っていた。借金の〃かた〃である。戦争にあけくれ、常に軍資金不足に悩まされていた王侯達は借金王でもあった。暗君ではあったが美術愛好家として知られた、神聖ローマ帝国のルドルフ二世も、手持ちの宝飾品をかたにして、エリザベス女王から借金をしている。エリザベス女王の父、ヘンリー八世も、スコットランド征服の資金十万クラウンが調達できず、歴代の宝石をかたに、アントワープの金貸しから五万クラウンを借りた。資産としての宝飾品の始まりである。

製作地が分からない第二の理由としては、作る方の宝石細工師もまた、実に自由に宮廷から宮廷へと動くようになったことだ。また、この時代になると、全ての宝飾品が注文によるのではなく、かなりの部分が主要な都市の工房で既製品として作られ、商人の手で売られていた。この意味でも、ルネッサンス期は、近代宝飾業の始まった時代であると言える。

こうした混乱に輪をかけたのが、デザインの印刷、そして出版だ。十五世紀に確立した印刷技術の発達によって、十六世紀も半ばになると、銅版画による宝飾品のデザインが、書籍として欧州全域に流れるようになった。版権、著作権などのない時代のこと、出版者がそれぞれに自分のデザインであると言いたてるために、一体、どれが本物なのか分からなくなってしまったのだ。

したがって、この時代の作品でフランス風と呼ばれるものは、パリ製を言うのではなく、空洞の透し細工を言い、スペイン風と呼ばれるのは、厚くエナメルを使った作品を言い、ドイツ風とは、小さなエナメルをかけた人物像が、数多く祭壇などの前に集まったデザインを言う。どれもが、実際にはプラハで作られたとしてもである。

こうした作品の他にも、この時代に登場した宝飾品には、フィロニエール、エイグレット、ハットピン——全て第Ⅲ章9節で扱う——などがあり、さらには金製の幅の広いベルト、ネフと呼ばれる帆船をデザインしたペンダントなど、実に多様だ。また、主として男性用——この時代の王侯、貴族、紳士たちの飾りぶりは、女性をしのぐ派手さであった——の、極めて大柄な金チェーンも登場している。こうして見ると、ルネッサンス期の宝飾品は、現代のものをはるかにしのぐほどに多様かつ多彩である。今の方が優れているとすれば、せいぜいダイヤモンドのカット技術ぐらいではなかろうか。こうした技術やデザインの面だけでなく、現代社会で宝飾品が持つ一面——富の誇示や資産の一部

宝石で作った衣服飾り

として、また流通する商品としてなど——に関しても、全てはこのルネッサンス時代と共に始まったものだ。

ルネッサンス以降、古くから宝飾品に付いてまわった宗教的な御守りとしての意味は薄れ、以後は、富と権力の象徴を第一の目的とする宝飾品の時代が今日まで続く。そして、今また広く大衆化への道を歩んでいる。

5　ヴィクトリア朝——センチメンタルな宝飾品と大衆化の始まり

"死"がテーマに

人間が行う様々な儀式のなかで、葬儀は、あまり宝飾品と関係なさそうに思える。しかしこの人間の死、そして葬儀、さらにはその後の故人の思い出をテーマとした一群の宝飾品が作られ、悲しかるべき葬儀に集まった人々が特異な装身具を競い合うという、一見不謹慎な流行が見られた時代がある。英国のヴィクトリア朝時代だ。

一八三七年から一九〇一年まで、英国王室史上最長の在位記録を作ったヴィクトリア女王の時代は、また英国の最盛期でもあった。六十五年に及ぶこのヴィクトリア朝時代は、現在では三期に分けて考えられているが、女王の最愛の夫君であったアルバート公が死去した一八六一年からの第二期が、この奇妙とも言える宝飾品が流行した時代である。ヴィクトリア女王は、その生涯を通じて宝石の大愛好家であったが、夫君の死後、その喪を表すために特別の宝飾品を使用し、これを家臣のものが倣《なら》うというかたちで流行が作られていった。

またこの時代は、宝飾品の大衆化が始まった時代としても歴史上重要な時期であり、機械作りの宝飾品、銀製、九金——二十四分の九だけが金、つまり金の比率が半分以下という、金とは呼べないもの——という低品位の地金の登場など注目すべきものが多い。

西欧には中世の頃から「メメント・モリ（memento mori）」と呼ばれる宝飾品があった。これはラテン語で、「死を忘るるなかれ」を意味する言葉であるが、特定の死者に向けたのではなく、必ず死んでゆく人間のはかなさを象徴する座右銘として用いられた言葉だった。そして、棺桶《かんおけ》、死者の頭部、骸骨《がいこつ》などといった人間の死を思い出させる事物をデザイン・モチーフとして作られたのがメメント・モリである。この西欧的無常感の表現であるメメント・モリの伝統を基に、時の支配者であったヴィクトリア女王が、亡き夫への思慕の情の表現として作って用いた宝飾品が一般の流行となったのが、このヴィクトリア朝の「モーニング・ジュエリー（mourning jewellery）」だった。

ヴィクトリア朝後期にあらわれた、このモーニング・ジュエリーを含んだセンチメンタル・ジュエリーと呼ばれる宝飾品は、今日の我々から見ればあきらかに感情過多

メメント・モリ

亡き夫の肖像のついたブレスレットをつけたヴィクトリア女王

であり、辛辣《しんらつ》な見方をすれば常軌を逸したとさえ言えるものだが、宝飾品史の上では極めてユニークである。死者への思いを表現したモーニング・ジュエリーと、様々な人間同士の愛情を表現するラブ・ジュエリー――これは特に、最初の大衆化された宝飾品として歴史的に注目すべきもの――は、この奇妙な時代を代表する宝飾品と言える。

mourning とは死者を悼《いた》むという意味であり、その代表的な作品がヘア・ジュエリーと呼ばれる作品である。これは人間の髪の毛を切り取って、様々なパターンにならべたり編んだりした部品を、宝飾品の一部に取り入れたものを言う。最も古くは十七世紀頃すでに、死んだ人を忘れることのないように、その髪の毛を切り装身具の一部とした作品があった。この伝統が十九世紀になって復活し、死者の形見だけでなく、生きている人への愛情の表現としても用いられた。

これは主にブローチと指輪に用いられ、髪の毛の束、あるいは編んだものを、金属の枠を付けた水晶類あるいはガラスなどの透明な板の下に押し込んだ形が最も普通である。指輪の場合には、金属製のふたが付いた箱状の台座のなかに髪の毛を押し込んだ形が多い。このようにして、生者の場合には常に共にいるという意味での愛情を、死者の場合には生前の死者を思い出す気持ちを、それぞれに表現するものとして、髪の毛が宝飾品の素材として広く用いられた。

これがさらに進むと、死者の髪の毛を長く編みあげてそれに金製の留め金や部品などを付けたチェーンやブレスレットなどが登場してくる。ここまでくると、日本人の感覚としてはグロテスクに見えるのではなかろうか。

黒の流行

この他に、別れた人を思い出すための宝飾品として広く用いられたのは、ロケットである。そのなかに髪の毛などの遺品、肖像画、写真などを入れて身に付けた。またこの時代は、宝飾品に使用される色では珍しい、黒を多用した作品が多く作られ用いられた時代でもあった。その代表となるのが「ジェット」と「ピクエ」の二つである。

ジェットと呼ばれる石は、古代の松や柏《かしわ》などの木が化石化したもので、ちょうど漆黒の石炭に似た石である。これは古代から各地で用いられた素材であったが、十九世紀に入ってから、英国のウイットビーを中心として復活した。艶《つや》のある黒という色合いが、時代が要求した喪の雰囲気に合致したせいだ。このジェットは和名を黒玉といい、比較的軟らかい素材で、自由に成形したり彫刻を加えることができた。そのため、表現が自由で、様々な形ができ、カメオと呼ばれる浮き彫りや具象的なデザインを用いたブローチやネックレスなどが、大量に製作された。

もう一つは、純粋の黒色とは言いがたいものだが、ピクエと呼ばれる技法で、これはべっこうの色の濃い部分の上に、金、銀、真珠母貝などを用いて象嵌《ぞうがん》をほどこしたものである。デザイン的には、花や葉、虫などの具象と、線あるいは点の連続による幾何学模様などがあり、地の部分と模様との対比が独特

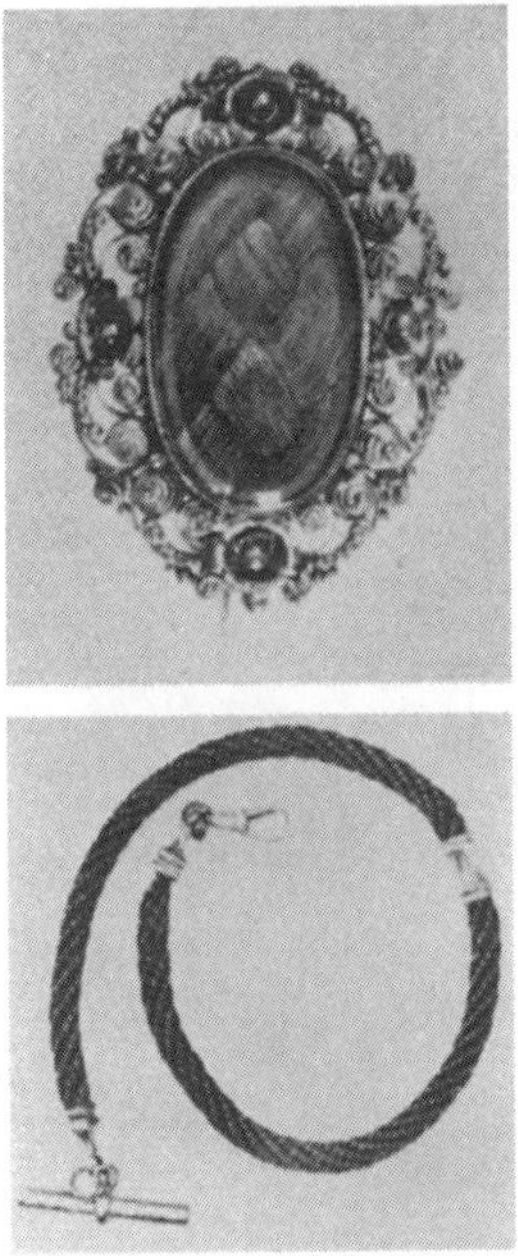
ヘア・ブローチ(上)とヘア・チェーン(下)

の、デリケートでちょっと東洋的な雰囲気をかもしだしている。作品としてはブローチ、ペンダントが多く、他には櫛《くし》やヘア・ピン、ブレスレットもある。この双方ともに、今日見てもすばらしいものが多いが、十九世紀末にかけて、時代のトーンが〝喪〟から遠ざかるにつれて次第にすたれ、現在では全く用いられなくなっているのは残念である。

また同じ頃、写真を入れた宝飾品もあらわれている。一八八〇年代、コダックの発明による乾式写真が完成してから、髪の毛などで故人を偲《しの》ぶのではなく、写真そのものをブローチやロケットなどに入れることが可能になったためだ。

これら死者を悼む気持ちを表現した宝飾品は、ヴィクトリア女王の夫を悼む感傷に、悪く言えば便乗して広がったものの、さすがに数十年もこうした暗いムードだけでいられるわけはない。一八八七年の女王在位五十周年のお祝いをきっかけとして、時代の風潮は喪のムードを脱して新しい大衆の時代へと転換してゆく。それを機会に、宝飾品もモーニング・ジュエリーの世界から、個人的な愛情や家族、友人同士の愛を表現した、銀などで作られたラブ・ブローチを代表とする、大衆が楽しい宝飾品を求める時代へと進んでいった。

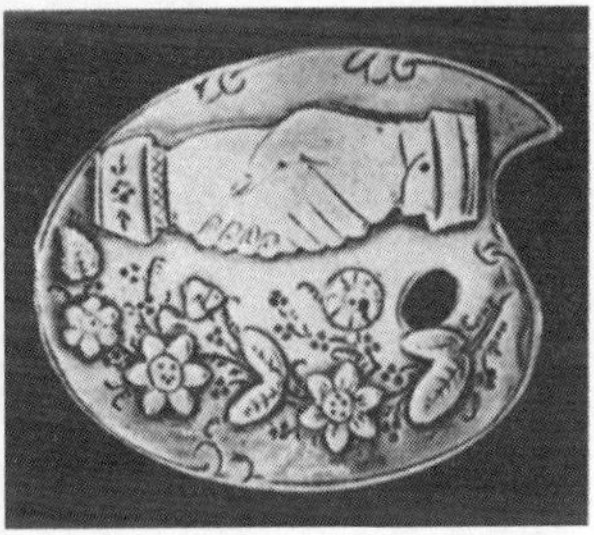

ラブ・ブローチ（右）とメッセージ・ブローチ（左）

大衆に広がった宝飾品

英国のヴィクトリア朝が持つもう一つの面は、人類の発達史上初めて、消費者としての大衆が出現した時代だったことだ。産業革命と通商の興隆とによって新しい資本階級が発生し、それにともなって新しい所得を持った市場が展開した。中世以来、王侯貴族、あるいは聖職者などに限られていた宝飾品の市場が、品物の内容はともかくとして、大衆層――とは言っても現在の社会でいう大衆ではなく、新しい中産階級と言った方が正確――にまで広がった時代、逆に言えばそうした人々が入手できる新種の宝飾品が登場した時代だ。ここに取り上げたラブ・ブローチやネーム・ブローチは、こうした時代環境のなかで、二つの特性を持つ。第一はもちろん、センチメンタルな宝飾品の一つとして感情まるだしのものであること。第二はこれがこの時代に始まった宝飾品大衆化の最初の実例だったことである。

一八九〇年に、それまで十八金、二十二金、そして銀製の細工品全てに課せられていた税金が全廃となった。これによって初めて、宝飾品、そのうちでも特に安価な銀製品を中心とした品物が、極貧の人々を除いた全ての人々の手に入る商品として登場した。こうした傾向の前触れとして一八五四年には、低い金位である十五金、十二金、九金が認可となっており、こうした低品位の金地金の導入によって、それまでに金に似た金属として安物の宝飾品に使用されてきたピンチベック（銅、亜鉛、錫《すず》の合金）は、こののちすたれていった。

このラブ・ブローチは極めて簡単な作りのものだ。板状の金や銀の上に、たがねを用いた彫りや打ち出しで愛の言葉や愛する人の名前などを刻み込んだだけのもので、細工らしい細工はなされていない。そのデザインは、初めて大衆の手に入るものであったこともあり、ハート、ダブルハート、握りあった手、花束など、この時代に共通した過度のセンチメンタリズムにあふれていた。これらの中には、名前そのものをデザインとして彫り込んだものがあり、これがやがてネーム・ブローチと呼ばれる独立した品物として成長していった。

このネーム・ブローチは恋人同士が交換しただけではなく、中産階級の人々が家族のつながりの表現として、家族内で贈りあったものが多く、この他にも様々なメッセージを彫り込んだメッセージ・ブローチなどと共に、後に続くエドワード時代にまで広く使用された。

異国趣味の始まり

ヴィクトリア朝時代には、宝飾品が使用される環境そのものに大きな変化が生じている。所得の向上に伴って、金銭的な余裕がある人々の間では、社交生活が普通のものとなり、宝飾品を用いる機会が増大していった。こうした昼や夜の社交の場では、一定のルールを持った宝飾品の使い方が発生し、そうした人々にとって、宝飾品は一種の必需品となったのである。

ヴィクトリア朝時代全体を通じて、最も広く用いられたのは指輪だった。デザインは様々に変化した。真珠、トルコ石、ガーネット、ルビー、エメラルドなどの小粒なものを花弁状にまとめたり、円形にとりまとめたものの多い初期の時代、さらに中期の、作りの大ぶりな指輪や「ジプシー・セッティング」と呼ばれるメンズ・リングの登場、そして後期の、量産化がさらに進んだ、デザインや作りに手抜きが顕著な指輪など様々である。ヴィクトリア朝時代初期の絵を見ると、一般の人々が指輪以外の宝飾品を用いている例はまだ少ない。

耳飾もこの時代の宝飾品としては魅力のあるものである。初期の頃には、女性の髪型は耳を隠すものが主流だったために、耳飾は長くたれさがるスタイルが主だった。が、五〇年代以降は耳が見える短髪が登場したために、耳たぶの上につけることのできるスタイルが登場している。

この他にも、腕輪、ブローチ、ハットピン、そして様々なチェーン類が、新しい新興階級の人々のための宝飾品として登場した。

もう一つ、注目すべき事は、人々の動きが全世界的なものとなるに伴って、いまだ見ぬ国々の風俗に影響された、一種の異国趣味ともいうべき新しい素材やデザインが登場してきたことである。

ヴィクトリア朝時代に入って初めて、人々は海外への旅行というものを知った。旅行のための設備も完全でないなかで、英国人達はフランス、イタリア、ギリシャへと大挙して——その時代としてはであるが——出掛け、さらには、少数の商人や船乗りに限られてはいたとはいえ、もっと遠くのインドや中国、極東の国々へと旅だった人々が増えていたのである。

こうした異国で見付けた珍奇な物がお土産として母国にもたらされたり、さらにはそうした様々な品物についての知識、資料など、母国にとって貴重なものが数多く持ち帰られたことは当然だった。英国人の知る世界が急速に広がっていったのである。

こうして諸外国からもたらされたものには、後世になって花開くアール・ヌーヴォーに見られるようなオリエンタリズム——特に中国と日本——など、デザイン上の影響もあったが、一般の庶民にとって何よりも珍しく、あこがれの的となったのは、異国からの珍奇な品物そのものであった。この時代に流入してきたもののなかには、カメオ細工、モザイク、サンゴ、象牙《ぞうげ》などがあった。

モザイクはフィレンツェとローマから、カメオ細工はさらに南のイタリア南部から、サンゴは地中海諸国から、そして見事な細工をほどこした象牙は遠い中国や日本から、あいついで到着した。また外国だけではなく、英国内を旅行した人々も、これまでに知られなかった新しい品物を、様々な地方から持ち帰ってきた。アイルランドに残っていたケルト族の細工品のデザイン、スコットランドのスコティッシュ・ペブルと呼ばれた小粒のメノウや、アイルランドで採れたボグ・オークと呼ばれた樫《かし》の埋もれ木なども、国内旅行のスーヴェニールとして新しく注目を浴びた。こうした新しい階級の人々による大胆かつ積極的な活動によって、この時代の宝飾品は一段と、これまでにない幅の広さを持つようになった。

作者名のある作品

宝飾品を買う顧客の方がこれだけ変わるにつれて、それを作る方の宝飾品製作者にも、これまでにない変化があらわれた。それは署名を持った宝飾品、つまり作者の名前を明示し、それが作品の第一の魅力となる商品の登場である。これは必ずしもヴィクトリア朝時代の英国だけのものではないが、いわばジュエリー・デザイナーのはしりともいうべき人々の登場として注目に値いする。

史上最初のデザイナーともいうべき人は、カステラーニ、そしてジュリアーノという名前のイタリア人だった。カステラーニ一族は、代々金細工を業とした家系であり、ほぼ十九世紀全般にわたって、全欧州を舞台として活動を続けた。ジュリアーノはカステラーニ一族の工房の職人として仕事を始めたが、その後独立しロンドンに工房を構えた。

この二人——実際には両方ともに親子兄弟など数多い人物で構成されているのだが——が作った宝飾品が、それまでの作品と異なり宝飾品史上ユニークであるのは、たいていの宝飾品にはつきものの高価な宝石をほとんど使用することなく、金細工技術とデザインとによってのみ、作品の価値を作り出そうとしたことにある。

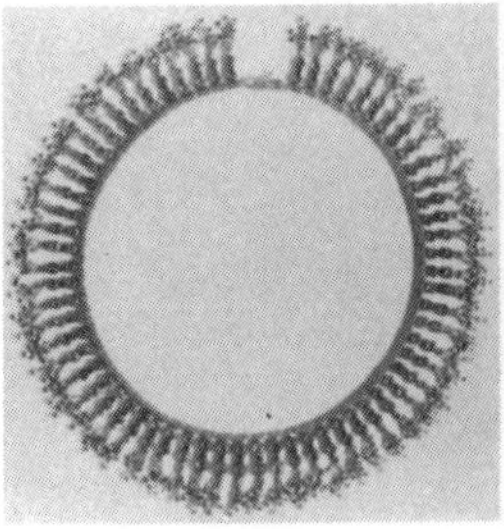
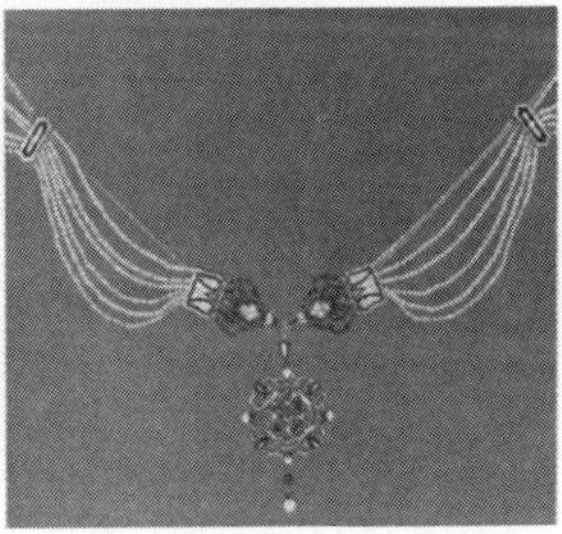

インド風モチーフによるジュリアーノの首飾二点

とは言っても、完全に自由なデザインが受け入れられ、また作れる時代になっていたわけでもない。二人が〝新しいデザイン〟として世に送ったのは、古代からルネッサンス時代にかけての古い作品の復元であり、それらから刺激を受けたいわばコピーに近い作品だった。ただこの二人が他の模造品メーカーと異なったのは、自ら古いデザインと技術を学び、それを生かして、一定の限界はあっても、自分の作品を作り自分の署名をつけて世に出し続けたことにある。

カステラーニは、ちょうどその頃エジプト、ギリシャ、イタリア、南ロシアなどの遺跡で始まった発掘作業の成果である古代の工芸品に大きく影響を受け、特にエトルリア時代の作品に見られるフィリグレと呼ばれる金線細工と、グラニュレーションと呼ばれる粒金細工とに大きく魅せられた。

ジュリアーノは師匠とはやや異なり、ルネッサンス期の作品に多大な影響を受け、様々な色彩のエナメルと、色だけを目的として多くの半貴石を使用したことが特徴となっている。特に白色のエナメルをポイントに用いる技法は、手本としたルネッサンス期の作品をしのぐといってもよい。後年にはエジプトやインドの影響を受けた作品も残している。

この二人の作品に見られる技術水準は、もともとが古代のコピーであるとはいえ、今日の技術をもってしても追い付けない高度なものであり、それなりに一つの完成した世界を作っているといえる。

ヴィクトリア女王の在位とほぼ年代を同じくする十九世紀の欧州は、こうした高度な作品を充分に吸収することのできる顧客が、豊かさと広がりとを持って存在した時代であり、同時に宝飾品の多様化と大衆化が始まった時代でもあった。この流れは今日にいたるまで、一貫して続いているのである。

6　アール・ヌーヴォー――東洋の影響

“新しい芸術”

すべての商品は、新製品として市場に現れ、快く迎えられたならば流行商品となり、やがては時代遅れとなり、ついで、運が良ければ、骨董《こっとう》商品として市場に戻って来る。アール・ヌーヴォー期の宝飾品は、作られたのは二十世紀初めであって、たかだか百年ほどの歴史しかないにもかかわらず、今日すでに第一流の骨董扱いを受けている、極めて珍しい品物である。

アール・ヌーヴォーと呼ばれる芸術全域にわたる運動は、ヴィクトリア朝が終ろうとする頃に始まり、第一次大戦と共に終った。絵画はもちろん、建築、さらには様々な分野の工芸の世界で、今日まで強い影響を残した、全く新しい芸術活動だった。ただ、とかく最近では誤解されがちだが、ヴィクトリア朝のすぐ後の美術界の主流は、このアール・ヌーヴォーではなく、今日エドワーディアンと呼ばれる様式であった。

アール・ヌーヴォーの運動は、そうした時代の異端の存在であり、その後に続くアール・デコと共に、それぞれの時代にあってよりも、むしろ後世になって高く評価されたものだ。全《すべ》ての先駆的活動がそうであるように、同時代でよりも、後世に一つの歴史的事実として認識される時になって初めて、大きな影響を持つ。この意味では、アール・ヌーヴォーやアール・デコの作品が、早い時期に骨董として認知されたのは、不思議ではない。

十九世紀末に、繊細な美を追求するこの運動が生まれた主な理由は、六十年に及ぶヴィクトリア朝に代表される旧体制の固苦しさへの反動、そして東洋、特に日本の文物がもたらした一種のエキゾティシズムの影響、さらには全体の底流として、終りに近づいてきた十九世紀という時代の古い物を、一切捨ててしまいたいという願望が重なったものと思われる。それまでの、まず役に立つこと、そして必要なら美しく、という主張への過度なまでの反動として、まず美しく、そして必要ならば役に立つものであってもよい、という主張を持った運動だった。

アール・ヌーヴォー期の芸術の特徴を一言で言えば、それは曲線だ。左右非対称の、波打つような力強い曲線こそ、すべての分野に共通したこの運動の特徴である。そしてまた、この運動できわだっているのは、応用芸術の一部である工芸の地位が、そしてまた工芸のなかで宝飾品の地位が、極めて高く、作品も多いことだ。家具、ガラス、陶芸、本の装幀《そうてい》、ポスター、食器、織物、銀器などのあらゆる分野で、まず美しく、それから実用にたえるものであることをモットーとする数多くの作品が試みられたが、様々な国を通じ、最も広く作られ用いられたのが、宝飾品だった。アール・ヌーヴォーという名前そのものが、運動の主唱者の一人であったサミュエル・ビングが、装飾工芸を売るために開いた店の名前から取ったものだ。

サミュエル・ビングは、ハンブルク生まれのユダヤ人で、フランスに帰化、一八七五年には中国や日本に旅行し、大量に持ち帰った日本美術品を売る店舗をパリに設立、いわゆるジャポニズム、あるいはジャポニゼリと呼ばれた日本趣味を欧米に広める先駆者となった。彼は一八九五年に作った自分の美術品店に、〝新しい芸術〟を意味する「メゾン・ビング・ラール・ヌーヴォー」の名を付けたが、この単純な名が、この後、それまでは様々な名が付いていたこの運動の、国際的に認知された名称となった。〝ART NOUVEAU――new art――新しい芸術〟とは、実に単純で直接的な名前ではないか。

曲線と具象

アール・ヌーヴォー期の宝飾品を総括してその特徴を挙げるならば、曲線の扱い、具象のデザイン・モチーフ、そして素材と技術のユニークさであると言える。

流れるような、それまでの左右対称という伝統的な形にはまらない、時には神経症的といえるまでに執拗《しつよう》にデザイン・モチーフをつないで流れる曲線こそ、この時代の宝飾品を他の時代のものと鮮明に区別するものだ。鋭角がほとんど見られない。これほどまでに曲線が重視されたのは、人々が曲線のなかに、激しい動き、若々しさ、そしてヴァイタリティのある情熱を感じ取り、それまでの固定化された、いわばスクエアな社会に対しての反抗のシンボルを、意識したにせよ無意識にせよ、感じ取っていたからに違いない。この曲線へのこだわりのせいで、アール・ヌーヴォーという名称が定着する以前のこの運動は、ウナギ形式、ヌードル形式、さらには尺取り虫形式などと、様々な名称で呼ばれていた。

具象デザインの多用――と言うよりも、ほとんど全てのデザインが具象で、抽象デザインだけを用いたものは皆無に近い――も、この期の特色である。しかも、具象のモチーフに選ばれたものが、昆虫、爬虫類《はちゅうるい》、鳥、花、女性の顔や裸身などという、画像として極めて大胆なものが多い。このような、下手に扱えばグロテスクにもなりかねない——実際、できの悪い量産品には、美しいというよりも醜悪なものも多い——モチーフを、何故《なぜ》、この時代のデザイナーが選んだのかははっきりしない。強いて言えば、人工的なものへの反逆として、自然をあるがままにとらえてゆく過程で、自然のなかの特殊な部分を拡大して表現したのであろうか。同じく具象をモチーフとしたルネッサンス期の宝飾品と比較すると、ルネッサンスは率直な具象であり、アール・ヌーヴォー期は、一歩間違えば病的になりかねない、人工の具象であると言える。た

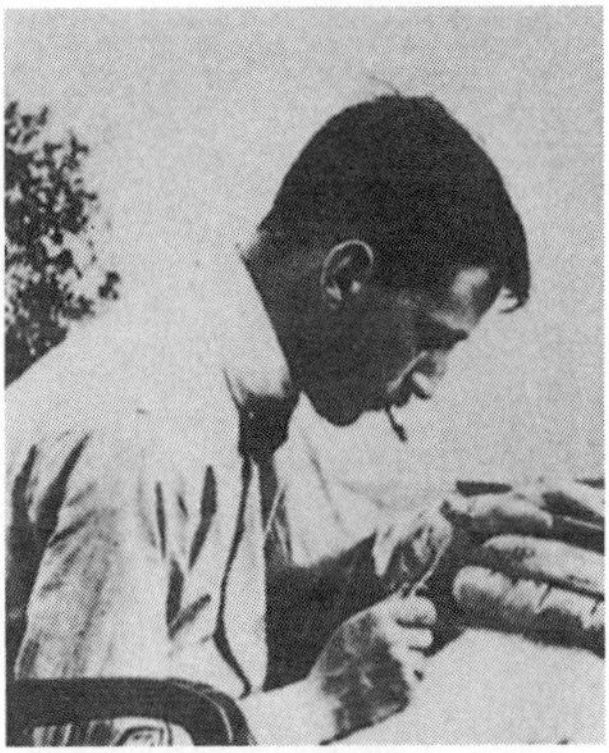

サミュエル・ビング

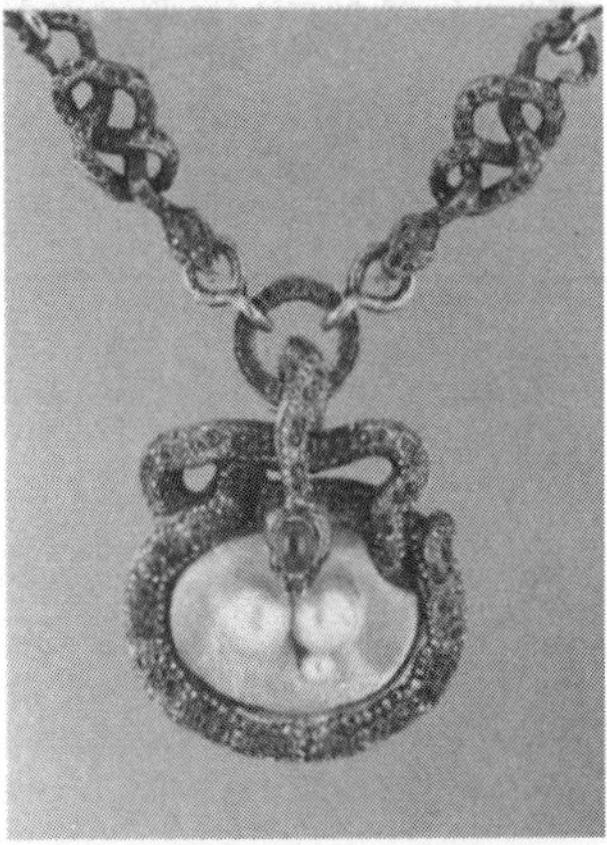

クラナッハ作ペンダント「蛇の巣」
フォルツハイム装身具美術館

とえて言えば、動物ならば死にかかった、植物ならば腐りかかって木からまさに落ちなんとする果実の匂《にお》いが感じられる。

この時代に好んで用いられた素材も、こうしたデザイン傾向を受けたものだ。自然の柔らかさを表現できる素材の、オパール、動物の角、真珠、真珠母貝、トルコ石、ムーンストンなど丸く加工できるものが主で、自己主張の強い濃い色彩のものは少ない。濃い色は、この時代に流行したもう一つの素材である七宝で表現されるのが普通だった。

この時代に用いられた七宝技術は、クロアゾンネ、アジュール、シャンレーヴなど多様であるが、特にこの時期の作品で目をひくのは、アジュール、正式にはプリク・ア・ジュールと呼ばれるステンドグラス状の、底部に金属を用いずに七宝が透けて見える技法で、昆虫の羽根の部分を表現するのに用いられ、見事な効果をあげている。この作り方には二種類あり、それぞれに職人の工夫の跡が見られる。一つは枠になるデザインの下部に金属板をあてがうが、その表面に七宝が粘着しない薬剤を塗っておく方法であり、もう一つは、薄い銅板を固定しておき、七宝を流し込んで固まった後に、全体を酸の中に入れて、銅だけを溶解する方法である。

この他に、この時代に初めて開発された七宝技術に、「カボッショネ」がある。これはアジュールの一種で七宝が透けて見えるものだが、ちょうど宝石のカボッション・カット——これは石の上部をはげ頭のように丸くカットすることを言う——のように、半円形になった七宝だ。七宝が宝石に比較して利点があるのは、形を思うままに自由に作れることにある。このようにして、様々な種類の七宝が、宝石の代わりに用いられ、全体として渋い半透明のものが多いこの時代の宝飾品に、華やかな色彩を与えている。

もとは日本

こうした技法や素材に支えられたアール・ヌーヴォー期独特のデザインは、一体、どこから生まれたのか。大胆に一言で言ってしまえば、それは我が国、日本の影響であった。我が国が正式に開国したのは、一八五八年の日米修好通商条約からだが、それよりはるか以前から、キリスト教宣教師や、長崎を通じてのオランダ系の人々、特にシーボルトなどの報告によって、日本の事情や文物は欧米に知られていた。だが、日本の産物がそのまま、欧米人に紹介されることは極めてまれであった。

しかし、十九世紀半ば頃から、日本を含めての東洋に対する関心は次第に高まり、欧州で初めての日本美術展が開かれたのは、開国の四年も前の一八五四年であり、主催者はロンドンのウォーターカラー協会だった。さらに開国後の一八六二年、ロンドンで開催された万国博覧会に日本が公式に参加する頃には、ロンドンやパリの大都会では、日本の産物を入手することは容易になっていた。時の日本政府は聡明《そうめい》にも、万国博覧会に展示した物品を、ロンドンの業者に売却し販売することを許可したのだ。それが初仕事となったこの業者が、今日ロンドンのリーゼント街に店舗を構え、その扱い商品のユニークさで知られるリバティ商会である。

日本の美術品のなかで最も大きな影響を与えたのは、浮世絵を中心とする絵画であり、他に陶磁器や漆器、家具、建築なども大いに注目された。これらの物が与えた衝撃のほどは、独創性を尊ぶ西欧で、その後すぐに模倣品が出現していることからも分かる。

欧米人を何よりも驚かせたのは、自然を人工の対照物とは見ずに、それを人工の中に取り入れる技術、空間の処理方法、左右非対称という不均衡の持つ均衡への理解、さらには、自然の持つ規則正しさと不規則さをあるがままにとらえ、芸術として表現する技術などであった。アール・ヌーヴォーの宝飾品に見られる具象デザインのもとは、こうした影響によるもの、と言っても間違いはない。開国から高度成長期にかけて、日本には経済あれど文化なしと、独善的な批判を行ったりもした西欧諸国だが、一時的にせよ、日本の文物にこれほど狂った時期もあったのだ。

フーケとミュシャ

無数にいたこの時代の宝飾品作家のなかから、フランスの代表的なデザイナーをあげるとすると、フーケ、ラリック、ヴェヴェールの三人となる。

フーケは、アルフォンス、ジョルジュ、ジャンの三代にわたる宝石デザイン兼小売商であり、特に宝飾品史上に名を残す作品を作ったのは、二代目のジョルジュ・フーケだった。彼は父親が主にネオ・ルネッサンス風の作品を制作していた店に、一八九一年に参加。一八八九年に初めてアール・ヌーヴォー形式の作品を発表したが、さし

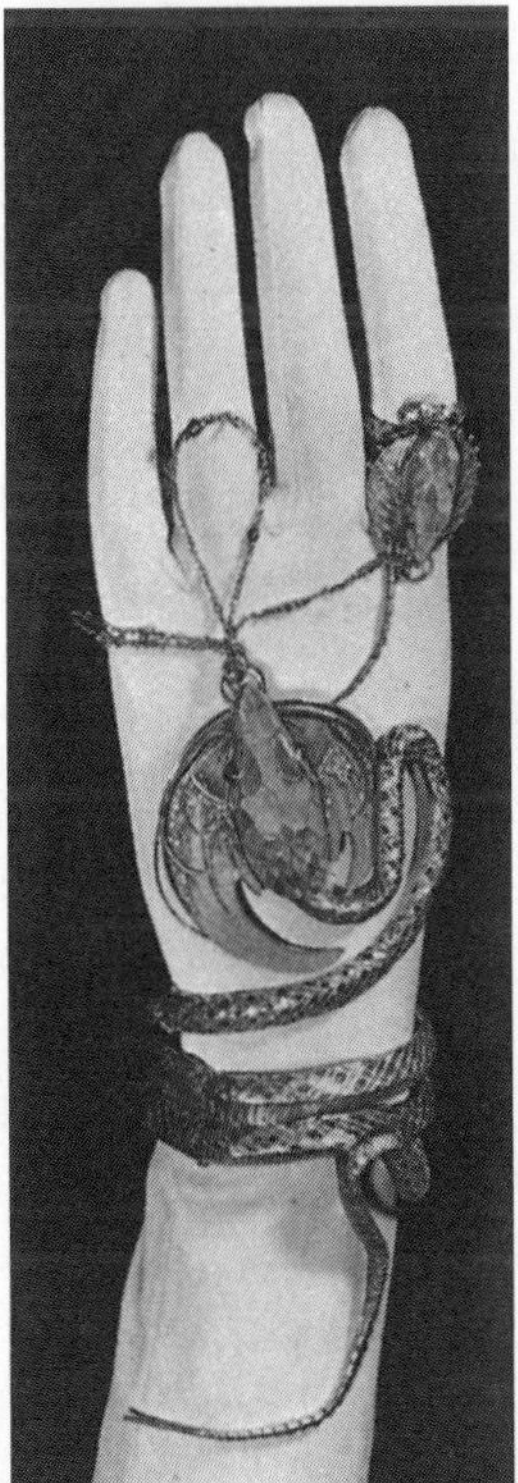

クレオパトラ・ブレスレット

て注目は集めなかった。フーケの本領は、デザイナーとしてよりも、自分の回りに才能のあるデザイナーを集めて自由にデザインさせ、それを自分の工房で作るという、企業家的な面で発揮された。アジュール形式の七宝に優れたデザイナーのデロジエを使い、ついで当時最高の七宝技術者であったエチエンヌ・トゥレットを採用した。

しかし、フーケにとって最も影響があったのは、チェコ出身の画家、アルフォンス・ミュシャとの出会いであった。フーケとミュシャとの付き合いは、一八九九年からわずか二年間のものにすぎなかったが、この間にミュシャは、フーケの新しい店舗の内装を手がける一方、おびただしい数の宝飾品デザインを残した。そのなかでも最高傑作と言われたのが、名女優サラ・ベルナールがクレオパトラを演じる舞台のために二人が協力して作りあげた、クレオパトラ・ブレスレットとして知られる、腕から手全体にかけて用いる宝飾品だ。腕輪と指輪とを結びつけた実にユニークな作品だ。

天才ラリック

ルネ・ラリックはフーケと異なり、自らが天才的なデザイナーであり、アール・ヌーヴォーという芸術運動全般を通じて見ても、その基調となるものを作り出した代表的人物の一人だ。ラリックはペーパー・デザイナー——紙にデザイン画を描くだけで、制作はしない人を言う――として宝飾品の世界に入った。彼は十五歳の時からすでに、デザイン画を宝石商に売っていた。徒弟としての修業を終えた後も、カルティエなどの宝石商にデザイン画を売り続けていたが、この時代のラリックのデザインは、ダイヤモンドをちりばめた、花束とか植物といった伝統的なものにすぎない。が、二十五歳で独立してからは、着実に自分独自のデザインの開発に乗り出す。彼が定めた目標は、これまでの全ての宝飾品と隔絶したものであること、だった。ラリックが最も関心を持って研究したのは七宝の技術で、これから、後年、彼が宝石を捨てて打ち込んだガラスへの世界がひらけた。その他にも、オパールや動物の角などの素材に関心を示し、そうした物を用いて、具象モチーフを表現する技術を追求した。

一八九四年になって初めて、ラリックは自分の署名の付いた作品を発表した。その後の成功は、めざましくかつ敏速であった。一九〇〇年にパリで開催された大博覧会では、ラリックのコーナーは大盛況となり、多くの人々が押しかけた。彼はグランプリを受賞する。そして、宝飾品の美しさとは、使われている高価な宝石そのものの美しさよりも、それを利用して作りあげる技術とデザインから生じるものであることを、人々に理解させることができた。今や、彼の工房は、世界中からの注文で溢《あふ》れかえらんばかりとなった。なかでも、すさまじい注文が一つあった。それは、アルメニア人の銀行家で大富豪のグルベンキアン氏からのもので、実に合計で百四十五点の注文だった。ラリックはこの注文を、合計十七年かけてやっと完納している。グルベンキアン氏はその後、リスボンに巨大な屋敷を構え、自分が集めた美術品を管理するグルベンキアン財団を作って、大美術館を残した。ラリックの代表作も、今日、その美術館で見ることができる。

しかし、こうした成功は芸術家としてのラリックを満足させなかった。成功の結果としてラリックが見たものは、彼のデザインや製法をコピーした安物の氾濫《はんらん》だったのだ。これは今日まで続く宝飾品業界の悪い面だ。ラリックは急速に宝飾品への関心を失ってゆく。芸術家として、彼は自分が苦心の末にあみだした製法やデザインが、やすやすと汚《けが》されてゆくのに耐えられなかったのだろう。一九〇八年、ラリックはパリ近郊のガラス工場を買い入れ、その後は急速にガラス工芸へと関心を傾けてゆく。それ以後、宝飾品らしきものを作ることはあっても、単にガラスの板状のものを、ペンダントかブローチに使うのみであった。

ラリックの天才はガラス工芸の分野でも発揮され、ガレ、ドーム兄弟とならんで、この時期を代表するガラス工芸家となっている。

ヴェヴェール

ヴェヴェールはフーケに似て、デザイナーであると同時に、宝石商としても大をなした。ピエール、エルネスト、そしてポールとアンリ兄弟の三代にわたる宝石商で、もとはアルザス・ロレーヌ地方のメスの町で商売を営んでいたが、同地方がドイツに併合された時にパリに移住した。この一族のなかで、アール・ヌーヴォー期の代表的宝石商となったのが、三代目のアンリ・ヴェヴェールだ。彼の作品で、他の同時代の作家と異なる点は、高価な貴石、特にダイヤモンドやルビーなどを多く使用したことだ。この時代、他のデザイナー達が、素材そのものの価値よりも、デザインや細工のうまさを追求したのに比べて、ヴェヴェールはその双方に価値があるとみた。代表作とされる「シルヴィア」と呼ばれる金と七宝のペンダントには、この時代には珍しい大きさのダイヤモンドとルビーが使われている。

アンリ・ヴェヴェール自身は、フーケと同じく、才能あるデザイナーや職人を自分の回りに集めることができ、優れた作品を数多く送り出すことによって、ヴェヴェール商会はこの時代の最も成功した宝石店となった。ヴェヴェールはまた、宝飾品史研究家としても第一人者で、その主著である『十九世紀フランス宝飾史』全三巻は、今日では入手しがたい本だが、宝飾品史研究の古典となっている。

ベルギーにはウォルファース

アール・ヌーヴォーの運動は、大都市だけに見られたものではない。ドイツ、オーストリアから北欧諸国、アイルランドにいたる各地で、それなりの展開と発達を見せている。ベルギーのウォルファースは、そうした小国の宝石商の代表であり、ブリュッセルに、ベルギー王室御用達の宝石商として今日でも隆盛を続けている。私見ではあるが、現在は銀行の所有となってしまったウォルファースの旧店舗は、宝石店として世界で最も美しい建物だった。ぜひ、一見をおすすめする。

当時ブリュッセルでは、「ル・ヴァン（二十代）」と呼ばれる急進的な芸術家のグループが結成され、ロートレック、ホイッスラー、ゴーギャン、ロダンなどの人々が会員となっていた。パリやロンドンと異なり、小さな町であったブリュッセルのこの小さな会は、一九一四年まで続き、様々に活動した。

フィリップ・ウォルファースは、ベルギー王室御用達の宝石商であるウォルファース兄弟商会の一員として生まれ、その時代の宝飾技術を全て身につけた。彼は、七〇年代から欧州を席捲《せっけん》した日本美術に大きく影響され、家業の伝統的作品から大きく離れた、東洋色の濃い作品を発表し始めた。彼のデザインは極めて大胆であり、花や昆虫、蛇などが、他のものへと転生してゆくという、いわゆるメタモルフォシスをテーマとしたものが多い。

特にウォルファースを刺激したのは、当時ベルギー領であったコンゴからもたらされた象牙《ぞうげ》で、彼はこれを用いて、彫刻に似た、立体的なデザインを多く作っているが、ウォルファースもまたラリックと同様、やがて宝飾品のデザインに飽きて、彫刻へと関心を移し、一九〇八年を最後に家業から身を引いた。

ペンダント「ニケ」
ウォルファース作

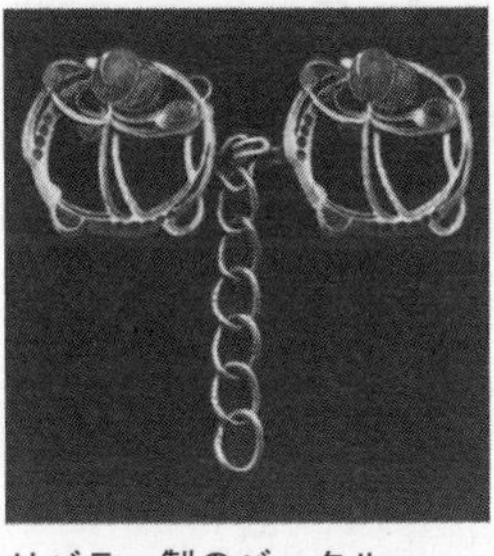

リバティ製のバックル

リバティ商会

欧州大陸から少し離れた島国の英国では、少し違った展開を見せた。その違いは、宝飾品を作って売る方法が、デザイナー個人の手によるのではなく、最初から商売として、企業として発達した事だ。芸術運動を商業活動に転化しながらユニークさを失わなかったのが、ロンドンのリバティ百貨店だ。選び抜いた、一見してそれと分かるデザインの作品のみを扱うこの店は、専門店の多いロンドンでも、最も特色のある店舗だ。

この百貨店の創始者であるアーサー・リバティが最初に扱ったのが、一八六二年にロンドンで開催された万国博覧会に出品された日本の物産であったことは、すでに述べた。これ以来、今日にいたるまで、リバティの扱う商品には、深く東洋の香りが染《し》み込んでいる。

イースト・インディア・ハウスと名付けた自分の会社を開いたリバティは、一八九七年にはドイツからアール・ヌーヴォー形式の宝飾品を輸入し、大成功をおさめた。リバティが同時代の人々に比較して抜きんでていたのは、宝飾品デザイン制作に際し、職人芸をはなれた、機械を用いた大量生産を前提とするように指導したことにある。

だから、リバティが一八九〇年代に発表した「キムリック」と名付けた一連の宝飾品は、欧州大陸の場合のように特定階級の人のために作られたのではなく、広く大衆が入手できる価格のものだった。

リバティはまた、デザインのモチーフを外国だけに求めるのではなく、愛国者として、紀元前から英国やアイルランドに住んでいた民族、ケルト族が作ったユニークな宝飾品の復興もはかり、キムリック・シリーズと併行して、「ケルティック」と名付けた一連の作品を、世に送り出した。このような大衆化路線が、芸術運動として正しかったのか否《いな》かは別としても、他のアール・ヌーヴォー期の宝石商やデザイナーの多くがその後姿を消していったなかにあって、リバティの店だけは、ユニークなデザインを大衆化して用いるという基本路線を崩さないままに、今日でも大いに繁盛《はんじょう》しているる。ロンドンに行かれる場合には、古くは日本の物産を世界に初めて紹介してくれた店を、ぜひ訪ねてもらいたい。気のせいか、今でもかすかな日本の、そして東洋の香りのする店だ。

世紀末の徒花

このように欧州の各国、さらにはここでは触れなかったがアメリカでも、多様な活動を見せたアール・ヌーヴォーの運動は、二十世紀に入ると、信じられないほど急速に姿を消し始める。その原因は様々に論じられているが、基本的には、アール・ヌーヴォーが芸術家個人の様式であって、大衆のものとはなり得なかったこと、さらには、時代の大勢である機械化の可能性に対応できなかったためであろう。一九〇二年頃、すでにピークを過ぎ始めていたこの運動は、一九一〇年頃には、全ての国で完全に過去のものとして扱われている。

宝飾品に限って言えば、過度の大衆化と安易なコピーとが、本質的なデザイン面での革新能力を持っていたデザイナーをうんざりさせ、宝飾品の世界から遠ざけさせたことも大きい。社会全体が、十九世紀までの階級社会から少しなりとも大衆化社会へと変化してゆくなかで、アール・ヌーヴォーにたずさわった芸術家達は――少数の例外を別として――、芸術を特定の人々だけのものとするそれまでの観念を脱しきれなかった。だが、これはアール・ヌーヴォーだけの誤りではなく、それに続くアール・デコの時代でも同じであり、本当の意味での大衆化のもたらす衝撃は、一九四〇年代後半まで現れなかった。

だが何をどう言おうと、美のための美を追求したこの時代の宝飾品は、長い宝飾品史のなかで、ルネッサンス期のものとならんで最も美しく独創的であることは間違いない。二十世紀が始まる頃、経済的発展の頂点にあった欧州は、この唯美《ゆいび》的な美術運動とその作品を世紀末に残した。絵画ではムンク、クリムト、ミュシャを、建築ではガウディ、ホフマンを、そして工芸ではガレ、マッキントッシュを生んだのである。一方、我が国がなにか次の世紀に残るものを一つでも生み出しただろうかと思うと、考え込まざるを得ない。

7 アール・デコと四〇年代——機能主義の影響

スピード化の産物

アール・ヌーヴォーは曲線による表現であったが、これと同じくアール・デコを一言で言うとすれば、それは直線と、長方形や円などの幾何学模様による表現である。

アール・ヌーヴォーは、その過度な装飾性のために、二十世紀に入って台頭してきた機能主義と、機械による大量生産に対応できないまま、次第に衰退していった。そして、一九一四年に始まった第一次世界大戦によって多くの男性が戦場に出ていった後に、社会の空白を埋めるために女性の社会進出が始まった。社会に出た女性が必要としたものは、装飾よりも機能に重点をおいた衣服であり、身の回り品であった。こうした実生活上の必要に加え、一段と加速度を増した工業化が、二十世紀初頭の人々の生活に大きく影響し、その結果として生まれたのがアール・デコであったと言えよう。

一九一〇年代から始まったこうした動きをとらえ、一九二五年にパリで開催された国際装飾博をピークとする一連の芸術運動を、アール・デコと呼ぶ。この名前は装飾美術を意味する、アール・デコラティィエフ――この博覧会のタイトルでもあった――を縮めたものだ。ただ、これが運動と呼べるほどに一貫した明瞭《めいりょう》な主張を持ち、アール・ヌーヴォーの時のビングのような主導者がいたかと考えると、なかなか特定の人物が思いつかず、こうした意味では、運動というよりも一つの流行と考えるべきなのかもしれない。

考えてみれば、一九二〇年代は奇妙な時代であった。科学と工業の発展は着実に社会に変化をもたらしていた。自動車が実用化され、飛行機による旅行が始まり、そしてラジオと映画が一般のものとなった。〝全ての戦争を終らせる戦争〟と呼ばれた第一次大戦は終ったが、この戦争が西欧の世界から消し去ったものは大きかった。欧州の各国で王室が消え、それと共にその藩屏《はんぺい》であった貴族階級が消えた。これと反対に、それまでは野蛮な新興国にすぎなかったアメリカが台頭し、新しい貴族ともいうべき新興産業家の群れが登場した。この全く無意味であった戦争を忘れるために、人々は懸命に働き、そして様々な社交生活を繰り広げていった。

より活動的で合理的な生活を求めようとする、このような社会の動きに、不思議な生物や、裸の女性、装飾過剰な花などをモチーフとし、美のための美を求めたアール・ヌーヴォーのデザインが合致するはずはない。全体の流れは自然で単純な形を求め、それがついには抽象のデザインに集中していったことは、容易に理解できる。

こうして直線、そして円、三角形、長方形といった幾何学的な図形による、完全に抽象的なデザインの表現――アール・デコが完成した。抽象的なデザインは、一見して分かり易《やす》い。時代の最も著名なデザイナーであったジャン・フーケが言ったように、この時代の特徴はスピードであり、人々はデザインの良い悪いを判断する時ですら、瞬間の分かり易さを求めたのだ。

幾何学模様

宝飾品の分野でのアール・デコのデザインの最大の特徴は、極度にすっきりとした幾何学的図形の多用である。また技術面では、この時代まで長い間にわたって、無視され、時には忘れられてきた素材を大胆に復活させた。アクアマリン、アメシスト、ロッククリスタルなどが多く用いられ、さらには東洋からの影響――この時代にも、日本や中国のデザインに対する熱狂は続いていた――を反映して、真珠母貝、サンゴ、翡翠《ひすい》などが大胆に使われた。こうした様々な素材は、素材そのものの価値によるので

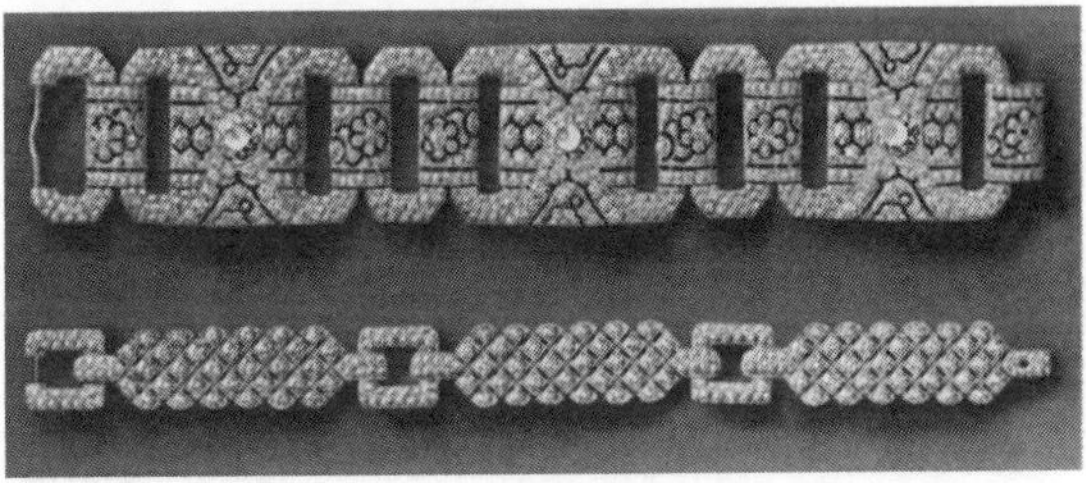

ブレスレット
プラチナとダイヤ

はなく、必要な色彩を表現するための材料としてのみ扱われている。しかも、その色彩の組み合わせが実に大胆、時には宝飾品として色がないといってもよいほどに淡い色だけの組み合わせを行うかと思うと、別の場合には、一個の宝飾品に五色以上の色彩の宝石を使うなど、一歩誤ればグロテスクになりかねない危うさのものがある。

アール・デコの時代になって初めて宝飾品の世界に登場した素材もあった。プラチナと漆、それに日本の養殖真珠だ。

プラチナが貴金属の一種として公認されたのは、フランスで一九一〇年に施行された法律によるもので、この年からプラチナを証明するマークとして、犬の頭の印が刻印されるようになった。プラチナそのものは、十八世紀半ばに南アメリカで発見されていたが、その実際的な使用法が確立できたのは十九世紀末に近い頃だった。しかし産地が限られていたために極めて高価であったが、一九二〇年代になって、カナダの銀や銅の鉱山からの副産物としてプラチナの生産が始まると、貴金属として宝飾品にも広く用いられるようになった。銀と違って変色することのないプラチナの白さは、ダイヤモンドを留めるのに最適であり、かつまた極めて硬いために、小さい部品で石を留めることができる。金属の見える部分が小さくてすみ、宝石の美しさを強調できるデザインが作られるようになった。特に、小粒のダイヤモンドを埋めこんだプラチナの直線が、黒のエナメルの上を走り、四角の枠を描くデザインは、アール・デコの時代の宝飾品の特徴である。

十九世紀半ば以後、東洋からの文物の流入と共に知られるようになった漆は、そのなめらかさ、造形の自由さと完成度の高さで、西欧の職人を大いに驚かせた。この新しい技術に初めて挑戦したのは、アール・ヌーヴォーの時代に日本の金工技術を追求してやまなかった、ルシアン・ガイヤールであった。彼は中国人の漆職人をパリに連れてきて、フランス人の職人に技術を修得させようとしたが失敗した。中国古来の方法では漆の毒性が抜けず、フランス人の肌をかぶれさせたのだ。そこで彼は別の技法を持つ中国と安南地方の職人に援助を求め、遂に宝飾品や煙草《たばこ》入れ、ライターなどの表に漆をつける方法を会得《えとく》した。これらの中国人やベトナム人は、第一次大戦中、何と飛行機のプロペラに漆を塗って仕上げるために、フランスに滞在していたのだ！

宝石商も流行に参加

アール・デコ期の面白い点は、こうしたデザインの上で、あるいは実際の宝飾品制作の上で、絶対的なリーダーとなった宝石商やデザイナーがいなかったことだ。強いて挙げるとすれば、ジョルジュ・フーケの息子のジャン・フーケとレイモン・テンプリエの二人が、この時代を代表するデザイナーであろう。

ジャン・フーケは父の跡を継いで、パリのフーケ工房の主として、一九六四年までの長い間、自らデザインを行った。彼のデザインの特徴は、極度と言えるほどの幾何学模様の使用による、やがて来る工業化社会を暗示するような、機械の一部を思わせる作品にある。特に、プラチナあるいはホワイトゴールドを用いた円盤状パターンは、その最大の特色だ。彼のこうした先進的な作風に対しては反発も大きく、人間と機械とを混同するものとして、激しく非難を受けた。

レイモン・テンプリエもまた、フーケと時を同じくしてパリに工房を構えたデザイナーである。二十歳の頃から署名の入った作品を発表し、その多作ぶりは同時代の作家のなかでも抜きんでている。彼の作品の特徴はやはり幾何学模様の多用にあるが、フーケよりもはるかに多いパターンを、一つの作品のなかに重複して用いて、フーケ

ジャン・フーケ作のブローチ
この時代の特徴を顕著に示す

ジャン・デスプレ作のペンダント

の作品がシンプルであるのに対して、テンプリエの使うパターンはシンプルでも、その組み合わせによって複雑なデザインを作っている。テンプリエはまた、プラチナの上にダイヤモンドを埋めこんだ白いパターンと、オニックスやエナメルを使った黒いパターンとの対比によるデザインを好んだ。

アール・デコ時代の宝飾品には、デザイナーやアトリエが参画しただけでなく、カルティエやヴァン・クリーフといった当時の大宝石商もまた、時代のデザインを用いた作品を数多く発表した。

二十世紀初め、歴史に名を残す宝飾商のほとんどは、パリのリュドラペ通りかプラスヴァンドーム広場を中心に店舗を構えていた。というよりも、この二つの場所は、そのほとんどが宝石店でうまっていたと言った方が正しい。こうした大宝石商のなかでも、この時期に特に活躍したのがカルティエとヴァン・クリーフで、両者共に、アール・デコ調の作品を多く発表した。それ以外に、カルティエは置時計で、新興の宝石商であったヴァン・クリーフは女性用の小物入れであるヴァニティ・ケースで、それぞれ極めてユニークな作品を残している。カルティエについては第Ⅱ章2節で扱った通りだが、ヴァン・クリーフは男性用では煙草入れ、女性用では化粧品入れやパーティ・バッグという実用品の製作に、過度なまでの装飾性を追求した作品を残した。注目すべきは、この頃になってもまだ、こうした作品のデザインに、東洋、特に日本の影響が色濃く見られることだ。この時代の時計のスタイルそのものが、日本の印籠《いんろう》

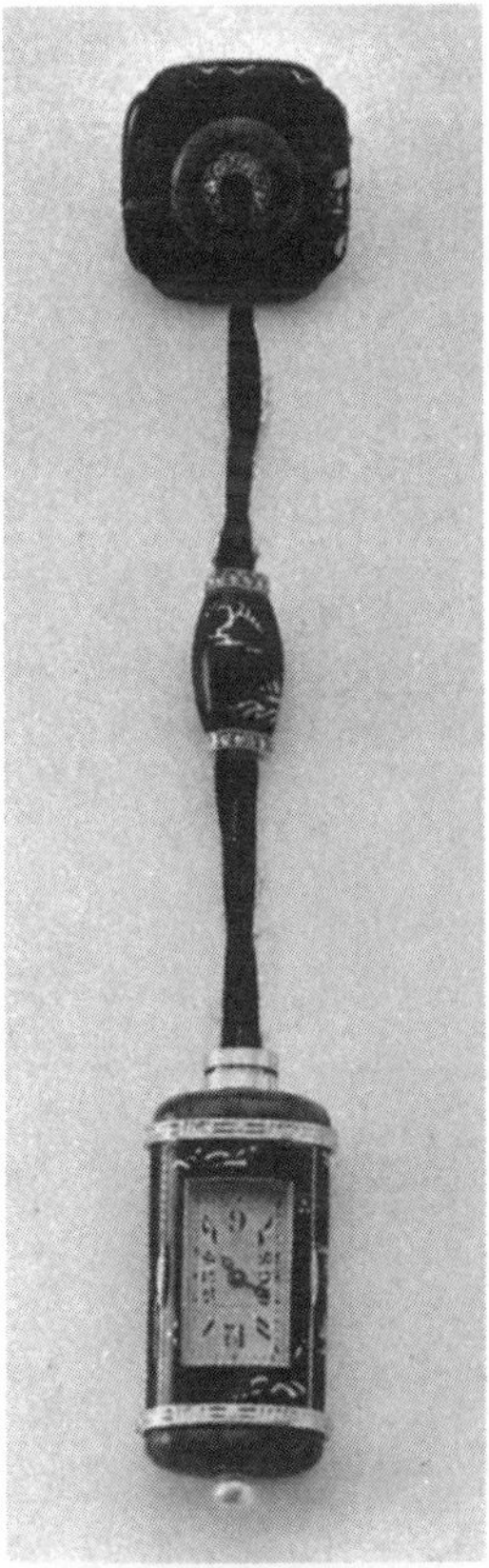

日本の印籠と根付からヒントを得た時計
ヴァン・クリーフ製

をそっくり応用しているのだ。

普通、大金持ちを相手にする大宝石商は、一時的な流行に左右されるような作品は作らず時流に超然としているのだが、この時代になると、逆に顧客である大金持ちの方で、最先端のデザインを理解し求める人が出てきたのだ。また実用品に対しても、単に機能だけで満足するのではなく、そのなかに美という感性を求め、そのために大金を払う顧客が出現した。現代でいう、個性ある顧客の出現であった。単なる実用の品物を過度に装飾することでは、日本を始めとする東洋がはるかに進んでおり、この時代の作品に東洋の影響が大きいのも当然といえる。

動く財産

一九三〇年代以降、アール・デコは次第にその特徴を失い、個性のない作品の時代に入る。何よりも、二つの世界史的事件が、宝飾品の世界を大きく変えた。二九年に始まる大不況と、二十世紀二度目の大戦だ。四五年の終戦にいたるまで、見るべき宝飾品がないのは当然だろう。だが、これほどの混乱のなか、そして金の自由な使用が禁止された時代にあっても、宝石商という商売そのものは、細々ながら続いていた。

戦争の拡大と共に、宝飾品工場は破壊され、腕の良い職人は戦場にかりだされ、金そのものが軍需優先の割当制となった。顧客であった金持ち達は逃げ出すか、金持ちでないふりをしなければならない時代だった。こうした環境のなかでも、古い金の残りを持参して、同量の金を使った細工品を依頼する客がいたため、宝石商の仕事そのものが完全に消えることはなかった。それどころか、新しく、逃亡のための資金としての宝飾品が生まれた。欧州大陸全域にまたがった第二次大戦によって、大量の難民――主としてユダヤ人の難民――が発生したためだ。故郷を捨て、家を失って流亡した彼等が最も頼りにしたのは、貴金属と宝石であった。この頃から五〇年代初めまでの宝飾品は、極めて大柄で、金の使用分が大変に高い作品が主流である。金をできるだけ大量に身に付けて動くためである。

こうした、宝石や貴金属を財産の一部とみなし、非常時に第一に持ち出すものと考える生活の様式は、自国内での動乱を一度も経験したことのない我々日本人には、ピンとこないかもしれないが、それはむしろ、世界のなかでは例外に属する。ユダヤ人、インド人、中国人、そして中近東の人々など、動乱が日常のことであった民族はみな、その生活水準から見ると明らかに分不相応な宝飾品を身に付けている。これらは、もちろん、装飾が第一であるが、彼等の宝飾品をよく見ると、デザインや細工に凝ったものよりも、素材としての価値が高い品物が多いのに気づく。彼等は、いざ身体ひとつで逃げ出さなければならない時のために、動産の一部として宝石・貴金属を身に付けておくという、悲惨な歴史が教えた教訓を実行しているのだ。これもまた、宝飾品が長い間、絶えることなく使われてきた理由の一つでもある。こうした使い方を知らない我々は、実に幸福な民族である。

戦後——多様化

終戦後になって、暗黒の戦争時代を早く忘れ、新しい平和を大いに謳歌《おうか》したいという人々の気持ちのためか、一九四〇年代後半を通じての宝飾品は、今日から見れば、繊細さに欠けた、極めて大柄で男性的なデザインのものとなった。

この時代の典型的なデザインが、タンクと呼ばれる大柄で男性的なデザインのブレスレットだ。横から見ると、戦車が行列して進んでいるように見えるところから、この名前が付けられたが、女性の身を飾るにはふさわしくない物騒な命名だ。これと同じようなデザインの大柄なブレスレットが、この時代に最も流行した宝飾品である。

この他には、女性の社会進出が続いたために、衣服のスタイルが、男性に似たきちんとしたテーラード・スーツが主流となったことを受けて、ブローチが流行した。それも、花束やリボンをテーマとした非常に大きなものが多く、厚手の生地で作った洋服

ブレスレット「タンク」(上)
40年代の典型的ブローチ（左）
金の部分が異常に大きくて重い
ヴァン・クリーフ製

以外には、使いようがないものだ。またブローチの一種であるクリップ——これはスーツの襟に上からすべりこませる形で使うもので、普通はペアで付ける——も、この時代の最先端のものだった。どちらも、服に襟があって初めて使えるもので、女性の服装の男性化が始まったことがわかる。それにしても、男性のまねをするのが女性の最新流行であったとは、かわいらしい時代ではないか。今では男が女のまねをする時代、これからは男性用の宝飾品が伸びるのは間違いないだろう。

四〇年代後半に登場したもう一つの宝飾品は、腕時計だ。腕時計がどうして装身具なのかといわれそうだが、高価なブレスレットに時計がついたものと思えばよい。これは時間を知るためのものというより、時計の部分は目立たず、一見ブレスレットにしか見えない、精密な細工をほどこした極めて手の込んだ作品だ。主として、大戦中に巧妙に中立を守り通したスイスを中心に発達した。この宝飾品化した腕時計は、以後、スイス製宝飾品の代表として、デザインは様々に変わりつつも、今日まで世界の市場を支配している。日本も重要な市場であるが、ご注意いただきたいのは、これは実用の時計としては最低に近い代物《しろもの》であることだ。こんな実話がある。

日本のお金持ちが数百万円を支払って、こうした時計を買った。早速、大得意で毎日使用したが、何と一日に数分も狂うのだ。正確好きな日本人のこと、スイスに行ったついでに、本社に怒鳴りこんだ。どうして、こんなに不正確な時計に数百万円もとるのか、すぐに直せ、と。スイス人のマネージャーが冷やかに——スイス人というのは、自分の金が盗まれる時以外は、いつも冷静だともいう——尋ねた。一体、一日に何時間ほど使用したのか、と。金持ちは答えた。もちろん、一日中使ったのだ、と。くだんのスイス人は、軽蔑《けいべつ》するように言った。この時計を一日中使われては困ります。これは、夜、数時間だけ使っていただくもので、その限りでは正確なはずです。

考えてみれば、四〇年代の短い期間に栄えた宝飾品は、三〇年代後半から四〇年代という危機の時代の産物であり、そうした危機が去った五〇年代に入ると、その存在理由を失い消えていったのも当然だろう。

五〇年代以降の宝飾品の世界は、大きく広がると共に、一つのデザイン活動や一人のデザイナーのグループが主導できるような、狭く限定されたものではなくなった。いわゆる多様化の時代が幕を開け、その傾向は今日にいたるまで、ますます多彩に、そして複雑になってきている。作り手の側だけでなく買い手である市場も拡大し、多くの国々で、宝飾品が贅沢品《ぜいたくひん》から、必需品の一種へと変わってきていることは、すでに触れた通りである。この時代から以後、五〇年代から七〇年代、そして今日にいたるまで、時代のデザインとして、あるいは時代を代表するデザイナーとして、世界が認めるものは出現しなかった。モダン・ジュエリーという名称の模索が延々と続いているのだ。

8 モダン・ジュエリー——宝飾品のサイエンス・フィクション

アメリカで発生

モダン・ジュエリー。訳せば現代風宝飾品であるが、それでは意味が通じない。伝統的な宝飾品に用いられている素材や技法にこだわらず、また拘束を受けることなく、新しい実験的な素材や手法を用いて、一種の金属工芸的な宝飾品に挑戦してみようという、デザイン、素材、技術の面で新しさを求める一群の作品を総称して、モダン・ジュエリーと呼ぶ。いわば、宝飾品の未来を求める活動と言ってよい。

宝飾品は元来、それを用いた人を美しくするためのものだから、使用性の乏しい——場合によっては、付けると使用者が動けなくなる場合も——こうしたモダン・ジュエリーに対して、金属工芸としてならともかくも、ジュエリー、宝飾品という名称を用いることを拒否する人々も多い。だが一方では、こうした先駆的な作品が、一見、現実の宝飾品とは関わりがないように見えても、十年、二十年という単位で振り返って見ると、必ず、なんらかのデザイン上の影響を、後に続くデザイナー達に与えていることも否定できない。この意味では、次の世代の主流となるデザインは、その前の世代においては、人々の理解よりも非難を集める、いわば新しがりのデザインだったのであり、歴史はその繰り返しにすぎない、とも言える。

現在、モダン・ジュエリーとして世に受け入れられている工芸運動が発生したのは、さして古いことではない。第二次世界大戦で欧州を追われた芸術家達がアメリカに落ち着き、そこで見たアメリカの自由さと戦後の解放感のなかから、新しい試みとして、様々な分野での芸術活動が発生したものの一環であった。

この運動を始めた特定の人物がいるわけではないが、初期の流れを作り出した人として、カルダーを挙げねばならない。カルダーは一八九八年生まれのアメリカ人だが、パリに移住後、今日モビールとして知られる新しい彫刻の実験を始めた。彼は、現在では、モビール彫刻の創始者としてその名をとどめている。このモビールに見られる、自由な動きを取り入れた新しい宝飾品を、カルダーは一九三〇年代から作り始めていた。用いる素材は、貴金属にこだわらず、真鍮《しんちゅう》なども用い、加工技術や素材の珍奇さよりも、全体のフォルムのユニークさをデザインの基礎にした。当然、彼の作品を使用する人に対しては、これまでの宝飾品と異なる価値観を要求することとなった。カ

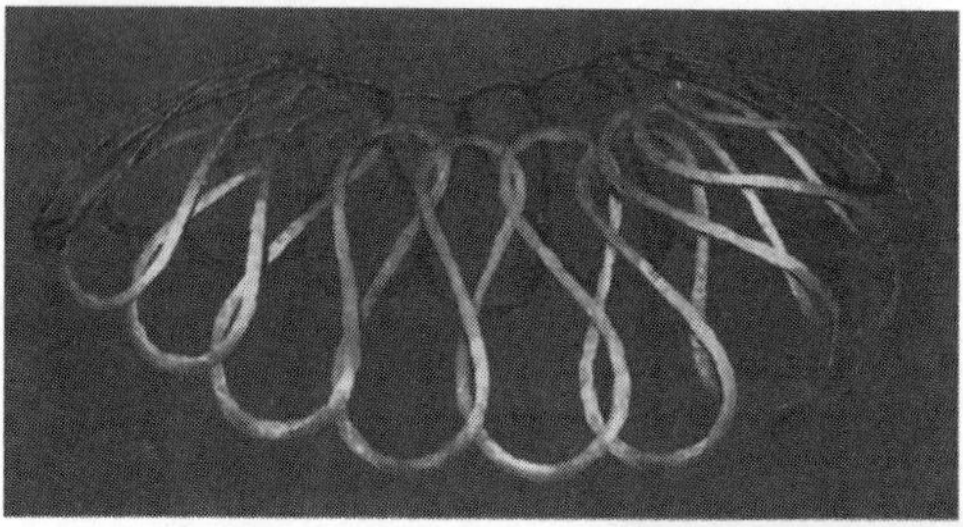

カルダー作の首飾　1940年頃

ピカソ作のブローチ　1973年頃

ペアソン作の指輪

ベッカー作のブローチ

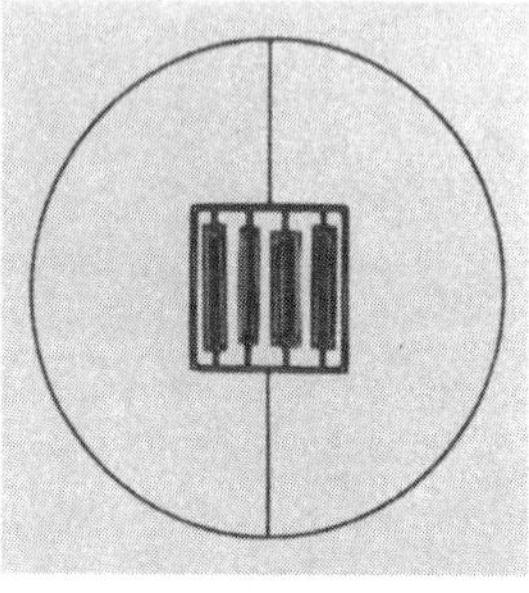

ルダーの作品の持つ、これまでにないシンプルで単純明快な表現は、アメリカのみならず欧州各国の、後に続く新人作家達に多大な影響を及ぼした。

またこの時期から六〇年代にかけて、著名な画家達もジュエリーの世界に乗り出してきた。ピカソ、ドラン、フォンタナ、エルンスト、ダリ、そしてブラックといった、知らぬ人なき画家達が、この時期にジュエリーを作っているが、いまだ一般の注目を集めるにはいたらず、一部の特定の人々に知られるのみであった。

ヨーロッパからも

こうした時代の風潮を受けて、また経済的にも戦後の貧困期を抜け出したこともあり、一九五〇年代後半からドイツ、イタリア、イギリス、スカンジナビア諸国を中心とした、新時代のジュエリー・デザイナー達が登場してきた。七〇年までの、この先駆期を代表するデザイナーとして、西独のフリードリッヒ・ベッカーとスウェーデンのシガード・ペアソンの二人を見てみよう。

ベッカーはデュッセルドルフにスタジオを開き、五〇年代中頃からジュエリーを発表し始めたが、もともとはデザイナーとしての勉強をしたわけではなく、航空工学を専攻した人だった。戦後になって美術に転じたが、この工学を学んだ影響は色濃く残り、その作品は精密機器を思わせるような精緻《せいち》さと、デザインの構成部分が自由に動くことが最大の特徴となっている。彼は自分の作品を「キネティック・ジュエリー(動的な宝飾品とでも訳すか)」と呼び、その多くは用いる人の意志で、あるいは使用者の自然な動きにつれて、自由にパターンが変わるようにできている。簡素な構成部品が、軽やかに自由に動いて、思いもかけないデザインになってゆく。デザインとはデザイナーが作り、それを使う人には関係なく固定されたもの、というこれまでのデザイン観に真っ向うから挑戦する発想であった。

ペアソンは生国のスウェーデンのみならず国際的にも、伝説的なデザイナーだった。彼は一九五〇年頃からジュエリーの制作をし、ジュエリーの他、銀器、彫刻、工業用デザインの分野でも第一人者であり続けた。その作風は、北欧特有のプリミティヴな、生命力あふれるフォルムからスタートしたが、年月と共に、鋭い線と面を生かした、冷やかでシャープな造形感覚を持ったものとなり、今日、スカンジナビア・デザインとして世界に知られるようになった、鏡を思わせる鋭さを持つデザインの創始者の一人となった。

一九六一年、ロンドンで記念すべき展示会が開催された。国際モダン・ジュエリー展の第一回目が、ゴールドスミス・ホールで開催されたのだ。一八九〇年から一九六一年までの宝飾品が、時代別に展示された。その現代部門では、欧州各国、アメリカ、そしてオーストラリアからの新しいデザイナーが、大胆な作品を数々展示した。彼等の作品は、それぞれにばらばらであり、特定の傾向を示すものではなかった。個性の多様さが、そのまま作品となっていた。ただ全体として、他の芸術分野ですでに活躍している人をもひきいれることによって、ジュエリーという世界を真剣に考えてもらおうという、意識的な努力ははっきりと読みとれた。

さまざまなモチーフ

この頃までの作品は、モダン・ジュエリーとは言っても、用いる素材は旧来の金や銀、プラチナと宝石がほとんどだったが、七〇年代以降となると、技法やデザインのみならず、素材までが大きく幅を広げる。デザイナー達が、新しい可能性を表現できる素材として取り上げ始めたのは、ガラス、ブロンズ、アルミニウム、アクリル、チタンなどであった。後になると、紙、さらには布までが使用された。

この時代を代表するデザイナーとして、イタリアのブルーノ・マルティナッツィとアルナルド・ポモドーロがいる。マルティナッツィははじめ化学者を目指していたが、それを断念してフィレンツェの美術学校に学び、彫刻家兼ジュエリー・デザイナーとなった。彼の作品は、中途でやや脇道《わきみち》にそれたものの、一貫して人間の身体をデザイン・モチーフとしたものが多く、特に初期の作品には、まろやかな女性の身体の一部をモチーフとしたものが多い。奇妙にエロティシズムに溢れた作品だ。後期の作品も、やはり人体を扱ってはいるが、解剖学的に見た人体の部分をモチーフに転化させたものが主で、彫刻家としての一面を宝飾品にも残した珍しい例だ。

ポモドーロは、弟のジオ・ポモドーロと共に、ポモドーロ兄弟と呼ばれることが多い。彼はジュエリー・デザインの持つ可能性を追求し続けたために、作品を年代順に見てみると、とても同一人物の作品とは思えないほど、様々な試みがなされている。代表的作品は、幾何学的要素を取り入れ、一定の範囲内で可動性のある部品を持ったものが多い。この動く部分が作り出す無作為のパターンの可能性を開発することに、大きな関心を寄せている。その代表作とされる、金とホワイトゴールドを用いたチューブを重ね、その間に自由に動く細い棒をつりさげたペンダントは、またこの時代の代表作でもあり、モダン・ジュエリーと呼ばれる宝飾品のコンセプトを、見事に示したものだ。

測り知れない可能性

一九七〇年代に入ると、こうした創作活動はさらに活発になると共に、ジュエリー・デザインの世界も独立した学問となっていった。これまでのデザイナーが、彫刻や他の分野の美術を専攻した人々が転向してきたのに比べて、最初からジュエリー・デザインを学ぶことが可能となった。西独、アメリカ、そしてイタリアなどの各地に建てられた工芸学校から、無数ともいえるデザイナーが生まれ、独自のデザインを世に問い始めた。この時期を代表するデザイナーには、英国のウェンディ・ラムショウとアメリカのスタンレー・レクチンがいる。

ラムショウは、イラストレーションと布地のデザインとを専攻したが、ジュエリー・デザインを独学して、この世界に足を踏み入れた。彼女のデザインとして今日最も知られているのは、リング・セットと呼ばれる作品だ。これは、様々なデザインの指輪を、真鍮やニッケル・シルバーで作った台座にはめこんだ、あたかも摩天楼を見るような造形力に溢れた、指輪でできた置物とも言うべきものだ。これらの指輪は、もちろん、それぞれが実用に耐えるものでありながら、全体を集めると、現代の高度な技術文明を象徴するがごとき見事な造形となっている。ラムショウが重要とみなしたのは、自分の作品同士の関連であった。個々の指輪は、金、銀、エナメル、そして様々な色彩の半貴石などに彩《いろど》られ、指輪として独立して使用されるものでありながら、リング・セットとして扱われた時には、相互にどのような関連を持てるかが極めて大切となる。この配慮が、デザインの基礎になっている。

もちろん、この配列の仕方は、使用者の自由であり、ベッカーのキネティック・ジュエリーとは違った意味で、使用者の意志で無限の変化を楽しめるものだ。

レクチンは、エレクトロフォーミング——電鋳と訳されている——と呼ばれる、金属を電着させる工業用技術を用いて、極めて大型で、大胆な作品を発表している。彼は、自分の作品を説明してこう述べている。溶解液のなかで、次第に大きく成長してゆく自分のデザインは、自然界での様々な生物の成長に似ている。現代技術と自然の関わりあい、これが自分のデザインの原点である、と。彼の作品は、こうした工業技術を用いているので、使用する金属は貴金属でないものが多い。電鋳という工業技術は、本質的に鍍金《ときん》の応用であり、一つの型から同じものを大量に生産するのに用いられ、レクチン以前には、宝飾品に使用されることは極めてまれだった。この技術を持ち込んだ理由について、彼はこう説明している。「私は、立体的な人間の身体を飾るには、三次元の立体性を持ったものが必要だと感じていた。だが、これまでの技術では、自分の望むものができないことに、すぐに気づいた。工業用の電鋳を用いることで初めて、自分が望む、大型で立体的な、それでいて軽量のジュエリーを作ることが

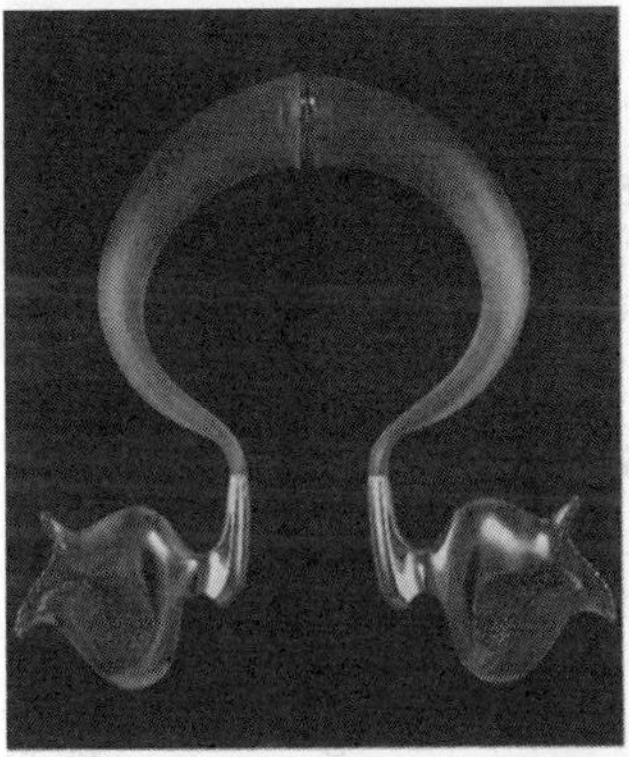

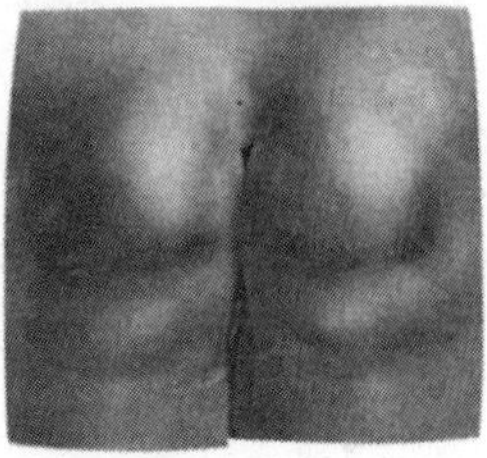

マルティナッツィ作のブローチ　名づけて「お尻」

◀レクチン作の首飾

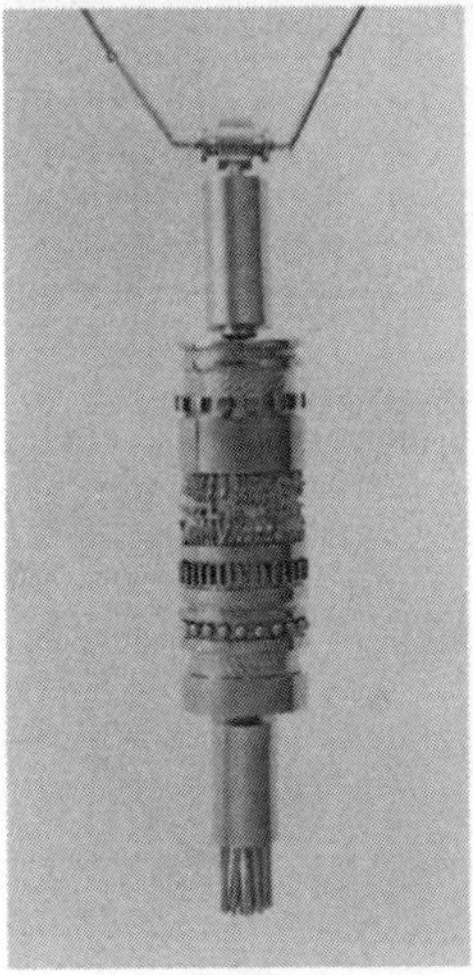

ラムショウ作のリング・セット
金属の塔に差し込まれているのが指輪

◀ポモドーロ作のペンダント

できたのだ」彼にとって、宝飾品イコール貴金属、という図式は、存在しないに等しかった。

こうした、良く言えば大胆、悪く言えばジュエリーの決まり事を無視したようなモダン・ジュエリーに対しての、ジュエリー業界の意見は賛否相半ばするというのが事実だ。実用性も美しさもない、作家の一人よがりにすぎないものだ、と感じる人もいるかもしれない。現に、宝飾業者のなかにも、そうした意見は大変に多いのであるから。しかし、アール・ヌーヴォーにしてもアール・デコにしても、またそれ以前の様々な時代の作品でも、初めて公表された時は、皆同じように無視され非難されたが、長い目で見ると、それぞれが次の時代の代表作となってきたのだ。そう考えるならば、こうした一見奇怪かつ非実用的にも見える作品のなかから、後年、二十世紀の代表的宝飾品となるものが出てくるのは間違いなかろう。それがどれなのか、予想してみるのも楽しみである。

9　忘れられた宝飾品——華やかなりし過去

消えた頭飾

宝飾品はその極めて長い歴史にもかかわらず、他の品物と比較すると、製法、素材、それに使い方において、大変に変化の少ないものだ。極言するならば、使い方などは、古代エジプト時代からほとんど変化していない。しかし、数千年の歴史のなかでは、いろいろな国や時代によって、デザインや用途にかなりの変遷《へんせん》はあった。ここでは、これまでの宝飾品の歴史のなかで、ある時代には最新流行のものとして広く用いられながら、今日では完全に人々の記憶から消えてしまったか、あるいはもうほとんど用いられなくなった、宝飾品の数々を取り上げてみる。

宝飾品そのものに流行があったと言うのは正確ではない。正しくは、宝飾品を付属品とする衣装の流行に合わせて、一種のヴァリエーションとして特殊な仕様の作品が登場し、主体である衣装や風俗の変化と共に、忘れられていったのが実態である。この意味では、宝飾品は常に衣装の流行の後追いをしてきたのであり、残念ながら、宝飾品が時代の流行を作ったという例はない。

ただ、近年、消費の個性化の波に乗って、このような過去の特定の時代の宝飾品のデザインを掘り起こして、商品化に再利用しようとする動きがあり、〝古いものほど新しい〟という実例として、それが再び流行する可能性も充分にあることだ。

現在用いられている宝飾品と、過去のものとを比較して気が付くのは、頭部を飾るものがほとんど消滅してしまったことだ。現在でも、櫛《くし》やこうがいなど和服の正装に用いられるものはあるが、それ以外のものとしては、皇族の方々が正装用に用いるティアラくらいしかなく、これはとても一般用の宝飾品とは言いがたい。

しかし、十九世紀末よりも前の女性にとって髪を飾ることは極めて大切であった。その代表例として、「エイグレット」と「フィロニエール」という二種類の宝飾品があった。

エイグレットとは鳥の羽根そのもの、また羽根を模した金属の薄板にダイヤモンドをあしらった部品を用いて、帽子や頭髪から上に向けて、ちょうど兜《かぶと》の前立てのように立ち上げた形の飾り物を言う。これは十七世紀末から十八世紀にかけて初めて登場し、その後しばらくすたれていたが、十九世紀中頃から再流行した。その起源はおそ

本物の白鷺の羽を使ったエイグレット

フィロニエール

らく、インドやペルシャのターバンの羽根飾りであろうと思われる。東洋と西洋の間での装飾品交流史の好例だ。エイグレット（EIGRETTE）とはフランス語で白鷺《しらさぎ》を意味し、初期のエイグレットは実際にこの白鷺の羽根を用いたために大変大型なものだったが、二十世紀にかけて用いられたものはずっと小ぶりになって、羽根のデザイン部分を風で揺れるほどにデリケートに金で作り、そこに小粒のダイヤモンドをあしらったものが多い。

　フィロニエールは、十五世紀のイタリアで作り出されたと考えられる前額の飾りだ。元来はビロードまたは絹のひもを、ちょうどはちまきのように頭部前方のはえぎわ近くに巻き、その中央の部分から宝石や金細工を額の中央に下げたものを言う。その後十九世紀に入って復活し、ビロードの替わりに金のチェーンなどを用いたものが作られた。だが、女性のヘア・スタイルが額をむき出しにしないように変化したこともあって、自然に忘れられていった。

この他にも、髪の毛や額の部分に用いられた宝飾品は少なからずあったが、女性の日常生活がより活動的なものになるにつれて、動きの邪魔になる非実用的なものとして消滅していった。

女性の活発化で消えたもの

また、「スタマッカー」、あるいは「コサージュ・ブローチ」と呼ばれる大型のブローチも、消え失せた宝飾品の一つだ。これは十八世紀から二十世紀初頭まで、上流階級の女性が用いた、肩から胴までを細くしめあげる形のドレス――このスタイルの衣装そのものをスタマッカーと呼ぶ――の装飾として、その胸から時にはウエストラインの下までに及ぶ部分を、全面的に飾るのに用いられた。大きさによっては、二つの独立した部分に分けられたものもあり、宝飾品ではあるが、衣装の一部に組み入れられたとみなし得るほどの大きさのものだ。これも、その種の衣装が消滅すると共に、消えていった。大きさの割には、軽くなければならなかったために、線細工を多用したものが普通であった。

「ソートワール」と呼ばれる一種のネックレスは、今日でもなお、充分に使用性を持つものだ。それどころか、そのデリケートなデザインは、今出来の首飾りよりもはるかに優美な感覚を持っていると言える。

ソートワールは、女性のドレスの主流がロングドレスであった時代に、時にはウエストラインよりも下にとどくまで、ゆったりと流れる首飾で、普通はその中央部分にタッセル（房のこと）と呼ばれる飾りを持ったものを言う。これは比較的新しいもので、二十世紀初頭から一九二〇年代にかけて大流行した。エイグレットと同様に、このスタイルもインドのマハラジャなどが、彼等の衣服のデザインとして西洋にもたらしたものに大きく影響されたと思われる。このソートワール形式の首飾が初めて作られた頃には、房を下げるネックレス部分は真珠が多かった。その後はダイヤモンドや色石を用いたチェーンが主流となった。ソートワールは首から掛けて下げるのが普通だったが、なかには今日のポシェットのように、肩から斜めに掛けて用いるものもあった。

女性のスカート丈が短くなり、かつまたその動きが活発になるにつれて、この長いネックレスも次第にアンバランスとなり忘れられていった。しかし、全体のデザイン感覚は今でも高く評価できるものであり、長さや素材の手直しを加えさえすれば、今日でも充分に実用デザインとして通用するものだ。

遊び心のある飾り物

男性も女性も、良き紳士淑女と呼ばれるためには、生活そのもののなかに優雅さとゆとりある遊び心を持つことが、絶対の条件であった時代の宝飾品が、「シャトレーヌ」と「エチュイ」だ。シャトレーヌには男性用と女性用とがあるが、共にベルトから垂れ下げた形で用いるもので、差し込み部分からチェーンを用いて様々な日用品、たとえば、鍵《かぎ》、時計、印鑑などをぶらさげたものである。本質的には実用具であったために、素材は必ずしも金銀の貴金属に限らない。ピンチベックと呼ばれた金のイミテーションとして作られた合金や、陶器、鉄にエナメルをほどこしたものなどで作られている。男性用のシャトレーヌには、異常に長いものがあるが、これは腿《もも》の両側に取り付けるもので、膝《ひざ》までのズボンを着用したときに、足を覆《おお》う役をした。

このシャトレーヌから吊《つ》りさげるものの一つとして発達したのがエチュイだ。これはシャトレーヌと同じく、金や銀、ピンチベックなどで作られた小型の箱状のもので、このなかに人々が日常使う鋏《はさみ》、さし針、小型のナイフなどが入っていた。エチュイのなかには陶器で作られたものもあり、造形が容易なために、女性の脚、アスパラガス、靴などといった珍奇な形のものもある。

シャトレーヌもエチュイも、一応は実用具としてデザインされたものだが、実際に用いるためにこうした物を持ち歩いたわけではない。日常生活における一種の遊びとして使用されたものに違いない。それにしても、大の男や貴婦人が、いかに見事なデザインや細工をほどこしたものにせよ、多い場合には十種類以上にも及ぶこうした品物を、ジャラジャラとぶらさげて社交生活を送っていたとは、想像しただけでも可笑《おか》しい。流行とは実に奇妙なものだ。

シャトレーヌもエチュイも共にフランスで発生し、英国には十七世紀に紹介され、十八世紀から十九世紀にかけて流行した。一八三〇年頃から宝飾品としての使い方は消滅し始めて、その後は完全な実用品となった。シャトレーヌとはフランス語で〝城

シャトレーヌ
輪の先に品物をぶらさげた

主の妻〃という意味で、城主夫人が常時、城の鍵などをチェーンにぶらさげて持ち歩いていたところから、この名前と品物の原型が発生した。

この他にも、現在ではほぼ完全に消滅してしまった宝飾品として、靴用のバックル、ベルト用のバックル、ボタンなどがある。特に靴用のバックルは、十八世紀半ば頃に大いに流行し、靴紐《くつひも》が発明されて広く用いられるようになるまでは、靴の上部をしっかりと抑えるものとして実用品でもあった。

ヴィクトリア時代に入って宝飾品の大衆化が始まる前の古い階級社会のなかで、日常生活での実用品にいたるまで、自分の趣味を追求してやまない優雅な社会があったのだ。こうして消えていった宝飾品に共通していることは、その用い方にあまりにも限界があって、たとえ経済的に可能となったとしても、大衆が広く、こぞって用いるものではなかったことだ。

文化からの産物が、今日のように、誰でもが費用さえ払えば、ある程度は手に入れることが可能な時代に発達するのか、あるいはこうした過去の宝飾品が物語っているように、特定の人々が利害や経済的な計算を超えて追求するところに生まれるのかは、難しい問題だが、ここにあげた宝飾品には、現代の、量産化されて誰でもが自由に入手できるものにはない、ある種のノスタルジーに似た〃何か〃があるように思えてならない。

リバイバルを期待

では次に、こうした骨董品《こっとうひん》として以外は完全に消滅したものの他に、形を変えながらも現代に生きてはいるが、普通はあまり知られるところのない宝飾品を見てみたい。

第一は「ティアラ」だ。この実物を見るためには、宮中公式晩餐会《ばんさんかい》での皇族の妃殿下たちの写真を見るとよい。頭のてっぺんにのせるクラウンと呼ばれる王冠とは異なり、頭髪の前面のところに横に長く、中央がもりあがった三角形の形をした、華やかな飾りが見えるはずだ。これがティアラで、西欧でもこれを用いるのは王侯、貴族で、しかも公式の場合のみに限定されているようだ。頭部の飾りは、古代から女性にとっては代表的な宝飾品の一つであり、この他にも「ディアドム」と呼ばれるヘア・バンド状の細長い帯のようなもの、首飾と兼用になる「ネックレス・ティアラ」など数多くの種類があった。ティアラの起源はやはり、ペルシャ、アッシリアなどで男性が用いた頭部の飾りであったと言われている。

宝飾品のうちで、手足に直接つけるものとしてはブレスレットが良く知られているが、アンクレットとアームレットはあまり知られていない。このごろ、若い女性の間で復活の兆《きざ》しのあるアンクレットは足首のくるぶしの上につけるブレスレット状の宝飾品を言う。ともすれば、昨今の奇をてらった創作であろうと思われがちであるが、実は古代エジプト、ローマ時代からすでに存在していた、由緒《ゆいしょ》正しい宝飾品だ。日本でも、多くの全身像の埴輪《はにわ》に、このアンクレットが使用されているのを見ることができる。西欧のものはシンプルな金製品が主であるが、インドやアジア諸国で用いられたものは種類が多く、円盤や金の粒をぶらさげた複雑なデザインのものがある。男性は年をとるにつれて、女性の足に目がゆくようになる、と言った作家がいたが、女性の露出度が上るにつれて、アンクレットは再び間違いなく復活するだろう。

アームレットは、一種のブレスレットだが、手首につけるのではなく、腕の上膊部《じょうはくぶ》にピッタリと固定して付ける飾り物を言う。この起源も大変に古く、紀元前一三〇〇年頃のエジプト第十八王朝時代にすでに用いられていた。ムガール朝のインドでは、王侯貴族の男性がやはりこのアームレットを使用したが、輪状の固定部分から絹の紐がさがった派手なものであった。女性の衣服がほとんど袖《そで》を持つようになってからは、次第にすたれて、ブレスレットと混同されてきた。最近ではノースリーブの洋服が増えたために、コスチューム・ジュエリー——貴金属を使わない安価なジュエリーのこと——の分野でこのアームレットが再流行し、宝飾品でもリバイバルしそうな気配がある。

ハットピンも近年ではあまり見なくなった宝飾品だ。これは文字通り、帽子を頭に固定することを目的として、帽子と髪の毛を一緒に突き刺せるだけの長さのある、ピンの一端に飾りを付けたもの。このハットピンが必要となるためには、ピンが刺さるだけの硬さのある髪の毛と、その上にかぶる帽子の流行という条件が必要だ。こうした条件はすでに十七世紀に発生しており、その時代の古いハットピンも残っている。だが、最も流行したのは十九世紀ヴィクトリア朝時代末期の頃で、その後一九四〇年代までは広く使われていたが、それ以後の短髪の流行や帽子の使用が少なくなったこととあいまって、衰退していった。今日でも、ブローチの一種であるバーピン（縦に

ティアラ

アームレット

長い棒状のブローチ）と兼用のハットピンは若干作られてはいるが、昔日《せきじつ》の面影はない。

ロケットはペンダントの一種で、これはチェーンから下げられたペンダント・トップのなかに、着用者にとって価値のある写真、画像、髪の毛などを入れるようになったものを言う。これはセンチメンタル・ジュエリーの一つで（これについては第Ⅲ章5節を参照）ヴィクトリア時代に大流行した。その起源は、中世の聖人像を刻んだ聖物箱という宗教用品にまでさかのぼる。ロケットとして今日見るような形に変化したのは、十六世紀以降、各地の王侯がその臣下に対して、自分の肖像を入れたものをペンダントとして与えたことに始まる。その後、このペンダント・ロケットは、箱の表面にエナメルや宝石細工の加工による装飾がほどこされ、広く一般の人々にも贈り物として使われるようになった。

今日では、安物の土産品などにこれと同じ機能を持ったものが売られているが、宝飾品としての例は大変に少ない。

このようにして見てくると、種類としてはさして多くないと思われる宝飾品の世界にも、様々な創意工夫が行われてきたことが分かる。もちろん、これら以外にも、もっと短い期間、あるいはいろいろな未開の部族を含めての特定の国だけで流行した例を挙げてゆけば切りがない。また純粋の宗教用品にも、地域、年代、宗派を問わず、宝飾品と呼び得る水準の作品が無数に存在してきたことも事実だ。

人々の衣服や生活様式の変化につれて、様々な宝飾品が必然的に発生し消滅していった。そして、こうした流行を乗りこえて現在も標準的なものとして残っている指輪、首飾、耳飾、ブレスレットなども、一見すると変化に乏しいように見えるが、長い目で見ると、大きく様々に変化してきた。生活に美的なものを求め続ける人間の努力と、その創意工夫や新しい物を求める精神は、実に無限のものである。

第Ⅳ章　たかが宝石、されど宝石

1 技術――その歴史とひろがり

初期のカッティング

技術というものは、原則として時代と共に進歩するものだ。ほとんどの分野で、十年前の技術は百年前のものよりも優れており、現在の技術は十年前のものとは比較にならないのが普通だ。

ところが、宝飾品の分野では、そうではない。技術は進歩するどころか、逆に退歩しているものもある。昔ならできて、今はとてもとてもという作品が多い。

宝飾品を作るために用いられる技術には、二種類ある。一つは、宝石そのものを研磨する技術で、ラピダリーあるいはカッティングと呼ばれ、もう一つは、宝石を支えるための金、銀、プラチナといった貴金属を加工する技術である。

天然に産出する美しい石を、自分の望む形に成形したり、不純物を取り除いてより美しくする技術が、研磨（ラピダリー）である。これは極めて古い技術で、人類の文明が始まった時からあったようだ。宝石であることの条件の一つに、耐久力があること、つまり硬いことがある以上、そうした石を研磨することは、高度な技術のない古代にあっては難事業であった。だが、美を求める人間の執念は、実に様々な技術を生み出してゆく。

ラピダリーというのは、今ではあまり使わない言葉で、こうした石を切ったり磨いたりする仕事を、普通はカッティングと言う。が、カッティングという言葉から想像される実際に石を切断する技術は比較的新しく、石を加工する最古の技術はチッピングという、石を硬いものに打ちつけて、粗く成形する方法だ。これはもろい石には応用できないが、クオーツ系統の石には効果があり、丸玉や長円形の玉を作るのに用いられている。インド北部では、地中に打ち込んだ金属棒に石をあて、上から木槌《きづち》などで石をたたく方法で玉を作っている。もちろん、こうした方法で作れるものには限度があり、せいぜいが糸を通して首飾にする玉程度のものであった。

次の段階として現れたのが、フリント——一種の石英で火打石とも呼ばれる——あるいは銅の合金をとがらせて、その先端で宝石の表面に刻みを入れたり、石に糸を通すための孔《あな》を開けたりする技術だった。古代では、このフリントは極めて有用な鉱物であり、現在残るエジプトのスカラベの彫刻をした飾り物や、印章の替わりにも用いられたシリンダー・シール——円柱形の石材の側面に様々な模様を彫り、それを粘土板などの上に転がして模様を浮き彫りにするもの——に彫られた模様は、ほとんどが、このフリントを鋭く研いだもので彫られたと想像されている。また、首飾などに見られる、数多い石に孔を開ける技術は、現在でもトンボと呼ばれて使用されている、弓状の横木に糸を張り、糸を錐《きり》に巻きつけて、その反動を利用して錐を旋回させる道具が用いられた。最も古い例は、紀元前二〇〇〇年のエジプトの壁画に見られる。同じ道具を、我々は四千年も用いているのだ。進歩という言葉には、ほど遠い世界である。こうした技術が本来の意味でのカッティングであり、石を自由自在に切り磨く技術は、次の研磨剤の登場から始まる。それまでの技術は、今日では、むしろ彫刻と呼ばれるべきものだ。

研磨剤の登場

硬い石を切り、磨くために、より硬い鉱物の粉末を用いることを人間が思いついたのが、いつ頃、どこでなのかは全く不明だ。磨く宝石を、直接に硬い石や金属にこすりつけるのではなく、その間に研磨剤と呼ばれる粉末を入れることによってより効果的に研磨ができることは、紀元前二〇〇〇年頃から、エジプトや西アジア、インドなどで知られていた。現に、イラクから、このために用いられたと思われる、テラコッタ製の溝《みぞ》のある道具が発見されている。

最も初期の頃に研磨剤として用いられたのは、フリントや微細な砂などであった。ヘレニズム時代末までに、人々が用いた宝石のほとんどは、その硬度が七以下の——これ以上の硬度を持つのは、硬度八のエメラルド、硬度九のルビーとサファイア、それに硬度十のダイヤモンドだけ——ものであったので、フリントで充分であった。

ローマ時代に入って、硬度八以上の宝石が登場するに及び、その研磨剤として新しく使用されるようになったのが、エメリーと呼ばれるコランダム——ルビーやサファイアのこと——の粉末であった。エメリーは天然のものとして、キュクラデス諸島のナクソス島で産出し、トルコ南西部でも出た。エメリーは液体と混りやすい性質を持ち、おそらく実際の研磨に際しては、オリーヴ油を主とする液体に混ぜて用いられた。実際には、硬い木や銅などの金属でできた円盤に、研磨剤を混ぜた液体を塗り、それを回転させながらその上に石を押し付けて磨いた。信じがたいことだが、研磨剤を用いると、研磨を行う材料は石である必要はない。アメリカ先住民のある部族は、サボテンのとげに研磨剤をつけたもので石に孔を開ける。また、中国の翡翠《ひすい》の細工人は、翡翠の孔開けに竹に研磨剤をつけたものを用いる。

東洋でも西洋でも、原始的な装飾品のなかでは、石に孔を開けて糸を通した首飾が非常に多い。この、硬い石に孔を開ける難事業に、古代の人々がいろいろと挑戦したことは、有名なシヴァの女王がソロモン王の知恵を試したという話からも分かる。女王は複雑な孔の開いた玉をソロモンに渡し、その孔に糸を通せと言う。ソロモンは人手では無理と知るや、虫に糸を結びつけたものを孔に入り込ませて、やっと糸を通す。話半分としても、宝石に孔を開ける技術が、相当に複雑な水準に達していたことをうかがわせるものだ。

カボッションとファセット

このようにして、研磨剤を用いて、宝石に含まれる汚い部分を除き、美しい形に整え、表面を滑らかにし、宝石全体をより美しくする作業を、宝石のカットと総称する。このカットの方式には大別して二種ある。一つは「カボッション」と呼ばれる、艶《つや》のある曲面を持つ半円形にカットする方法であり、もう一つは「ファセット」と呼ばれる、平らな面を何個も、石の表面に様々な大きさと角度でつけてゆくカットである。この二つのカットのうち、歴史的に古いのはカボッション・カットであり、ファセットのあるカットが本格的に登場するのは中世だ。カボッションの方が技術的にも簡単であり、また中世までに使用された宝石のほとんどが、単に色を楽しむためのものであり、複雑な光線の屈折や反射を楽しむために必要なファセットを必要としなかったからだ。

カボッション・カットは比較的簡単な技術だ。単に、美しい石を研磨剤でこすって、色が平均的に出るように丸めたにすぎない。こうした石を使用した中世までの宝石細工人も、宝石そのものに価値を見出《みいだ》すというよりも、自分達が作る金細工品の彩《いろど》りとしか、宝石を考えていなかった。

十三世紀末頃になると、パリに石のカット職人のギルドが登場、ファセットのついたカットをほどこした石が、次第にカボッション・カットのものと替わり始める。面

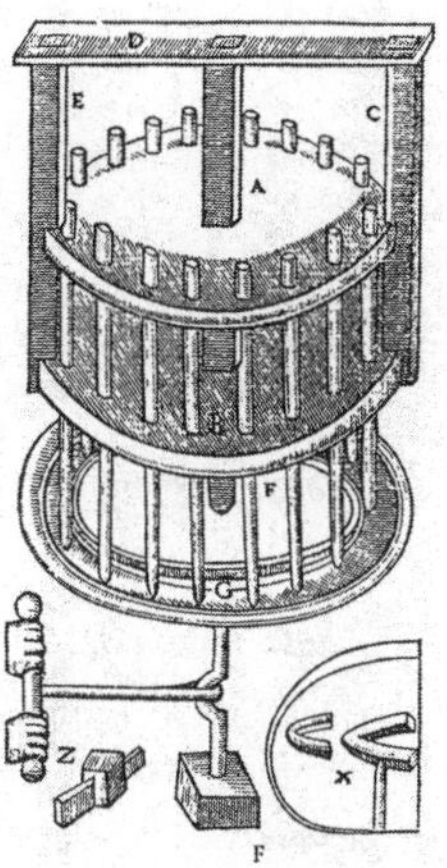

初期のダイヤモンド研磨装置

カボッションとファセットが入りまじったネックレス
ニュルンベルク博物館

をつけた石の反射、また偶然に分かったのだろうが、光の屈折の持つ美しさが理解され始め、この時代から、宝石は金銀細工の彩りというだけでなく、独自の美しさを持つ物体として、独り歩きを始める。中世の頃でも、ファセットをつけて美しいのは、透明な宝石——ルビー、サファイア、エメラルド、ガーネットなど——であり、不透明な宝石は、むしろカボッションの方が美しいことを、人々は経験的によく知っていたようだ。

透明な宝石の代表として、ファセットをつけたカットなしでは存在し得ないのがダイヤモンドだ。カボッション・カットのダイヤモンドというものは存在しない。大変な努力をして、ダイヤモンドをカボッションにカットしてみても、できるのは老眼鏡のレンズに似た、なんの美しさもないガラス玉と同じものだ。すでにダイヤモンドの項で述べた通り、ダイヤモンドの美しさは、正しくカットされた時に生じる、反射と屈折という光の物理的な働きによる。

ダイヤモンドを磨けるのはダイヤモンドのみだ。このことはつまり、一個のダイヤモンドを磨くために、もう一個のダイヤモンドの粉末が必要なことを意味し、かつまた、研磨の工程でダイヤモンド原石の約四割は失われる。ダイヤモンドを研磨すること自体、極めて高くつく作業である。

最も古いダイヤモンドのカット法は、テーブル・カットと呼ばれる、天然の八面体の結晶の頂部をすりおとしただけのものであり、ついでローズ・カットと呼ばれる、底部が平面で小山状にもりあがった上部に多くのファセットをつけたものが現れる。こうした原始的とも言うべきカットの技術は、おそらくインドで完成したものが、ヴェネツィアなどの交易都市を経由して、西欧に伝わったと思われる。

現在、宝飾品に最も多く使われているダイヤモンドは、ブリリアント・カットだ。この原型とも言うべきものは、十七世紀には現れているが、光学的に見て最も正しいカットの詳細がはっきりとしたのは、二十世紀になってからのことだ。ただ、詳細は分かったのだが、その通りにカットすると石のロスが大きいため、実行されることは少ない。ダイヤモンドといえども、経済性には勝てない。このブリリアント・カットは、よく決り文句のように五十八面体のカットと呼ばれているが、実際には、一番下部のとがった部分が欠けるのを防止するために付けるキュレットと呼ばれる面は、最近ではほとんど付けられない。だから、近年のブリリアント・カットは、正確には五十七面体のものが多い。

再現不可能に近い技術

こうした宝石をしっかりと留め、デザインの形を作るのが貴金属だ。古くは鉄、青銅、近年ではチタンやアルミなどもたまに用いられることがあるが、普通は金、そして銀であった。プラチナは、我が国では大変に好まれる貴金属であるが、その発見は十八世紀、実際に利用できるようになったのは十九世紀で、その発見と発達史自体一つの物語ではあるが、古くからあったものではない。

宝飾品を製造する過程での貴金属の加工方法は、大きく分けて三種ある。第一は「キャスティング」と呼ばれる、高温で溶かした貴金属を、一定の型のなかに流し込んでそれを冷却して作る方法、第二は平板状の貴金属に、上下から強い力をかけて、一定の型に打ち抜いたり、平面上に模様を付ける「プレス」と呼ばれる方法、そしてもう一つは、すべてを手で作る、いわゆる「手作り」である。もちろん、手作りが技術的には最も優れたものを作れるが、費用がかさむ。キャスティングもプレスも、同じ物を大量に作るのに適しているが、作れるデザインに制限があり、でき上りも精密さの面で劣る。この三種を組み合わせて、いろいろな宝飾品が作られているのが現実だが、こうした技術の詳細は、専門家以外には興味のあるものではないだろう。ここ

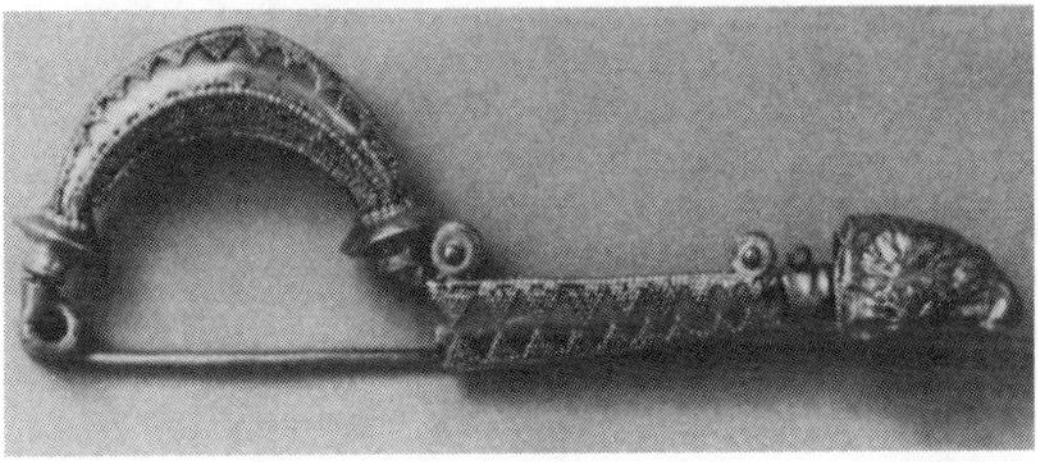

エトルリアのブローチ
再現不能の粒金細工
大英博物館

では、技術が必ずしも時間と共に進化しない例として、古代技術のグラニュレーション（粒金）を、そして最近の細工師の努力の例として、インヴィジブル・セッティングと呼ばれる技術を、見てみたい。

グラニュレーションあるいは粒金と呼ばれる技法は、直径一ミリ以下の小さな金の粒を、別な金の表面に無数に並べることによって、思い通りのデザインを作る技術を言う。これが難しい理由は、微小な金の粒を接着するのが大変なのだ。金の粒が一個なら、あるいは数が多くとも互いに離れているのなら、接着するのは簡単である。蠟《ろう》と呼ばれる、接着する金本体よりも若干融点の低い金属を間にはさんで熱をかけるならば、蠟が先に溶けてくっつく。粒金の難しさは、接着しなければならない粒が多数並んでいることだ。粒と粒との間が一ミリもないのだから、二個目以降の粒をつけようと熱をかけると、最初の粒の蠟が溶けてしまう。また、こんな小さな粒に普通の蠟を使うと、蠟の方が量が多くなり、粒の下から流れ出して他のものにくっついてしまう。無数の金の粒を並べてデザインを作るには、普通の蠟ではない、何か特別な技術が必要なことは、お分かりいただけよう。

不思議なことに、この粒金の技術は紀元前二〇〇〇年頃から紀元一〇〇〇年頃まで、盛大に様々な地域で用いられていたが、その後全く途絶えていた。二十世紀に入って、新しい方法が開発されたが、これとても古代の粒金を作った技術であるとの証明はなく、また実際、近代の作品は古代の遺品と比較すると、その出来栄えは甚しく劣る。

粒金の技術を用いて最も見事な作品を残したのは、古代イタリアの住民であったエトルリア人だ。彼等が残した作品は、古代の金細工品のなかでも一、二を争う名品ぞろいだ。そこで用いられている粒金は、普通のものでも直径〇・二五ミリ、最も細かいものでは実に〇・一四ミリのものまであり、今日復元されたと称する作品でも、ここまで細かい粒金はできない。

接着するための金の粒を作るには、細い金の針金を小さく切り、それを木灰のなかに入れて全体を熱する。灰のなかで自然に微小な金の粒が生まれる。

近年、英国のリトルデールという人物が発見した方法は、金と銅とが接触している部分は、金あるいは銅そのものよりも融点が低くなるという現象を応用したものだ。ただし、紀元一〇〇〇年頃に死滅した技術が、この新しい技術と本当に同一であったかどうかは、分かっていない。今の技術が、数千年も前の技術に劣るとは、他の分野では信じられないような話だ。

爪の見えない石留め

この粒金とは逆に、今世紀になって初めて開発された宝飾品加工技術もある。ジュエリーに宝石をとめるには、爪《つめ》と呼ばれる細い金属で四方から押さえ込むのが普通である。この新しい技術は、主にルビーやサファイアなどの小さな石を密集して埋め込むのに——これをパヴェ（石畳）と呼ぶ——使われるもので、爪が全く見えない。どうしてとめるかと言えば、石の側面に溝を掘って、そこに金属の棒を通すのが普通である。このように、宝石を留める爪が全く見えないように工夫した技法を、インヴィジブル・セッティングあるいはミステリー・セッティングと呼び、一九三五年に、パリの大宝石商であるヴァン クリーフ&アーペル社が開発したものだ。不思議なことに、新しい技術の開発につきものの秘話や特定の技術者の名前も残っておらず、画期的な技術のわりには知られる所の少ないものだ。

普通、宝石を留めるための爪は、石一個に四本あるいは六本が必要であり、一つの細工品に使う宝石が数個程度ならたいして気にもならないが、この作品のように数百個の小さな宝石を集めるとなると、当然爪の数もその数倍となり、非常に気になるものだ。特に、色彩の鮮明なルビーやサファイアを留める爪は、石との色の対比が鮮明になるために、目につきやすい。うるさい爪を完全になくせたら、どれほどすっきりとした細工品ができるだろうと考えたのが、この技術を生むもととなったのだろう。

では実際に、どのようにして宝石を留めているのか。インヴィジブル・セッティングには様々な方法があるが、最も普通なのは、宝石の側面に深い溝を彫り、そこに細い針金状の金属を通して石を固定する。だからこの技術は、金属加工技術というよりも、宝石研磨技術なのだと言える。特にルビーとサファイアを用いて、大きな平面あるいは曲面を使ったデザインを作るのには、最適な技術だ。数千年の歴史のなかで出尽くしたと思われる宝飾品加工技術にも、まだ新しいものの可能性があることを示すよい例だ。

最後に、日本古来からの技法で、近年になって見直されている技術として、また日本もこの面で決して後進国ではないことの証拠として、木目金《もくめがね》という技術を紹介する。木目金とは、様々な色の異なる金属の板を何枚も重ね合わせて、高熱と圧力によって張り合わせ、その塊を曲げたりひっぱったりしたものを、縦、横、斜めに打ち伸したり切ったりして、様々な金属の重なりが作る無作為の模様を楽しむ技法を言う。こう

木目金　三木稔作

◀ミステリー・セッティングのブローチ　ヴァン クリーフ製

した模様が、ちょうど、木を切った時の模様に似ているので、この名前が付いた。木目金を作るのに普通に用いられる金属も、四分一《しぶいち》（銀と銅との合金）や、赤銅《しゃくどう》（黒味銅と純金の合金）などの日本独特の素材で、これらすべてが我が国独特の技術だ。他の工法によるよりも、はるかに複雑な模様を持った金属が完成する。金や銀のように決して激しい自己主張はしないが、いわゆる〝渋い〟金属として、海外の作家から高い評価を得ており、この技術指導のために日本の技術者が海外から招待されているほどだ。この他にも、象嵌《ぞうがん》、七宝などにも日本独自の技術があり、こうしてみると、我が国も決して細工の面では後進国でないことが分かる。

2 珍しい素材——宝石細工師の執念

初めて牡蠣《かき》を食べた人は勇気のある人間だ、と言ったのはスイフトであるが、宝飾品の歴史のなかでも、この牡蠣を食べた人と同じく、大胆な素材に挑戦し、宝飾の世界を広げた人々がいた。ほとんどの場合、そうした人の名前も残っていないが、その執念のほどは、今も残る数多い作品のなかに、しみじみと感じることができる。

竜涎香

竜涎香《りゅうぜんこう》と呼ばれる不思議な物質がある。これは、マッコウクジラの腸内でできる、病的な結石の一種で、古くから動物性香料の材料として珍重されてきた。クジラの体内から排出され、海上を漂流したものが、インド、アフリカ、スマトラ、日本などの海岸に打ち上げられている。特に長い期間海上を浮遊したものが、「ゴールデン・アンバーグリス」と呼ばれ、高級品とされてきた。普通は蠟に似た塊の形で入手できる。この竜涎香は、ほとんどが香料の原料になるが、この塊そのものに彫刻をほどこして、宝飾品の素材とした珍しい作品がある。竜涎香の価値は、西洋でも古くから広く認められており、ミルトンやセルバンテスの作品にも登場している。竜涎香を用いた宝飾品は、ニューヨークのメトロポリタン美術館で展示されている。ペンダント上の六人の人物、そしてチェーン上の珠と台座の部分は、全《すべ》て竜涎香の大きな塊を彫り出したもので、これだけのものを彫り出せる塊は、極めてまれ、かつ高価であったものと推定される。

このペンダントは、十六世紀イタリアの作品を模した有品な贋作《がんさく》であり、様々な名家のコレクションだとして伝えられてきたが、素材が竜涎香であることは知られず、蠟細工であろうと信じられてきた。

竜涎香は、手のなかでしばらく暖めていると、芳香を放つと言われ、このペンダントもまた、使用した人々が時には手で暖めて、その香りを楽しんだものと思われる。誰が贋作者かは不明だが、その制作上のねらいはよく分かる。現在はニューヨークのロバート・リーマン・コレクションに入っている。

べっこう

櫛《くし》やかんざしの材料として、また最近では眼鏡のフレームの素材として、べっこうは、日本人にはなじみの深い素材だ。べっこうは、タイマイと呼ばれる大きな亀《かめ》の甲羅であり、西洋でも古くから知られていた。プリニウスの『博物誌』でも、海産物中の重要なものの一つに、取り上げられている。しかし、古い時代のものを除けば、その後、べっこうが西欧で高い評価を受けた記録はない。むしろ、日本を含む東洋諸国で、使い方や細工の技術が発達した。

このべっこうの上に、金や真珠母貝などをはめこんだものが、ピクエだ。これは東洋には存在せず、ルイ十四世時代から十九世紀末までの西欧で用いられた。べっこうには慣れていないはずの西洋人が東洋にはない技術を生んだ、珍しい例である。

べっこうは加熱すると軟らかくなる。この性質を利用して、べっこうの板の上に金属または真珠母貝などの材料を、デザインに合わせて並べ、そこに熱湯を注ぎながら、デザイン部分を押し込んだのではないかと想像される。想像というのは、この技術そのものが、特定の職人の秘伝に近い形で伝承されたこともあって、現在では完全に死に絶え、確実なことは不明だからだ。

ピクエでは、べっこうのなかでも甲羅の部分の色の濃いものを使い、金や銀との鋭い対比をデザインとしている。現在では、わずかに骨董品として流通しているのを見るのみだ。

真珠母貝

英語でマザー・オブ・パール、訳して真珠母貝と呼ばれる素材がある。簡単に言えば、貝殻の内側の光る部分だ。真珠は、貝の体内に異物が入った時、貝が貝殻と同じ物質を異物のまわりに分泌《ぶんぴつ》して身を守ることから生まれる。この事から考えれば、美しい真珠を作れる貝は、真珠と同様の美しい貝殻を持っているはずだ。事実、美しい

竜涎香で作られたペンダント

ピクエを用いたブローチ

真珠を産する貝、たとえば、白蝶貝《しろちょうがい》、黒蝶貝、それに鮑《あわび》などは、全て見事な母貝を持っている。また、この母貝は自由に切ることができるので、デザインに必要な大きな面を作ることが容易だ。

真珠貝の採取事業は、かつては真珠産業そのものと並ぶくらいの大産業であった。真珠の項でも述べたが、一九〇六年の世界の推計によれば、産地価格で真珠そのものが八百十万ドル、これに対して真珠母貝の方も、その半分弱の三百六十万ドルに達していた。たとえば、太平洋南部のツアモツ諸島だけでも、真珠と貝の採取を業とする島民だけで四千名、毎年四百五十トンほどの貝を採り、これがロンドンに送られて、実に六万五千ポンドという価格で売られた。

これほどまでに真珠貝が求められた理由は、装飾品に用いられたためでもあったが、一八九〇年代に、真珠貝からボタンを作る技術が開発され、そのための需要が急増したことにもよる。アメリカの淡水河川で、真珠を産出する貝が絶滅したのも、このボタン産業の原料として、貝が乱獲されたためだ。

真珠母貝を装飾品に用いた例は、古くは紀元前四〇〇〇年のウルやヌビアの遺跡から出土しているが、十四世紀以降、ドイツなどで宗教上の場面などを彫り込んだメダルの素材となった他は、小箱や家具などの装飾に用いられるだけであった。宝飾品の素材として大きく再登場するのは近世のことで、アール・ヌーヴォーの時代になってからだ。代表的なものとしては、中国や日本から伝統的なデザインや技法を学んだカルティエが、この時期に作った時計、化粧品ケースなどの実用品がある。またパリに住んでいたロシア人で、ウラジミール・マコウスキーという職人が作った、母貝を様々な色彩に染めて他の石と組み合わせて作った風景画のモザイクは、母貝という素材の持つ良さと自由さを、最も良く示したものだ。

人骨

人骨を用いて装身具を作るという発想は、少なくとも死者の葬儀が土葬や火葬である民族からは出てこない。理由は簡単、骨が入手できない。土葬の場合、物理的には可能だが、心理的には大きな抵抗がある。こうして考えると、世界で唯一《ゆいいつ》、鳥葬という奇習を持つチベット族が、装身のために人骨を用いたというのも、理解できないことはない。鳥葬では、骨は普通はくだいて鳥に与えられるが、その一部を意図的に残すことは容易だ。

チベット人は、人骨に対して宗教的な禁忌を持たないようだ。装身具の他、楽器などにも人骨を使用した例が多い。

マコウスキー作の化粧品入れ　様々な色の真珠母貝を組み合わせてある

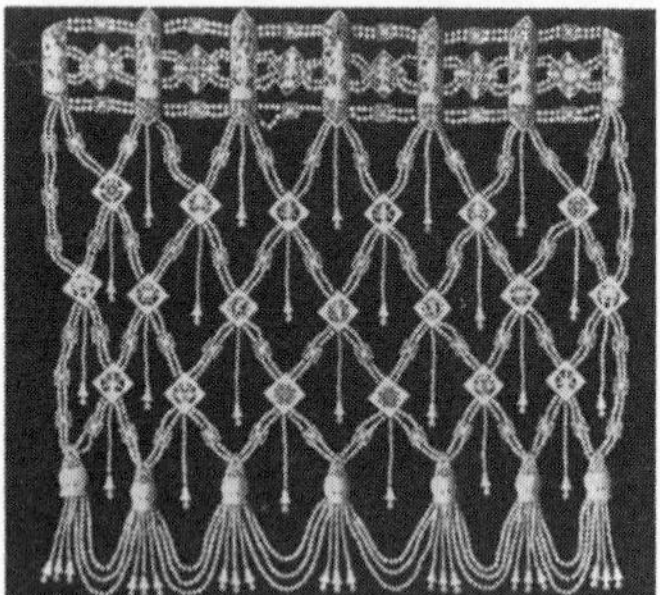
チベットの人骨を用いた装身具
コペンハーゲン国立博物館

もともと、チベットの人々は装身具が好きな民族で、銀製や半貴石を用いたおびただしい数の装身具を、老若男女や地位を問わず、普通に使用している。こうしたなかで、人骨の装身具は普通のものと若干違って、聖職者が一種の祭祀《さいし》用《よう》装身具として用いるものらしい。輪切りにした長い骨に糸を通してネックレス状にしたものに、仏像、神像、動物、人面などを少し大きな平たい骨に彫刻した部品をまじえ、それをさらに左右につなぎ合わせて、一種の衣服の形で身体全体を覆《おお》う。デンマーク国立博物館が完品として持っているものは、頭上の宝冠、大きな耳飾、首飾、左右の腕輪、胴衣、そして腰から下を覆うスカート状のものから成り、全身を完全にカバーしている。

チベットは天然の素材が乏しい国ではない。どう考えても、人骨まで使用しなければ装身具が作れなかったわけではない。だから、敢《あ》えて人骨を用いて身を飾るものとした裏には、なんらかの宗教的理由があったはずだが、分からない。どう見ても、我々の感覚からは正常とは言いがたく、鬼気迫る代物である。

カメオ

カメオは、我々日本人にもなじみの深い装身具だ。イタリア観光の土産物として、肌色の貝に女性の横顔を彫り出したブローチなどを、カメオと思われている方も多いだろう。だが、これは大いなる誤解だ。

カメオは、もともと、物の名前ではない。デザインとなる絵の部分を上に彫り出した手法をカメオといい、逆に台の下へと彫り下げたものをインタリオと呼ぶ。インタリオの方がはるかに古いが、共に紀元前からある技術だ。だから、素材が何であっても、デザインの絵が浮き出たものは全てカメオであり、実際には、オニックス、象牙《ぞうげ》、ラーバと呼ばれる溶岩、さらにはエメラルドやアメシストなどの宝石のカメオもある。これらのなかで、最も普通に用いられる素材が、縞《しま》メノウと南洋産の大型の貝だ。この素材に共通しているのは、縦に切ると異なる色彩の層が重なっていることにある。だから、こうした素材を水平に上から彫ってゆくと、彫る深さによって、層の違いから色が変化する。これを利用して、台の部分とデザインの部分とを対比させたのが、普通に見られるカメオなのだ。カメオとは、貝でも石でもなく、ラピダリーと呼ばれる、石に様々な人工的な彫りを行う技術の一つである。

インタリオの技術は極めて古く、紀元前四〇〇〇年のバビロニアの円筒印章に始まる。カメオの技術はもう少し新しく、アレキサンダー大王時代のギリシャに始まる。共にラピダリー技術のなかでは、最古のものに属する。こうした、一つの石の様々な色の違いをうまく利用して具象デザインを作る技術は、中国の玉《ぎょく》の彫刻にも見られる。天然の素材の特徴に目を付けて、それをうまく利用することで、自然にはない美しさを作り出した古代の技術者の努力が、今日のイタリア土産に残っているのだ。

七宝

エナメル、または七宝という技術も、今日では多くの土産品や実用品に用いられており、存在を意識するしないは別として、日常品にすぎない。しかし、この技術はきわめて古く、実に様々な種類がある。

エナメル（琺瑯《ほうろう》という中国名もある）は、一口に言えば、金属の表面に液状にしたガラスの粉末を高温で溶かし付けたものだ。素材的には高価なものでも珍しいものでもなく、いわゆるガラスにすぎないが、古くから金属面に多彩な色を付ける技術として、宝飾品の一部に広く使用されてきた。

このエナメルで最も普通なのは、細い金属の線でデザインの枠を作り、その中にエナメルを入れて焼き付けるクロアゾンネ（有線七宝）だが、金属面に彫り込みを入れ、そこにエナメルを入れるシャンレーヴ（彫金七宝）や、さらには、地金の表面に美しい模様を彫り、その上に半透明のエナメルをかけて下の模様が見えるようにしたバスタイユや、エナメルを枠だけで支えるので底がなく、ステンドグラスの様に透けて見える、アジュールと呼ばれる大変にもろいものなど、数多い技術が開発されてきた。

このエナメルの技術がいつ頃からあったのか、正確には分からない。紀元前一二〇〇年頃、すでにキプロスで有線七宝が用いられ、エジプトの新王朝時代の遺品にも七宝が用いられた形跡がある。はっきりしない、という言い方をせざるを得ないのは、ガラス質が年月と共に退化して消滅してしまうからで、遺物の一部に七宝が使われたのか、単なる金属だけなのかが断定できないからだ。現存する、はっきりと七宝が残った最古の装身具は、紀元前五世紀のケルト族のものだ。

有色ガラスの製法を人間が知ったのは、紀元前二〇〇〇年の頃だ。おそらく、最初のエナメルは、こうしたガラスの粉末か破片が、偶然に金属板の上で溶けてくっついたことから始まったものと推定される。この単純な偶然を練りに練って、今日の精緻《せいち》なエナメル技術を作りあげた人間の能力と執念には、感心せざるを得ない。エナメルは、宝飾品のような小さな物よりも、大きな面を持った物に使った方が一段と映える。代表的な作品として、十五世紀のジョージア（グルジア）のイコンをあげておこう。

竹

最後になるが、現代の作品を一つ。竹を使った宝飾品だ。世界で最も権威のあるデザイン・コンテストである「ダイヤモンド・インターナショナル賞」に、日本から入賞したもので、竹のふしの所にダイヤモンドが埋めこんである。ダイヤモンドという無機物と、竹という有機物との対比が、他の素材にはない人間的な感じを与える。竹に昔からなじんできた、日本人ならではの作品である。実験的なものも含めて、外国にはないデザインだ。

非常に駆け足で、手当り次第に、様々な素材を取り上げてきたが、どんな感想を持たれたであろうか。宝飾品は宝石と貴金属で作ったものには違いないが、いつの世に

エナメルを使ったジョージアのイコン（上左、上）

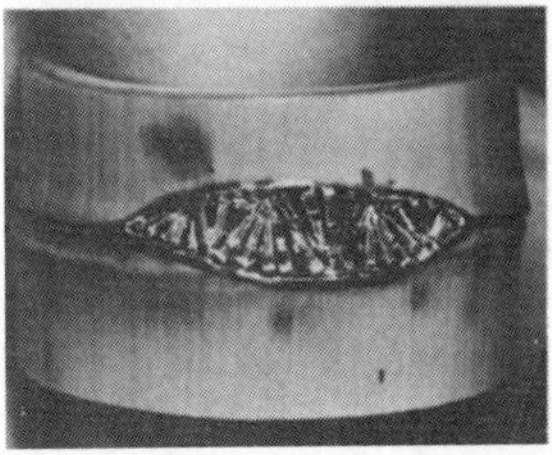

◀竹を使ったブレスレット
疋田妙子デザイン

も、皆と同じものは嫌だ、人と違うものが欲しい、という人間にはことかかない。すでにあるものをひとひねりするか、これまで存在しないものを探してくるか、だれも使おうとしなかったものを敢えて使ってみるか、方法は様々だが、共通して感じられるのは、何としても人様と違ったものを身に付けたい、そしてそれによって装身の一つの目的である、自己異化を果したいとする使用者の気持ちである。それを、この項で取り上げた素材の脈絡のない広がりのなかに、感じ取っていただけたであろうか。

3 宝石狂の人々――すさまじき浪費

王様達の浪費

海外で政変によって独裁的な政権が倒れると、権力をほしいままにしていた支配者一族の腐敗ぶりが明らかになることがある。たとえば、一九八六年、フィリピンのマルコス政権が崩壊すると、イメルダ夫人の贅沢《ぜいたく》な浪費ぶりが公開され、夫人が来日した時に東京で南洋真珠を買いあさったことが、浪費の典型として一部マスコミに取り上げられていた。このこと自体はたしかにスキャンダルであろうが、世界的な贅沢の水準から見れば、これしきの宝石狂いなど、単なる成り上り者の発作的な浪費にすぎない。歴史に残る皇帝や王、権力者、大富豪などの浪費、特に、宝石に対しての人に知られざる狂いぶりは、とてもこんな程度の規模ではなく、我々の想像や常識をはるかに超えたものだ。

今日、世界中にわずかに残っている王家は皆、知られざる宝石の大収集家だ。批判を避けてか、あまり公表されることはないが、何代にもわたって蓄積された宝石の数々は、我々を仰天させるものだ。唯一の例外は我が国の天皇家で、この点では世界で最も質素であるといえよう。こうした各王室中で最も巨大な宝石のコレクションを所有していたのは、今はなきロシア帝国のロマノフ王家だった。ロマノフ王朝は、一六一三年から一九一七年までの三百年の、比較的短命な王朝であった。

一九一七年にロシア革命が起ると、多くのロシア貴族達は莫大《ばくだい》な財宝をかかえて国外に逃亡したが、ロマノフ王室最後の皇帝となったニコライ二世とその家族達は、全財産もろとも、レーニン率いる革命政府に捕えられた。すると、革命軍が皇帝の財産を勝手に私物化している、との反革命派からのデマが早速に流れた。基盤の弱い革命がこんなことでぐらつくのを恐れた革命政府は、革命の煙がいまだおさまらない一九二五年に、ロマノフ家が代々所有していた厖大《ぼうだい》な宝石と宝飾品の目録を作り、公表した。この目録ほど、世界史に残るような宝石の収集というものが、いかにすさまじい量たるかを如実《にょじつ》に示すものはない。

この時に集められた宝石・宝飾品は、総数で四百六個、最も多いのはブローチで七十四個、王冠三個、ティアラ十二個、首飾十六個などであった。それらに使用されていた宝石は、ダイヤモンドが合計二万五千百カラットで、そのうち最上質の大石だけ

シャー・ダイヤモンド

で千五百カラット、エメラルド三千二百カラット、サファイア四千三百カラット、スピネル千三百カラット、天然真珠六千三百カラット、ルビーはどうしてか好まれずに、わずか二百六十カラット、その他の半貴石類は正確な勘定すらされていない。なかでも、歴史的に特に有名なのが、「オルロフ」と呼ばれる百九十九カラットのダイヤモンド、それに最も硬い物質であるはずのダイヤモンドの表面にイスラム教の聖句を彫り込んだ、「シャー」と呼ばれるダイヤモンドである。

革命以前の、単なる農業国にすぎなかったロシアで、こうした宝石を買い、宝飾品を注文するための費用がどこから得られたかは、自明のことだ。ほとんどが動物以下の扱いしか受けていなかった農奴――彼等は実際に土地と共に売り買いされた――から、搾《しぼ》り上げたものだ。ロシアにおける皇帝の豪奢《ごうしゃ》とそれを支えた農奴の悲惨さとは、人類史上、最大の不平等の一例だった。このコレクションの他に、ファベルジェの項で扱ったファベルジェの全作品も、ロマノフ家最後の皇帝二人、アレキサンドル三世とニコライ二世が注文したものだ。

オスマン・トルコの秘宝

さらにもう一人、ロシア帝国に負けず劣らずの不公正なる封建社会にあって、歴史に残る巨大な宝石コレクションを残した君主がいる。これもすでに滅亡してしまったオスマン・トルコ帝国最末期のサルタンであったサルタン・アブドル・ハミト二世である。彼は末期オスマン帝国の腐敗と無能を体現したような人物であったが、一九〇八年に、青年トルコ党の反乱により、パリに亡命した。

末期の悲惨な状態だけを見ていると、このオスマン・トルコ帝国は帝制の愚かさを体現するだけの帝国に見えるが、一二九九年から一九二二年までの六百年以上のあいだ、現在のイスタンブールを中心として栄えた巨大な王朝であった。最盛期に支配した領土は、ハンガリーからイラクまで、さらにはアフリカの地中海沿岸と紅海沿岸を含む巨大なもので、文字通り世界の富を集めた。

ハミト二世の亡命はうまくいった。彼は亡命後の生活の資にするために、オスマン帝国歴代の宝石を持ち出した。そのなかで、特に巨大かつ有名なダイヤモンド三個、

「アイドルズ・アイ（七十カラット）」、「スター・オブ・ザ・イースト（九十四カラット)」、それに世界最高の青色のダイヤモンドである「ホープ（四十五カラット)」を、特使に持たせてパリに先行させた。だが、サルタンの権威が落ち目なのを見越したのか、この特使となった男は、三個のダイヤモンドを持ち逃げした。結局、ハミト二世はこのダイヤモンド三個からは、一銭の金も入手できなかったわけだ。だが、彼はこの他にも、莫大な量の宝石類を持ち出し、それを亡命先のパリで売却した。

現在、イスタンブールのトプカピ宮殿には、ちょうどおにぎり大のエメラルドを始めとして、大量の宝石が展示されており、訪れる人々を仰天させているが、これはハミト二世が〝うっかりと持ち出すのを忘れた〟分にすぎないのだ。パリでの売却用に作られたカタログを見ると、その富のすさまじさには驚かざるを得ない。総数で四百十九個が売却され、そのうちでダイヤモンドの裸石だけでも、最小五カラット、最大八十カラットまでのものが百五個もあり、文字通り、砂利同然にごろごろしている。

ハミト二世がこうした財宝を売却した時には、オスマン帝国はまだ存続していたのだから、こうした宝石が国家のものか個人のものか、一顧だにしないサルタンの態度は、よく言えば堂々たる王者の風格、悪く言えば公私混同の支離滅裂を感じさせる。

ペルシアのコレクション

一九七一年、まだイランがパフラヴィー王朝治下の頃に、イラン建国二千五百年の記念祭が、ペルセポリスの遺跡で盛大に行われた。これは古代のキュロス二世から、連綿として続く王朝であると自称するパフラヴィー国王が勝手に祝ったもので、もちろん、王朝そのものが続いていたわけではない。そして、古くはペルシアと呼ばれたこのイランの首都テヘランにも、人に知られざる、世界屈指の大宝石コレクションがある。

このコレクションは、十六世紀初めに興隆したサファヴィー朝の頃から集められ、アフシャール朝の祖であったナディール・シャーによるムガール帝国侵略、ついでデリーを陥落させた戦争により、ムガール帝国の莫大な宝石が加わったものだ。一九七九年に追放されたモハンマド・レ

金と宝石でかためた地球儀
直径約45㎝

ザー・パフラヴィーは、一九二五年にトルコ系のカージャール朝を倒して政権を取ったパフラヴィー朝の二代目にすぎず、古代のアケメネス朝ペルシアとはなんの関わりもない。

しかしながら、この長きにわたって累積《るいせき》された莫大な宝石は、パフラヴィー国王の手に渡り、一九六〇年までは、同王室のものとして極力人目につかないよう保存されてきた。が、その後、国王はこれをイラン国立銀行の地下金庫室を展示場として、一般に公開した。幸いにイラン革命後も散逸することなく、展示が続いている。一見すればすぐに分かるが、このコレクションはルビー、エメラルドなどの色石に極上質《きしょう》のものが多く、色石のコレクションとしては、世界最大のものであろう。宝石とは稀少性の高いものという事が、まるで嘘《うそ》に思える量である。

このコレクション中で、飛び抜けて異彩を放っているのが、巨大な宝石の地球儀だ。全体の高さ約百十センチ、地球の部分の直径約四十五センチの大きなもので、三十四キロ以上の純金の上に、合計で五万個を超える宝石が埋めこまれている。地球の海の部分は全てエメラルド、陸地は原則としてルビーまたはスピネルの赤色の石で、イランと英国、それにフランスだけはダイヤモンドが用いられ、なぜかサハラ以南のアフリカはサファイアが用いられている。

これは一八七四年頃に、カージャール朝時代にナーセロッディン・シャーの命により作られたものだが、その制作の理由が実にふるっている。なんと、無数にある宝石が、裸石のままでは紛失しやすいから、とりあえず何かに作っておけばなくなることはないだろう、という理由で作られたのだ。まじめに考えるのが馬鹿らしくなる話ではないか。

知られざるコレクター

こうした、世界史に残るような王や皇帝達の例を見ると、本当の豪奢や贅沢というものが、いかに驚くべきものかが分かる。これと比較すると、イメルダ夫人の靴が何足残っていようと、所詮《しょせん》、成り上り者のショッピングにすぎない。

実は、現代にも、ここに述べた三人（というか三王家というべきなのか）をしのぐと思われる宝石を所有している王家がある。英国王室だ。英国に行かれた方ならば、ロンドン塔の地下室に展示されている王冠を始めとするおびただしい量の宝石に、びっくりされたこともあるはずだ。だが、あれは英国王室の所有する宝石のうちではほんの一部にすぎず、その数倍に及ぶ宝石類が英国王室の一族の手にある。

これらにはもちろん歴代の品もあるが、その主体はヴィクトリア女王以降、当時の大英連邦を構成していた植民地（主としてインドや南アフリカなど）から献上されたものだ。さすがに、シャーの地球儀といった人を驚かすような品物はなく、正統的な実際に身に付けられる宝飾品が多い。ただ、その全容が完全に公開されてはいないので、全体としてどのくらいあるのかについては、推測の域を出ない。

ロシア王室は滅び、オスマン帝国もサルタンも消滅した。そして王の中の王（シャーハンシャー）と自称したイランの皇帝も革命のなかに消えた。こうした事実をとらえて、これほどの宝石を国民の貧困を無視して集めるような、不正と不公平とがまかり通った社会は、すべて滅びるのが当然だと言うことは簡単でもあり、また歴史的帰結でもあろう。

だが文化という面だけをとらえると、どうにも奇妙な事実に気がつく。例えば、帝政ロシアと革命後のソ連邦とを比較してみるとよく分かる。ここで述べた宝石類、また別章で取り上げたファベルジェの傑作が、帝政ロシアの社会から生まれ、それ以外にも、文学の分野ではトルストイ、ドストエフスキー、チェホフが生まれ、音楽の分野ではチャイコフスキー、ラフマニノフが生まれたのに比較して、そうしたロシア帝政期の不正を排除し、平等なる社会を作り上げたと称するソ連邦から生まれた文化に、さして見るべきものがない――私の偏見かもしれないが――というのは、何故《なぜ》なのであろうか。

キャロル・リードの名画「第三の男」に登場する悪党を演じたオーソン・ウェルズが、映画の中でこんな名台詞《めいぜりふ》をはいた。イタリアにおける数百年の戦争と流血とはルネッサンスを生み、スイスにおける数百年の平和は、鳩時計を生んだ、と。原作者グレアム・グリーンの言によれば、この台詞はグリーンの脚本にはなくウェルズの創作であり、この文句を加えることを条件に、ウェルズは出演したらしい。芸術や文化というものが、必ずしも社会的正義や安定のなかから生まれるものではないという苦い真実を、ずばりとついた言葉だ。どうも近世以降の宝飾品には、こうした面が極めて強い。

モルガン・コレクション

このような前近代的な王侯や皇帝の世界を離れた近代産業社会においても、こうした王や皇帝に近い経済的実力を持った人々がいた。アメリカの資本主義興隆期における大資本家だ。ロックフェラーを代表とし、今日においてもアメリカの社会を実質的に支配する、こうした大資本家の集めた富は、様々な法的規制がある今日では、ちょっと想像がつかないほどに巨大であり、彼らはそうした富を背景として、文化遺産

――特に自分達の祖先の地である欧州の――を集めまくった。そうした大富豪の代表として、Ｊ・Ｐ・モルガンがいる。

　ジョン・ピエモン・モルガンは、十九世紀末から二十世紀初期にかけてのアメリカ産業興隆期の銀行家であり、アメリカ財界の調整役となり、産業の集中によって、アメリカ資本主義を安定、拡大させた大立者であった。今日のモルガン銀行は、彼の活動の本拠地の末裔《まつえい》だ。モルガンは一九一三年に死去したが、その遺産は当時の金で七千万ドルに達した。彼は生前、実業家として多忙な日々を送るかたわら、極めて優れた美術収集家として、その巨大な資産を用いて厖大な数の美術品をアメリカに集めた。メトロポリタン美術館が今日あるのは、モルガンの援助によるものである。彼の美術品収集は、一種の病的ともいえる集め方であり、美術品のみならず、稀覯本《きこうぼん》、鉱物見本、時計にまで及び、そのうち稀覯本は現在、ニューヨークのモルガン・ライブラリーにあり、鉱物見本はやはりニューヨークの自然史博物館に、世界でも最高級の収集品として収まっている。

　モルガンはまた、中世からルネッサンス期にかけての宝飾品及び金属工芸品の最上のもののみを集め、一九一〇年に、私家版のカタログを作って公表した。集められた品物は、全て完品で質的にも一流のもののみ百十六点、なかでも最も注目に値いするのは、すでに「珍しい素材」の項で扱った、おそらくは世界で唯一と思われる、竜涎香を彫り込んで作ったペンダントだ。この他にも、ザクセン王国のクリスチャン二世のために作られた金製首飾、さらには最上質のカメオや七宝を使用したブローチやペンダントなど、現存する中世以降の宝飾品のなかで最高のものがそろっている。

ただ、このモルガン・コレクションと最初に取り上げた三王家のコレクションを比較すると分かることだが、モルガンの富をもってしても、三王家のように、自分のものを新しく作らせることはできず、すでにある最上のものを集めたにすぎない。いかにアメリカが当時の世界の富を集めたとしても、自ら宝飾品を作り出すだけの技術者も文化的背景も持たなかった。このあたりがアメリカ文化の限界であり、逆に、欧州や中近東文明の伝統のすごみである。

成金アメリカ

二十世紀に入ってから一九二九年の大恐慌《だいきょうこう》にいたるまでの約三十年間ほど、アメリカ人が自信に満ち、世界を、特に欧州を闊歩《かっぽ》した時代はない。ヘミングウェイ、フィッツジェラルドなどが描いた、一〇年代、二〇年代の欧州を舞台とした作品にも、この自信ははっきりと現れている。もちろん、それとは裏腹の、欧州の文化・伝統に対する劣等感も深いが。

こうした時代を背景として、欧州の貴重な宝石をアメリカにもたらした若いアメリカ人の夫婦がいた。ワシントン・ポスト紙のオーナーであったマックリーン家の息子であるエドワード・マックリーンとコロラド州のカンプ・バード金鉱のオーナーであったウォルシュ家の娘エヴァリンは、一九〇八年に結婚すると、それぞれの家から十万ドルという大金を贈り物にもらい、欧州に新婚旅行に出掛けた。共に二十二歳の若さであった。十万ドルは、今日でも大金であるが、その頃なら、どれほどの大金であったか、想像されたい。

マックリーン夫人は、新婚旅行が終りに近づいた頃、父親から結婚の贈り物をもらい忘れていたことを思い出し、「スター・オブ・ザ・イースト・ダイヤモンド」をパリのカルティエで買ってしまった！　これはかのサルタン・アブドル・ハミト二世が、パリへの移送中に盗まれたものだった。一体、盗品であることがはっきりしているダイヤモンドを、こう堂々と売買してもよいのか、日本人ならば首をひねるところだ。支払った金額は十二万ドル、もちろん、前の現金とは別に父親が払ってくれた。

これに味をしめたカルティエは、さらに「ホープ・ダイヤモンド」の売り込みをはかった。最初にパリで見せられた時には関心を示さなかったマックリーン夫人も、ピ

アブドル・ハミト二世

J・P・モルガン

マクリーン夫人

エール・カルティエ自身がデザインを作り変えてワシントンまで持参し、一週間ほど勝手に使っていただきたいと置いてゆくに及んで、ホープの魔力に取りつかれる。彼女はついに、ホープ・ダイヤモンドも買い入れてしまう。近年公表された資料によれば、買い値は十八万ドル、ただし、七年近い長期の分割払いであった。

それにしても、たかが二十代の若者が、歴史に残るダイヤモンドを二個も買うことができたという事実は、当時のアメリカの若さと豊かさを物語るものではないか。マックリーン夫人は、この二つのダイヤモンドを、無造作に上下につないだだけで、一つの首飾として使用した。

だがこの若夫婦にも、人生の翳《かげ》りが訪れる。一人息子は九歳で自動車にひかれて死に、残った娘も二十五歳の時に睡眠薬の飲みすぎで死去、夫のマックリーン氏自身、後年には精神に異常をきたして、メリーランド州の精神病院で死んだ。まるで、フィッツジェラルドの小説を地で行くような生涯で

1985年に市場に出たダイヤ

あった。

夫人自身は、人の意表をつくことが大好きな性格で、ホープ・ダイヤモンドを見に自宅に人が来る日には、このダイヤモンドのついた首飾を、わざわざ愛犬のグレートデンに首輪がわりにつけさせたという。犬こそいい迷惑だったろう。

これまでに述べてきたような、大金持ち達の宝石への狂いぶり、浪費ぶりは、決して過去のものではない。最近でも、人知れず、巨額な取り引きが世界中で行われているのだ。

一九八五年十一月に、ジュネーブでの競売に一つのダイヤモンドが売りに出された。「ホープ」と同様に、青色のダイヤモンドで、重量四十二・九二カラット、落札された価格は千百万スイス・フラン（約十億円）であった。誰が最終的な買い手であったのか不明であるが、現実にこれだけの大金と品物が、軽々と動く世界が存在しているのである。

4 デザインの話――繰り返しの歴史

コピーか影響か

すべての芸術は模倣から始まると言った人があるが、これこそ宝飾品デザインにぴったりの言葉である。こう言えば、デザイナーや業界の人々から怒られるであろうか。だが、模倣は芸術の始まりとも言う。宝飾品デザインの歴史は、こうした繰り返しの歴史なのだ。

宝飾品は数千年以上も昔から存在しており、人間の身体への付け方である使用法は、エジプト、メソポタミアの頃から全く変化していないのだ。しかも、宝飾品は極めて小さい。普通のもので最大でも、ブローチで五センチ角、首飾でも幅二〜三センチ、長さ五十〜六十センチのものにすぎない。このなかで、何をどうデザインしてみても、作れるデザインの数には限りがある。もちろん、新しい素材が出現したり、全く新規の技術が開発されて、一見類似はしていても全く異なるものが作られてはいる。だが、基本的に、宝飾品のデザインにたずさわる人々の苦労はご理解いただけるであろう。何せ、宝飾品は本当に小さい品物なのだ。

毎年日本だけでも、新作として公表される宝飾品のデザインは万を越え、その多くは商品として世に出てゆく。だが、その九十九パーセントのものは、新作でもなんでもなく、これまであった他のデザインを焼き直したり、切り離したり、くっつけたりしただけの、怪しげなる〝新作〟なのだ。ただ、現在のデザイナーや企業を非難しているととられては困る。宝飾品の歴史は、こうした先人の残した作品やデザインを、換骨奪胎して繰り返し用いてきた歴史だということを言いたいまでだ。決してコピーなどと呼んではいけない、影響を受けたデザインと呼ぶのが正しい。

もちろん、こうした過去への執着に真っ向うからさからうデザイナーも多い。「モダン・ジュエリー」（第Ⅲ章8節）で取り上げたデザイナー達は、独創的なデザインに熱心に取り組んでいる。だが、日の下に新しきことなし、の言葉の通り、最新かつ独創的として公表されるデザインが、原始的とされる民族が日常に使っているもののデザインに酷似している、といったことが大変に多いのも事実だ。近代の宝飾品の歴史の上でも、過去からの伝統的なデザインを取り入れて、新しいものを作ろうとする様々な努力がなされてきた。

〝時代主義〟デザイン

英国で、ヴィクトリア朝時代の後半期を通じて、古代の宝飾品を主題としたデザイン、場合によっては、完全なコピーと言ってもよいようなデザインの宝飾品が、大量に作られ、一つの流行となった時代があった。こうした作品を現在では、時代主義――ヒストリズム――のデザインと呼ぶ。この流行を作り出し、数々の名作を残した、宝飾品製作史に残る二人の天才がいた。前にも触れたカステラーニとジュリアーノの二人だ。

一八三〇年代のことだ。ローマ近郊の自分の屋敷から発掘されたエトルリア時代の

カステラーニ作のブレスレット

ジュリアーノ作のペンダント
共にフォルツハイム装身具美術館

宝飾品一式を身に付けてさる王女が社交の場に現れた時、人々はその美しさに仰天した。早速に自分も欲しいと言う人が続出したが、本物がたくさんあるわけがない。当然、コピーの需要が生まれた。カステラーニは、フォルトナトとアレッサンドロの二代にわたる細工師であるが、その仕事の始まりは、どうもこのコピー作りであったらしい。ただ、すぐに後援者を得て本格的な細工場を持った。フォルトナト・カステラーニは、一八三六年にチェルベトリで発掘されたエトルリア時代の金細工品の鑑別に立ち会った。これがカステラーニにとって、本格的なエトルリアの金細工品、特に粒金と呼ばれる神秘的な技術を用いて作られた細工品に初めて出会う機会となった。その後の彼の一生は、この粒金の秘密の解明と、その復元による作品作りに捧《ささ》げられることとなった。彼とその息子の工房は大いに繁盛し、古代の技術とデザインとを応用して作った端正な作品は、今日でも多く残っており、骨董品《こっとうひん》として高い値がついている。古代のお手本が持っていた粗さは消え、見事なまでの精緻さを見せているが、お手本である古代の遺品が持つ、粗野ななかにも見られる優美さはない。

カルロ・ジュリアーノはナポリ生まれのイタリア人で、初めカステラーニの工房で働いていたが、師匠と共にロンドンに移住、やがて独立して独自の作品を残した。彼の作品は、主としてルネッサンス期の、後にはヘレニズム期ギリシャの宝飾品のデザインに大きく影響を受けたものだ。ルネッサンス期の作品を模したものでは、白と黒のエナメルの使い方、そしてギリシャの作品を模したものでは、金の鎖や、さらには打ち出しによる広い面を持った金の細工に、天才的な制作技術を発揮したものが多い。ジュリアーノはまた多く真珠や宝石を使用したが、それは宝石の価値を認めたからではなく、作品に必要な色彩を得るためであった。宝石そのものの価値にこだわった同時代の作家とは異なっており、この点でも、彼は中世以前の細工師たちと同じ宝石の扱い方をしている。

この二人が作った、いわゆる時代主義の作品は、カステラーニのエトルリア風にせよ、ジュリアーノのルネッサンス風にせよ、実に見事な出来栄えであり、技術的には完璧《かんぺき》に近い。参考にした遺品を知らずに、彼等の作品だけを見ると、何と見事なデザインと完成度かと感心するが、お手本を知ると、微妙な味わいが欠けているのに気づく。このあたりが〝影響を受けた〟作品の限界なのであろう。

エジプト・ブーム

古代エジプトの王達の墓から盗掘された美術品は、十九世紀以前すでに、色々な形で西欧にも流入していた。そうした作品から得られた、様々なエジプト特有のデザイン・モチーフは、ピラミッドやオベリスクを代表として、西欧の美術、工芸のデザインとして繰り返し使われていた。最初にエジプト模様が流行したのは、ナポレオンのエジプト遠征の頃で、第二回目は十九世紀後半にスエズ運河が開通し、エジプトを含む中東全体に人々の目が向いた時であった。

欧州でのエジプト・ブームはさらにもう一度あった。一九二二年にツタンカーメン王の墓が発掘され、史上最も完全と言われる莫大な遺品が発見された後のことだ。最初の二度の時は、エジプトの文物の直接的な模写が多かったが、三度目の時には、宝飾品の技術も進んでいたせいか、直接のコピーは少なく、デザイン・モチーフの応用が多い。

エジプトの宝飾品には際立《きわだ》った特徴がある。すべてが、単なる装飾のためではなく、実際的な目的があって作られ、使用されたのだ。それは悪《あ》しきものから人間を守るためのものであった。彼等は死後の世界を信じたので、当然、埋葬品のなかに必ず宝飾品が含まれた。呪術《じゅじゅつ》的な力があると彼等が信じていた、独特のシンボルをつけたブレスレットやアームレットが大変に多い。

そうしたエジプト独自のシンボルの代表とされるのがスカラベだ。これはコガネムシの一種で、エジプト人が太陽神を象徴するものとしてあがめた。その理由はエジプ

スカラベ・モチーフを用いたブローチ
カルティエ製

ト語で両者の名前が似ていたことに由来するという説と、この虫は自分の食料を球形にして巣まで押してゆくが、その姿がちょうど太陽が進むのに似たことからとする説があるが、どちらにしても、エジプト人にとっては神であった。彼等は、このスカラベを、石を刻んだりファヤンス焼きで作ったりして、御守りとした。十九世紀以降、復元されたデザインでは、金を打ち出して作ったものが目につく。

このスカラベの他にも、コブラ、蠅《はえ》、蓮の花などのモチーフが、エジプトのデザインとして何度も復元されて使われている。また、よく見かけるデザインとしては、人間の頭を持つ鷹《たか》、バーと呼ばれる死者の魂を表現したものがある。

エジプトの宝飾品のもう一つの特徴は、色彩の多様なことだ。主にファヤンスと呼ばれる焼物が使われたが、その他には、人間の血を意味する赤のカーネリアン、植物を意味する青のトルコ石、そして空と海とを示すラピスラズリの三種の石が広く使われた。こうした、オリジナルで使われた色は、後に復元されたものでは、ほとんどがエナメルで表現されている。

日本趣味

欧州の人々のなかで、自国の文化に最も自信を持っている民族――時には鼻持ちならないほどに――は、フランス人だ。そうしたフランス人も、昔はもう少し自分の知らないものに、率直に驚き、自分の文化に取り入れようとした時代があった。アール・ヌーヴォーの時代だ。日本という国とその文物とが初めて欧州に紹介されたとき、心ある欧州人がどのくらいショックを受けたかは、今の我々の想像を超えるものであった。アール・ヌーヴォーの時代、日本美術の紹介者としては間違いなく第一人者であったサミュエル・ビングが、東洋の文物を扱う自分の店をパリに開いた時、開店広告としたのは、満開の桜の下で筆で自分の名前を書くお小姓の絵であった。

ビングは一八六〇年代から死去する一九〇五年まで、商売として、また高度な専門家として、日本を含む東洋、そしてその文物を欧州に紹介した。彼はまた、東洋の、特に日本の芸術の持つ、これまで西欧に知られることのなかった特徴を生かした新しい芸術運動、アール・ヌーヴォーの運動を興《おこ》そうとつとめた人物であったことは、第Ⅲ章6節ですでに触れた通りである。

ラリック作の「笛を吹く妖精」
ドッグ・ネックレス用の飾り

サミュエル・ビングの店の
開店案内

ゴッホ画「おいらん」
1887年
アムステルダム市立美
術館

ガイヤール作の眼鏡つきペンダント
日本の扇のモチーフを用いてある

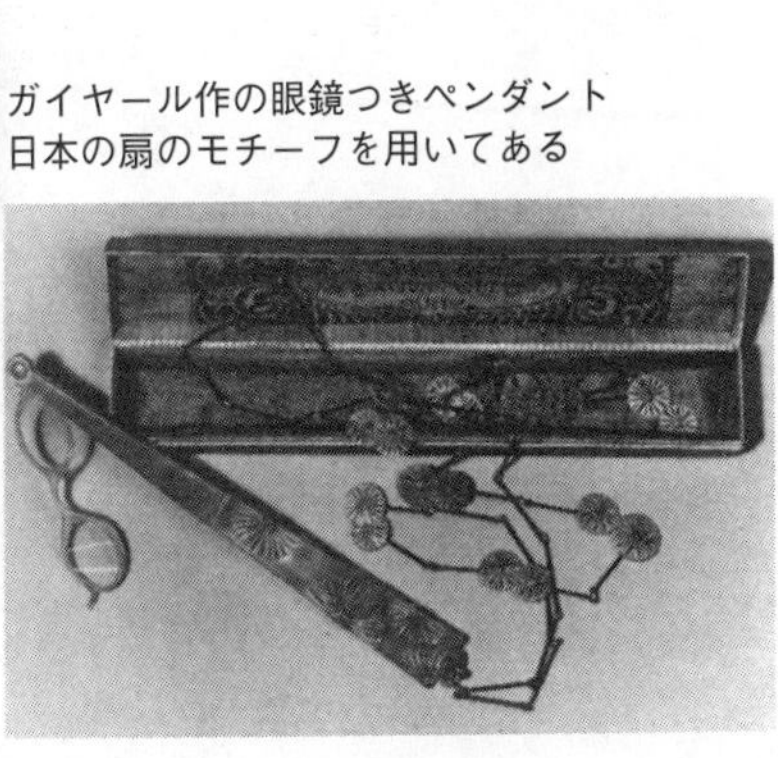

林忠正などの手を借りながら、ビングが西欧に紹介した日本の文物では、浮世絵が最も多いが、他に陶器、銅器、絹織物、刀剣と刀装具、和紙それに漆器など、日本固有の工芸のあらゆる分野にわたっていた。こうした品物の技術やデザインは、様々な分野の当時の芸術家たちに大きな衝撃を与え、また彼等は実に率直に驚いた。

この頃の日本趣味が、いかに広くゆきわたっていたかを示すのが、ゴッホが浮世絵と同じ構図で描いた人物画であろう。実際、ゴッホはこのビングの店で日本の文物を売る仕事をしており、給料の代わりに、浮世絵の実物をもらっていたらしい。

宝飾品の世界でも、アール・ヌーヴォーとして昇華する以前の作品のなかには、文字通りコピーと呼んでもよい作品が多く作られた。そうした作家のなかで、日本の金工の影響を最も強く受けたのが、パリの宝石商であったルシアン・ガイヤールだ。彼は日本の金工作品の技術を解明し、それを応用することに全力を尽したが、フランス人の技術者の力では満足できないことを知ると、日本から彫金師や七宝職人を呼びよせ、パリの自分の工房で働かせることまでした。彼は柄の付いた眼鏡を作っているが、そのデザインはどこから見ても日本の扇以外の何物でもない。またルネ・ラリックのドッグ・ネックレス用のセンターピースは、色ガラスで作られた二人の女神の像はまぎれもなく西欧のモチーフだが、全体を四角に枠取りし、黒のエナメルとダイヤモン

ド で樹《き》のデザインを枠一杯に広げたそれは、日本の蒔絵《まきえ》の手法を使った手箱などにあるデザインそのものである。それにしても、いまだ見ぬ日本という国のデザインの特質を、良く理解した見事な消化ぶりだ。またこの時代、ネセセールと呼ばれた化粧道具入れにも東洋の影響がはっきりと見える。真珠母貝、サンゴ、ラピスラズリなどの様々な色の素材を精密にすり合わせて、東洋の絵に見られるような風景を描き、その回りに黒のエナメルとダイヤモンドの白さを用いた額縁状の枠を作り、一幅の絵を見るような趣きを出している。

こうした作品は、比較的新しく資料も多いものだ。これに見られるように、あるモチーフが繰り返し作られ、使われてきたのが、宝飾品のデザインであり、こうしたことは現在においても基本的に変わりはない。

世界屈指になったが……

日本へ宝飾品を売り込もうとする西欧の業者からよく尋ねられるのは、デザインの好みに、国民性の差はあるのかということだ。私見ではあるが、少なくとも日本人と西欧人との間には差がある。最も顕著な差は、具象のデザインに対する差異だ。

欧米の宝飾品には、具象モチーフの作品が極めて多い。ルネッサンスとアール・ヌーヴォーの頃が飛び抜けて多いが、花、植物、鳥、昆虫などといった普通のものはもちろん、蛇、爬虫類《はちゅうるい》、蛾《が》、コウモリ、タコなどをデザインした、それも極めて高価な作りの宝飾品が多い。これと比較して、日本で好まれる具象のデザインは、せいぜいが花と植物程度であり、それも安価なものが主だ。西欧で具象が使われる理由は、一つには蛇が医術を示すように、色々とシンボル的な意味があるためでもあるのだが、やはり肉食人種と穀物を食べる人種の差、こうした異形《いぎょう》のものに対して、生理的な恐れや嫌悪感《けんおかん》を持たないせいであろう。だが、全体として見れば、東西の違いは年々縮まっており、デザインを見ただけでは、どこの国の作品かを言い当てるのはプロでも不可能と言ってもよい。

現代日本の宝飾品デザインの水準が、どの程度なのかについて一言触れておきたい。世界中で様々なデザインのコンテストが実施されているが、そのなかで最も権威あると考えられるのが、デビアス社が背景となって行われているダイヤモンド・インターナショナル賞だ。このコンテストは一九五四年に始まったものだが、日本人のデザイナーが初めて入選したのは、一九六七年のことであった。以来一九八七年までの十六回のコンテストで——一九七八年以後は隔年になったので——日本人デザイナーは大躍進を見せる。この期間中に入賞した作品四百二十四点の内、日本人の手になるものは九十四点と、ほぼ四分の一を占めた。こうした日本の独占を阻止するためか、途中でコンテストから選考方法が変えられた。世界をアジア、アメリカ、欧州の三地区に分け、それぞれの地区での同数の予選作を最終審査に持ち込む、という方法である。だが、これでも日本人デザイナーの作品は、入選三十作中九点と他国を圧倒している。白人の、ひがみを交えた巧妙な差別方法も役に立たなかったわけだ。日本人の器用さと研究熱心が良く示された例だろう（このコンテストは二〇〇〇年の開催をもって終了）。

だが、誤解されては困るが、だからといって日本の宝飾品のデザインが世界一というわけではない。こうしたコンテストに入選するデザインと、人々が実際に大金を払う商品のデザインとは別物なのだ。日本の欠点は、こうしたコンテスト入賞作品の持つ良さを、商品としての作品に応用するだけの能力がないことだ。現在、世界の宝飾品をデザイン的にみて、平均的に最も優れているのは、イタリアのものであろう。特に色彩感覚とフォルムの優秀さでは群を抜

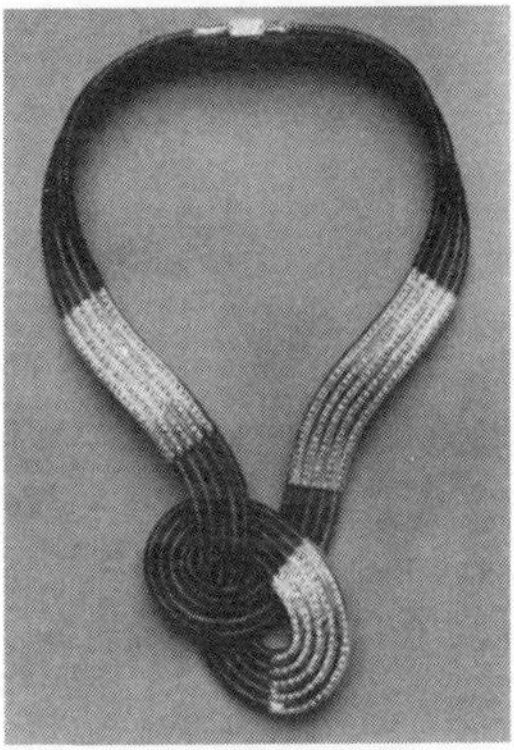
組紐とダイヤモンドの首飾
高橋まき子デザイン

いており、わずかに製造技術の精密さでドイツに劣るだけだ。

それでも、考えて見れば我が国もたいしたものではある。明治初期以降、わずか百五十年程度の歴史しかなく、それも大戦の空白を挟んでの歴史のなかで、数千年の歴史を持つ国々と肩を並べる水準にまで軽々と成長し、今や宝飾品の先進国の一つになったことは、他の産業と同じく、やり始めるとたちまち先生であった国をしのぐという、日本の特徴を示すものだ。これが、特定の作品の水準にとどまることなく、広く商品としての質にまで拡大してゆくならば、宝飾品もまた、日本の輸出商品となることは確実だ。そんな日が来るのも、そう遠くはあるまい。

5　宝石商という商売

〝宝石屋〟と〝宝石商〟

宝石が嫌いな女性はいないが、宝石が好きな男性もほとんどいない。これが宝石商にとっては頭痛の種だ。私事になるが、私も宝石商を五十年以上やっている。仕事上の、あるいは私的な友人でも、話が彼等の夫人や令嬢に及びはじめると、どうも私のひがみかもしれないが、彼等が思わず身構えるのが、ピンとくる。女房子供に宝石屋を近づけると、ろくなことがない。どうもあいつらは、わけの分からないものを、とてつもない値段で女共に売りつける連中だ、と男性諸公はかたく信じているようだ。とんでもない誤解である。

一流宝石商の言い分はこうだ。私たちは、女性がどうしても欲しいとおっしゃるものをお届けしているだけで、三拝九拝して買って下さいと申し上げているのではない、と。

事実、歴史に残る大宝石商は皆、商売人としては実に態度の大きな男ばかりだった。そのかわり、自分の職業と売る物については、買い手以上の愛着と、知識と、自信とを持っていた。顧客もまた、こうした商人を信頼して、様々な相談を実に率直に持ちかけている。すでに取り上げたカルティエ、ティファニー、ウインストンといった大宝石商の伝記からも分かるが、こうした宝石商と顧客の関係は、普通の商人と客の関係とは、ちょっと異なる。一度信頼された客のためには、全力を尽す、それがまた信頼を生み、より大きな商売ができる。この過程で、共通の美を求める連帯感が生まれれば、大成功だ。大富豪と大宝石商との関係は、どうも、このようなものであるらしい。

どんな商売にも、〝商〟と〝屋〟がある。宝石商と宝石屋の違いは、信用を通じて顧客により良いものを提供して、その過程で利益を求めるか、単に安売りで一時的な利益を求めるかにある。

これは実話だ。近年のこと、東京のあるお金持ちが、イタリアの大宝石店で昔買った品物を、修理に預けた。ところが、どうしたわけか、その品物が修理中に行方不明になってしまった。こうしたことは、どの宝石店でもあることだが、このイタリアの宝石商の謝り方がすごい。事故を知るや、社長自らがローマから飛んできた。紛失した品物よりも、素人目《しろうとめ》にも明らかに高価な商品を十数点、自ら持参した社長は、客の家へ駆けつけるや、紛失の事情を説明すると共に、その十数点のなかから、お好きなものをどれでも代替として選んでいただきたい、と申し出た。ためらう客に、少なくとも倍はする品物を選ばせた社長は、その日のうちにローマへ取って返した。このつぎローマへお越しの節は、ご滞在のホテルは私共の方で準備いたしますから、との名台詞を残して。マストロヤンニにでも演じさせたい役どころである。欧米の一流宝石商とは、こうした人種なのだ。

宝石商はユダヤ人

宝石、宝飾品という品物が、人類にとって最古の時代から存在したものである以上、それを作り、売った人々もまた、古くから存在したに違いない。だが、宝飾品そのものは莫大な遺品が残っているものの、古代の宝石商の記録は、極めて少ない。

自給自足が原則であった原始社会では、誰もが宝石商であり得た。自分で見つけた貝や石を、自分で加工して飾るだけで、充分であったのだから。だが、金属の加工が必要な段階に入ると、専門家が必要となる。しかし、専門家を育て、その社会的存在を認めてゆくには、生産に余剰がなければならないのが経済の原則だ。こうした条件がそろったのが青銅器時代であり、理論的には、この頃から宝石商が存在しても不思議ではない。

遺跡として残る最古の宝石店は、英国のウーリー卿《きょう》が、トルコ南端のアルミナ遺跡で発見したものであろう。家の遺跡はわずか一坪以下の広さにすぎないが、なかからは、金や銀の塊と、溶けかけた金貨、はかりなどが出土している。これは紀元前一世紀頃の遺跡だ。この後も、ローマ時代を通じて、人名を刻んだ作品や宝石が残ってはいるが、それが作者を示すものか、所有者を示すものかは不明である。

同一の職業にたずさわる人が、特定の都市や地域に集まって作る組織がギルドである。宝石商という仕事の発達史の次の段階はこのギルドで、特に、アレキサンドリア、パルミュラ、スミルナなどの町のギルドが有名であった。新約聖書の「使徒行伝」にも、銀細工師のギルドについての長い言及がある。が、宝石商や宝飾品を作る職人についての記録は、普通極めて少なくおぼろげなものにすぎず、ここからいきなりルネッサンス期へと飛んでしまう。彼等の記録がほとんど残されなかった理由は、その職業にたずさわっていた特定の人々――主としてユダヤ人であるが――に対して、偏見があったためかとも思われるが、確証はない。古代や中世では、どの分野でも職人についてはは軽視されることが多いが、宝石商は特に影の薄い職業であったようだ。

階級社会の宝石商

宝石商、それも一流の宝石商が存在し得るためには、それを支えるだけの経済力を持った顧客がいなければならない。だから、名をあげるに値いする宝石店は、すべて先進工業国にしか存在しない。新聞記事などで、香港《ホンコン》やアラブ諸国などの宝石店が話題になることがあるが、彼等は所詮、観光客相手の土産物屋か、特定の人間のための輸入代理店にすぎない。

では、アメリカ、西欧諸国、そして日本の一流宝石店が同一のものかと言えば、これが大きく異なる。特に我が国と、宝石の先進国である西欧との間には、我々日本人が普通では気がつかない、大きな差異がある。宝石商自身の差というよりも、それを支える社会の構造の差だ。

たとえば、欧州には入口に鍵《かぎ》のかかった宝石店がある。ロンドンの「ガラード」、パリの「ヴァン　クリーフ」や「カルティエ」、ローマの「ブルガリ」など、皆そうだ。海外旅行の折りに訪ねられた方は、ご記憶であろう。もっとも、最近では〝ブティック〟と称して、誰でも入れるもう一つの入口を脇《わき》に設けている店も多いが。

こういう店には、入るだけでも大変。必ずドアマンがいて、予約のない客やふさわしからぬ服装の人間は、まず門前払いが普通だ。こうした形式をとるのは、日本とは比較にならないほど犯罪が多い状況での自己防衛も理由の一つだが、欧州の社会が本質的には階級社会だからだ。

暗黙の不文律に基づく階級社会、これが欧州の現実である。こうした宝石店は、社会の特定の階級の人のみが訪れる店であり、誰でもが行く店ではない。だから、誰にでもドアを開けるわけではない。もちろん、欧州の中産階級も宝石を買う。だが、彼等が行く店は全く別に存在する。この両者は、店も客も互いにまじわることは絶対にない。扱う商品の内容も、価格も、両者は完全に異なる。これはなにも、宝石店だけではない。高級雑貨店は皆おなじである。

日本では、こうした店舗は開けない。ココハ、アナタノクルトコロデハアリマセン、と門を開かない店が、大胆にも日本に出現したらどうなるか、想像しただけでも楽しい。社会的平等の旗手である大新聞が、真っ先にかみつくであろう。〝大金持ち以外は客にあらず、というお店、日本に上陸〟などという記事、ついで、〝金で人間を区別できるか――なげかわしき世相、荒川区、匿名《とくめい》希望七十五歳〟という投書など、袋《ふくろ》叩《だた》きにあうのは目に見えている。

特定の人しか相手にしないという、不遜《ふそん》としか言いようがない営業方針をとれるのは、ある人間の属する階級が原則として変化することはないという、牢固《ろうこ》たる階級社会なればこそだ。ある人間が、上にも下にも階級的に動かないのなら、今、上流の階級だけを客とすることは、店に実害を及ぼすことはない。そうしたことに不満を持つ人が客になり得る可能性は、全くといってよいほどないのだから。これが、西欧民主主義社会なるものの実態だ。

この点で、我が国は根底から違う。本人の能力と努力次第で一代ごとに階級が変化するこの国では、誰がいつ客になるか分からない。だから、日本の宝石店は、あらゆる客に対して対応できなければならない。当然のこととして、店構えも品揃《しなぞろ》えも、西欧の宝石店とは大きく異なり、経営上でも大変な重荷となっている。

中世の宝石商

パリ、ラ・ペー通りのカルティエ本店

まだまだ若い日本市場

では、こうした事情をかかえた現在の日本の宝石市場は、どのようなものなのか。鹿鳴館《ろくめいかん》以後、国全体の西欧化のなかで、宝飾品は順調に市場を拡大していった。だが、戦前の日本は現在の西欧に似て階級社会であったので、その在り方は現在と大きく異なっていた。

今日、日本の宝石、宝飾品市場は、年商一兆数千億円を超える巨大な市場となっていることはすでに述べたが、これは、女性一人当り、年間で実に四万円以上の支出をしていることになるのだ。これほどまでに宝飾品は、女性の必需品となっているのだが、この市場の歴史はまことに新しい。戦争による空白期間を経て、大衆市場へと変化した現在の宝飾品市場は、一九六四年の東京オリンピック以後、わずか五十年ほどの歴史しかない。今はちょうど、二代目の客と三代目の客とが交代を始めた時期にあたる。

住は一代、衣は二代、食は三代という言葉がある。中国にも、富貴三代、方知飲食――富貴ナルコト三代ニシテ、モッテ飲食ヲシル――という表現がある。金に困らないようになっても、食を理解するまでには、三代かかるということだが、宝石を知るのは、何代かかるのだろうか。少なくとも一代ではない。初代が手当り次第に集めた宝飾品を、子供の頃から日常品として見てきた二代目が、年頃になると盗み使いなどして、若い頃から本物に慣れる。これで少しは品物のよしあしが分かる。しかし、自分の趣味で統一できるほどにはならない。三代目は、こうした二代にわたる品物をひきつぎ、自分の趣味や主張を加えたコレクションを作り、用い方も決して気張ることなく、日常品としてさらりと使えるようになるだろう。やはり、宝石も三代、まさに富貴三代、方知宝石、である。

この意味からすると、現在の日本人は、まだ宝石を充分に知るという段階には達していないと言える。事実、二代目にさしかかっている現在の市場で売られている商品、宝石商の売り方と顧客の買い方、その実際の使い方など、どれを見ても、残念ながら、宝石を知るの境地には達していない。また、蓄積も極めて少ない。

水準の低さで最も顕著なのは、売られている商品に、良心的なものと粗悪品とが混っていることだ。これはもちろん、第一は売り手側の責任だが、買い手側も商品のよしあしが区別できなければ、グレシャムの法則通り粗悪品がのさばる。よく、骨董の良いコレクションをするためには、偽物《にせもの》をつかむ経験がなければならないと言われるが、良くできた二流の粗悪な宝飾品を見抜くには、一代の経験では無理である。誤解のないように言うが、市場が成熟すれば粗悪品がなくなるのではない。どんな市場にでも、粗悪品を作って売る商人は存在する。宝石についての先進国である西欧でも事態は同じだ。ただ、買い手の経験が増え、市場が成熟すれば、一流品と粗悪品とが一緒に売られることはなくなり、おのずと別の市場に分かれてゆく。現在の日本の宝石市場は、業者も客もあまりにも若く、こうした水準に達していない、というのが実状である。

良い店と悪い店

では、粗悪品はどういう点で見分けられるのか、という問いが聞こえそうだ。本書は実用を目的としたものではないので、簡単に誰でもが理解できる特徴を二つだけあげる。粗悪品の最大の特徴は、〝高価に見せよう〟とすることだ。これが最も顕著に現れるのが、「メレー」と呼ばれる小粒の飾りダイヤモンドの使い方だ。メレーを多く用いるほど、作品は美しくなる。良心的な作品には、普通では人目につかないような所にまで、びっしりとメレーを入れているが、一見高級品実は粗悪品はこの逆で、メレーが十個はいるスペースがあるのに、六個しか使わない。残りのスペースは、彫りやメレーを留める爪を大きくしてごまかす。また、ティファニーの項で述べた通り、

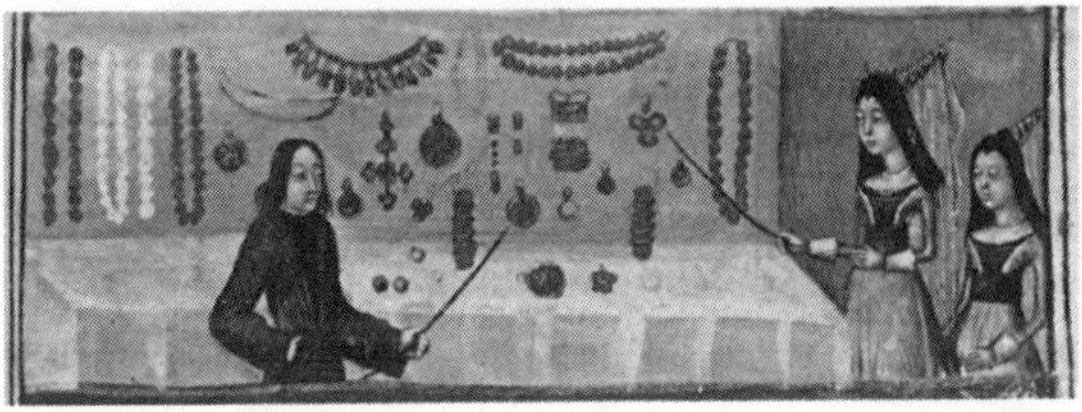

宝石店で品定めをする女性　十五世紀

ダイヤモンドの指輪で、爪の飛び出し部分を異常に大きくしてダイヤモンドを大きく見せようとする品物も、二流品の典型だ。分かりやすいもう一つの特徴は、細工に繊細さが欠けていることだ。宝飾品には指輪を除いて、動く部分がある。ブローチならピン、ブレスレットならつなぎの部分、耳飾なら耳に固定する金具、ペンダントなら鎖を通す輪の部分などだ。この部分がなめらかに動かない作品は、間違いなく粗悪品である。

大変に大雑把な言い方をしたが、こうした怪しげな商品が、かなりな比率で大手をふってまかり通っているのが、現在の日本の宝飾品市場である。一言でいえば、客も業者も若い。だからこそ、逆に考えれば、まだまだ大きくなり、高い水準に達するだけの可能性があると言える。日本のジュエリー・デザイナーの水準の高さについては、国際的なデザイン・コンテストや展示会などで広く認められている。また、鹿鳴館時代以来、輸入する一方であった日本から、宝飾品の輸出をするまでになっている。

永年宝石商をやっていると、始終尋ねられるのは、宝石はどんな店で買えば間違いないのか、という質問だ。またまた実用書めくが、いささかなりとも実際のお役にたてばと、簡単に述べてみたい。

良い宝石店の第一の条件は、商品が豊富なことだ。売れる店には、いろいろな業者が多くの商品を持ってくる。店はそのなかから良い物を自由に選び、売れない店よりも有利な条件で、より多くの商品を扱うことができる。だから、ある品物を買いたいと思った時に、似た商品をどの位見て、比較ができるかは、その店の力を示すものだ。

第二には、やたらと安いとか、割引とかを強調しない店であることだ。宝石商も商人である以上、損をしてまでものを売るわけはないので、安さや割引だけを強調する商品は、それ以外に取り柄のない商品にすぎない。そうした店で買い続ければ、残るのは安かろう、悪かろうの品物だけだ。

第三には、販売員を見ること。良い店の販売員は、それぞれの顧客に最も良いと思うものだけを勧め、ろくでもない店の販売員は、何でも売れさえすればよい、という態度を見せる。大変に雑な言い方だが、九割がたは正確である。

宝石商は宝石狂

企業として見た宝石商の特色は、大企業が存在しないことにある。アメリカにはさすがに、年商が一千億円を超える企業が二つほどあるが、これとても、数百億円単位の小売部門の連合にすぎない。市場そのものが小さいのなら別段不思議はないが、アメリカ市場が四兆円を超え、日本の市場が一兆数千億円という市場を持ちながら、最大企業のシェアが四パーセント以下というのは、やはり異常である。

宝石商が大企業たり得ない理由があるのではないか。すでに繰り返し述べた通り、個性ある宝石店はみな、宝石が何より好きだという宝石狂の人によって経営されている。そうした人は店の隅々や商品の一つ一つに、非常に細かい注意を払っている。しかし、一人の人間が、業務の隅々まで目を光らせる範囲にはおのずと限界がある。だから、企業として大きくなりすぎ、特定の経営者の視界を超える規模に達すると、とたんに宝石商としての面白さが薄くなり、ひいては企業としての成長にブレーキがかかる。どうやら、この繰り返しで、宝石商の経営規模に限度が生まれる、というのが正解だろうと私は思う。この意味では、商売というよりも、趣味に近い。宝石商にとって最も嬉《うれ》しいのは、自分が良いと思った商品が、その商品が最もふさわしい人に売れた時ではなかろうか。単に、何でもいいから売れさえすればよい、というのは心ある宝石商のとるべき態度ではない。

これまで長々と、現実に宝石業にたずさわる者としての自己弁護をかなりまじえて、宝飾品の歴史と広がり、そして宝石商という不思議な人種について述べてきた。どんな職業にも、それなりの言い分はあるものさ、と言われてしまえばそれまでであるが、宝石や宝飾品について、とかく虚栄の代表と考えがちな——特に男性諸公の——意見を、若干なりとも正せるならば幸いである。

文庫版付録

正しい宝石の買い方、教えます

いつも不思議でならないのですが、世の中にいろいろとある商品の中で、宝石ほど——この場合、宝石とはダイヤモンドとか真珠とかいうことではなく、それを使った装身具、ジュエリー全般のことです——高価なものはありません。それにもかかわらず、この宝石の正しい買い方、正しい商品とはどんな特徴があるのか、良い店とは、などを教えてくれる記事は見たことがないのです。たまにあるのは、信用のある店で買いなさいと言う決まり文句、こんなバカな答えはありませんよね。世の中のお店で、私は信用がありませんと言う店はない、どんな店でも信用して下さいと言って商売をしています。

こうしたことが起きるのには二つの理由があると思います。一つは、売る側の業界そのものが、お客様に正しい情報、知識を与える気持ちがない、つまり本当のことを余り知らせないで商売で得をしようとする場合、もう一つは、情報を伝えるべきマスコミが、広告のスポンサーである業者に遠慮して扱わない場合です。残念ながら、宝石業界はこの双方があてはまるために、正しい情報、知識が驚くほどに少ない、と私は思っています。

言うまでもないことですが、いま日本国内には、路面店と呼ばれるお店が七千軒ほど、それに百貨店にはすべて宝石売場があって、これがざっと百五十軒、その他に最近ではスーパーなどでも専門店街という所に数軒の宝石店がありますから、総計では一万軒弱のお店があります。その多くは、それなりに真剣に商売に取り組んでいます。しかし、なかには注意を要するお店もあることは事実で、ここに書きますことは、そうしたお店を見抜いてご損をなさらないようにして下さいということなのです。

もともと宝石あるいはジュエリーというものは、人間の歴史のなかで最古に数えられるものの一つで、実に人間の歴史始まって以来、数千年に及ぶ長い歴史があります。それを扱う宝石商という商売も非常に古いもので、宝石そのもの、それを作るデザインや技術などの面で、驚くほどに複雑かつ多岐にわたっているのです。おそらく世界の宝石商のなかでも、こうした素材、デザイン、作りについて、完全な知識を持った人はいない、それほどに複雑怪奇なのが宝石、ジュエリーというものなのです。

まあ、そこまで難しく考えなくとも、本書は読者の皆さんが、ジュエリーを買いたいと思われた時に、参考にされては、と思い書いたものです。

正しい宝石、ジュエリーとは

ここでいう正しいとは、宝石、つまりジュエリーを作り、お客様に販売する以前の過程で、作為、誤摩化し、あるいは不正などがない作品を言います。こうした不正が起きるのは、売る側がより多くの利益を得ようとすることが原因で、すべて売る側の責任です。

ジュエリーは宝石という素材にデザインをつけ、それを金属加工する、つまり素材＋デザイン＋作りから成り立っています。最初の素材については、近年では宝石学が発達していまして、水晶をダイヤモンドと言ったり、色ガラスをルビーと言ったりすることはほとんどありません。しかしダイヤモンドや真珠、さらには色石などに複雑な加工をして、質を良く見せるという技術だけは異常に発達しています。この技術を詳細に書くとなると、この本一冊くらいの量になりますので、この点だけは、しっかりした鑑別・鑑定書に頼ることをお勧めすることにとどめておきます。

次にデザインですが、なんと言ってもジュエリーには数千年の歴史があり、世界中の民族が作り使ってきたわけで、その上にジュエリーは非常に小さいものですから、デザインというデザインは、ほとんどすべて過去の繰り返しに過ぎません。その繰り返しの上に自分の個性をちょっと加えたものが今のジュエリーのデザインです。デザインを見る上で、一番のポイントは、真正面から見て下品でないか、アンバランスな所がないか、この二つが大事でしょう。下品であるかどうかは、多分に主観的な判断ですから、どれがどうとは言えないのですが、妙に大きかったり、必要以上に凝った部分があったり、なんとなく嫌だなと感じたり、そういった感覚が大事なのです。それと全体がアンバランス（つまりデザインの一部に偏りがある）――可動部品が異常に大きかったり小さかったり、見ていて不安感を持つ――こうしたデザインはほとんど不可です。自分の感覚だけで判断して良いと思います。

このデザインを描く人、つまりデザイナーについて一言。最近では個性化というのか、独自のデザインを主張するデザイナーが増えています。ジュエリーの展示会などで、少なくとも数人は顔を見ることができます。この人たち、ひいてはその作品を見分けるのも大事です。私の経験で言えば、ヒラヒラの多いデザイナーとその作品はまずダメです。ヒラヒラというのは、作品そのものの良し悪しではなく、デザイナーが自分の経歴を述べたり、作った作品についてとうとうと語ったり、今の流行言葉であるエコやら地球環境やら宇宙やらを語る、こうしたものを私はヒラヒラと呼んでいますが、これの多いデザイナーはダメと思って下さい。なぜなら、ジュエリーとは美でしょう。美というのは感じ取るものであって、説明されなければ美しいと思えないもの、それは美ではないと思います。宝石の展示会などに行きますと、なんともへんてこりんな服を着て、大きな造花を胸につけて、間違って商品が売れようものなら、何を勘違いしているのか、お客の肩を抱いて記念撮影などなさるデザイナーがいますよね。

デザインのところで寄り道してしまいましたが、次は作りです。作りの良し悪しを分けるのは、手抜きをするかしないかです。手抜きというのは、やるべきことをやらない、なぜなら費用がかかるから、という事です。これがジュエリーのどこに現れるか。普通の方でもわかるのは次の二点でしょう。一つは、ジュエリーの裏面を見ることです。ジュエリーは金属を溶かして流し込んだり、叩いて整形したりして作ります。ですから表は奇麗でも裏面はガタピシしています。裏なんか誰も見ないからどうでも良いと思われるでしょうが、不思議なことに、裏で手を抜く人は表でもどこか手を抜いているものです。裏が汚いジュエリーは、買わない方がよいでしょう。簡単ですよね、ひっくり返して見るだけですから。もう一つわかりやすいのは、触っていじくり回すことです。あまり気付いてないことですが、指輪をのぞけば、ジュエリーにはどこかにたいてい動く部分があります。ブローチなら針、ペンダントならチェーンを通すところかクラスプ、イヤリングなら耳に取り付けるパーツ、ブレスレットならクラスプか蝶番《ちょうつがい》のところです。こうした部分がスムースに動かない、あるいはガリッと引っ掛かる、こうしたジュエリーはすべて手抜きがあると思って下さい。

なんだかややこしいなとお感じになるでしょう。それがジュエリーなのです。ですが基本は同じ、デザインなり製造なりを行っている人間が信頼できるかどうかなのです。

正しいお店とは

ではジュエリーを売っているお店、店の社長、店員、そういったものの良し悪しをどうやって見抜けば良いのでしょうか。

まず最初に覚えておいて頂きたいのは、お店の商品がたえず入れ替わっているか、つまり、お店に行くと何か今までに見たことのない商品が並んでいるか、それを見ていただきたいのです。

これは、日本でのジュエリーの流通に絡《から》んだお話です。日本の宝石店の店頭に並んでいる商品の半分以上、あるいは展示会などで売られている商品のほとんどは、お店の在庫ではありません。委託・受託システムと言って、卸業者が小売店に商品を預け、売れたものだけを小売店が仕入れるというシステムが基本なのです。百貨店の場合などでも、百貨店自身が買い取って在庫として持っている商品はほとんどありません。

これを卸業者の立場から見たらどうなるでしょうか。自分の資金で作ったジュエリーが、小売店で売れなくては破産します。良く売ってくれる店には、最新の良い商品を出す。どうでもよいような店には、売れる商品は出したくないと思うのは当然ですね。結果的に、良く売れる店、良い小売店には新しい良い商品が並び、あまり良くない小売店の店頭には、どうでもよい商品が並び、それが入れ替わる回数も減ることになります。ですから、小売店の店頭に並んでいる商品が、しょっちゅう入れ替わっているかどうかは、卸業者がその店を重視しているかどうかの指標となるのです。いつ行っても同じような商品がぼーっと並んでいる店、それは買う必要のない宝石店なのです。

もう一つ、大事なポイントは店の清潔感と公私の混同でしょう。清潔感のないお店、これが意外に多いのです。なんとなく薄汚い、店内の花は枯れている、商品のタグはひっくり返ったまま、商品の展示もあちこち抜けたまま、何が入っているのか分からない紙袋が散乱している、何年も前のパンフレットやポスターが置いてある、こんな店、ご覧になったことがあるでしょう。清潔感がないことは、つまりは店主なり店員の目が行き届いていないということなのです。公私混同も多いですね。店の駐車場には、店主か奥さんの車が一番いいところにでーんと駐車している、店の奥には店主のゴルフバッグが見えている、店内に店員の弁当の匂いがただよっている、まあいろいろと事情はあるでしょうが、良い店とは言えません。

もう一つ、お客様たちが大好きなバーゲンセールがあります。いろいろな理由をつけて、赤札のついた商品を並べる。しかし世の中のバーゲンほどいい加減なものはありません。本当に十万円で売っていたものを五万円でバーゲンすることは、十に一つもないはずです。ほとんどのバーゲンはバーゲン用に借りてきた商品か、仕入れた商品です。ですから年がら年中赤札の下がった店は、もっとも近寄ってはいけないお店です。

次にお店の社長あるいは店員から店を判断する方法ですが、これはなかなかに難しい。人の判断ですから。そう言うお前はどうなのよと言われると、私も困ります。ただ言えることは、お客様が知りたいことをきちんと教えないで、不必要なことをべらべら喋《しゃべ》る、これはまあダメと思っていただいてけっこうです。優れたセールスマンは、意外と寡黙な人が多いものです。一つの判断材料に過ぎませんが、次のようなせりふを社長なり店員が言うお店は、要注意です。

・社長が原産地まで行って買い付けたから安い。
・この宝石は近く産出がなくなる、減るから、買うなら今。
・うちは流通経路を短縮したから安い。
・この宝石は将来値上がりする、儲かるからお勧めする。
・資産としての価値があるから買いなさい。
・投資に向いているから買うべきです。

まあ、こんな話が出たら、やめておいた方が良いでしょう。どれ一つ本当ではありません。日本の宝石店は、ほとんどが家業です。つまり、一族経営が基本ですから、社長がダメな店に、優れたセールスマンがいるということはまずありません。もう少し付け加えるならば、ダメな社長が良いと思って集めたジュエリーはダメで、そのジュエリーが素晴らしいと集まってくるお客様も同じレベルです。ですから、人に関して言えば、ぴんと来ない社長がいる店も、あまりご一緒したくないと思うお客様がいる店も、あなたが買いものをすべき店ではないということです。どうでしょう、良いお店というのは、だいたいお分かりいただけたでしょうか。

正しい買い方とは

厳しいことを申し上げるようですが、「正しい買い方」というものはまず、お客様が考えるべきことなのです。私事になりますが、私も今年で五十年以上も宝石関連の仕事をしてきて、本当に不思議でならないのは、宝石を買われる時のお客様のいい加減さです。いい加減と言うと怒られると思いますが、スーパーやコンビニで日用品を買う時には真剣に選ぶのに、その百倍もするような価格の宝石を、いとも安易に大金をはたいて買われる方が意外に多い。なかには、まったくの不注意としか言いようのない場合もあり、そうした買い方をした宝石ほど、買ってから気に入らないと使わなかったり、クレームを申し立てたりされる。これはお客様にとってもお店にとっても残念なことと言えます。ここでは、お客様にとって生涯よかったと思える宝石の買い方を述べてみます。

第一は、急いで買わないことです。宝石は腐ったり、古くなったりはしません。自分が何を欲しいのか、ルビーの指輪なのか、真珠のイヤリングなのか、ゴールドのチェーンなのか、それを考えて下さい。友達と一緒に百貨店の展示会に行って、衝動買いしてしまったのよとおっしゃる方は、もうそれで文句は言えない、買いものは終わりです。自分の欲しいものの見当がついたのなら、何軒かのお店を回って見ることです。そうすれば、真珠のイヤリングでもどんなものがあるのか、値段は大体どのくらいなのか、嘘《うそ》くさい店と正しそうな店との違いも感じとることが出来ます。

第二は、お店に好かれるようになることです。お店がお客様を好きだの嫌いだの言うとは何事だ、お客様は王様だということを知らんのか、と怒られる方は、もうそれだけで損をしてしまうのです。お客様は王様だとか、お客様は常に正しい、とかいう台詞《せりふ》は、売る側の自戒の言葉であって、お客様がそれを信じて振り回してはいけないと思うのです。そう思い込んで、お店に来られるお客様が実に多い。それは日本の小売業でよく見られる現象であり、正常な関係を歪めています。

「お店に好かれろ」と言っても、せっせと買えとか、毎週にでも店に来いと言っているのではないのです。売る側も人間ですから、どうしても感情が入るということを知ってほしいだけのことです。要するに、私は客だからエライの、店員のあんたは言われた通りにしてれば良いの、という態度で臨まないこと。それだけです。

それで何が変わってくるのか、お教えしましょう。お店に並んでいる商品が二百点あるとします。皆さんはそれがどれも同じだと思っているでしょうが、まったく違うのです。二百点のなかには、売り手が見ても素晴らしい、これは安い、お得だという商品もあれば、間違って仕入れてしまった、もう顔も見たくない、早く売りたいという商品もあるのです。だから、あなたが好かれている客であれば、そのお得な商品を薦めますし、間違ってダメな商品に手を出せば、それは止めた方がいいですと言ってくれるものです。お店に好かれてなかったら？　言うまでもなく、にっこりと、そのまま買って貰《もら》います。

第三は、見て回るのはお友達とご一緒でもいいですが、決めて買うのはお一人ですることです。お友達とわいわいお店を見て回るのは楽しいですよね。だけどジュエリーを買う場合、特にある程度以上のジュエリーを買う場合、最終的にどれを買うのかを決めるのはあなた自身です。もちろんお友達の意見を参考にするのは構わないと思います。しかし、決めるのは独りの時に、自分で決めることです。私も五十年以上ジュエリーの小売に携わってきて、お友達が横から言う助言で役に立つと思えるのは、二十に一つもないという印象です。すべて何かすっきりしない、為にするような発言が多いものです。自分に何が似合うのかを知っているのはあなた自身、そのあなたが自信を持てないのなら、買わないことです。

第四は、身なりと値引きの関係です。ジュエリー業界ほど、この値引き、つまり割引販売がまかり通っている業界はないでしょう。大胆に言ってしまえば、お店で、決算のため、移転のため、改装のため、売り尽くし、創立記念などと銘打って行われている割引販売は、九十五％以上は正直なものではありません。すべて割引販売用のジュエリーを問屋から借りて売っているだけ、内容的にはその割引価格でもどうかと思う価格がついています。もちろん、そうしたジュエリーに最新の、良いものが入っているわけはありません。すべて、なんらかの理由で売れ残ったものです。ジュエリーの世界で最も買ってはいけないもの、それは赤札商品です。

もちろん、ジュエリーの世界でも、お店とお客様のやりとりで、値引きをさせるということは、大いにあります。特に高額品となると、この値引きの駆け引きは買い物の楽しみでもあります。

では、お店がある人には値引きに応じ、ある場合には断る、そこにはどんな理由があるのでしょうか。値引きに応じる理由として分かり易《やす》いのは、お店が売上げが欲しいから、という場合でしょう。確かに小売店にとっては、すべては売れてなんぼの世界ですから売りたい、それにはオマケをするというのは分かり易い。ですが、それだけではないのです。お店はお客様をじっと見ているのです。考えているのは、このお客様は、ここで値引きをして売れば、また来てくれる、あるいはまた買いに来られるだけの人なのか、ということです。ですから、実際に買う場合には、できるだけ良い服装をして、堂々と、にこやかかつ丁重に値切ることです。実際にまた買う、買わないは関係なく、また何時《いつ》でも買いに来ますよ、という態度を示すことです。お店は、これには弱い。間違いなく、また来てねという意味をこめて、オマケをしてくれます。あなたにいくらお金があっても、ジーパンにコンビニ弁当をぶら下げて、これを買うから負けろと言っても、オマケをしてくれる可能性は低いのです。人は見掛けによらないなどと言うのは寝言です。人は見掛けで決まるのです。

どうでしょうか。ジュエリーの良い顧客になるのも、なかなかに大変、だけどそのプロセスを楽しむくらいの気持ちでなくては、お得な買い物は出来ないのです。

価値のあるジュエリーとは？　という問いに答えて

ジュエリーについてある程度の経験を積まれた方、また資産をお持ちでその運用などに頭を痛めておられる方など、いわゆる富裕層と呼ばれる方々から時々ちょうだいする質問に、価値のある、あるいは資産性のあるジュエリーとは何か？　という質問があります。これはなかなかに難問です。

ジュエリーを買い、そして使う目的は、本人が美しくなり、周りから賞賛されることにあります。もっとも、原始時代にはおそらく、世界にある邪悪なものを避けるという呪術《じゅじゅつ》的な護符としての意味があったと思いますが、近年では美しいものであることが中心になった。これは読者の皆さんにも異議はないでしょう。そこには価値とか、資産性といった観念が入る余地はないはずですが、近年では価値あるジュエリーという言葉をよく聞きます。

この「価値」という言葉が問題なのです。実は価値には二つの価値が含まれています。つまり、その商品を使って得られる賞賛、便益、利益などの、いわゆる使用価値と、その商品を交換に出した、つまり売りに出した時に得られる金銭的な交換価値と、この二つが混同して含まれています。ジュエリー本来の使用価値だけが問題ならば答えは簡単です。あなたが美しいと思うジュエリーを買って使えばいいだけのことです。それなのにここに交換価値が入って来るということは、さんざん使用価値を楽しんだ後に売りに出し、買った金額を回収しよう、場合によっては儲けようという、はなはだ厚かましい望みが加わってきたということです。これはここ十年前後のことです。

答えをずばり言いますと、そんなジュエリーは存在しません。いやもっと正確に言えば、非常に限られた条件を持つ極めて少数のジュエリーならばそういうことはあると思いますが、普通の街に売っているジュエリーで、交換価値を持つものはない、これは間違いないことです。ジュエリーとは使って楽しむもので、それで素人が儲けようなどと言うのは、とんでもない錯覚です。もちろん、売る側の人間にも、これは値上がりしますだの、将来高く売れますなどと、とんでもないことを言いながら商売をしている業者は沢山います。それはすべて嘘です。

ですから、使わないのならジュエリーを買う必要はありません。貸金庫やタンスの中にしまっておくのなら、金塊を買うことです。金塊はあなたを美しくすることはありませんが、将来値上がりするかも知れません。もちろん値下がりすることもありますが、とにかく交換価値はあります。

では、ごく少数と申し上げた、使用価値と交換価値がともにあるジュエリーの条件とは？　と聞かれそうですから、念のために書いておきましょう。商売人の間では、いろいろとご意見もあるでしょうが、基本的には、ダイヤモンド、エメラルド、ルビー、サファイアに限られると思って下さい。ダイヤモンドなら三カラット以上、カラーがD、E以上のもの、そしてクラリティがVVS1以上のものでしょう。エメラルドなら、五カラット以上、ルビーなら非加熱で二カラット以上、サファイアならやはり非加熱で十カラット以上、それもすべて海外の鑑別鑑定業者の書類のついたもの、それらであれば海外でのオークションに出せると思います。要注意なのは、国内の何とか研究所とかラボとか呼ばれる鑑別鑑定業者の書類とか、有名百貨店の保証書などは、紙くず、まったく通用しないということです。それで換金はできても、それが元値を取り返せるか、あるいは買値よりも高くなるかは、何とも言えません。あとは海外の有名ブランドの良いもの、これは換金はできます。現在、世界にはグランメゾンと呼ばれる宝石店が七、八軒ありますが、ここの作品ならば、一定の金額になるとは思います。ただ、最近のグランメゾンは商売にかまけて、昔に較《くら》べると甚だしく劣る商品を売っているところもありますから、買うに際しては要注意です。どちらにしても、日本での小売価格を取り戻せることは、ほとんどないと思います。

使用価値と交換価値をともに持つジュエリーなどと言うものはないのです。ですから、最初からあくまで使って楽しむ、あるいは自分を高めてくれるジュエリーだけを買うことをお勧めしているのです。また、この宝石あるいはジュエリーを買うと儲かりますよとか、投資に向いていますなどと言う業者は、即刻放り出すことです。

夢も希望もないですねと言われそうですが、ジュエリーというものは、あなたを美しくするだけのものであり、使って楽しむものです。それが将来売れるかなどということは、結果であって目的にしてはいけないと思うのです。だから楽しめないと思うジュエリーは、買うことはないのです。宝石商としては残念なことですが、これは事実です。

いささかシビアな話で、だから誰もこうしたことをお客様に伝えてこなかったのです。

最後に一言。ジュエリーに関する「山口の法則」です。

・宝石店の社長のレベル
・その社長が良いと思って集めるジュエリーのレベル
・その社長が使う社員のレベル
・そのジュエリーを素晴らしいと思って店に来るお客様のレベル

これらは長い眼で見れば、必ず一致します。ですから、あなたが店主の社長やその夫人に違和感を感じる店には、あなたに合う店員はいないし、あなたに向いたジュエリーもない。また、できれば会いたくないと感じるお客様がいる店は、あなたに向いた店ではないのです。せんじつめれば、

一、お店は明るいか、清潔感があるか
二、お店に赤札が下がっていたりしないか
三、店内で自由に商品を見て回れるか、店員がべたべたと付いてこないか
四、商品の展示は綺麗か、抜けた所はないか、汚れたタグはないか

五、質問にきちんと店員は答えられるか、答えないで、お店側の都合の話が多くないか
六、商品に下品さを感じないか
七、商品を自由に触らせてくれるか、触って違和感はないか
八、言いもしないのに値引き、割引を持ちかけて来ないか
九、こちらが持ちかけた値引きに、誠実に対応するか
十、店員が明るく、不潔感がないか
十一、以上のことに問題がないなら、買うことを検討しても良いが、急ぐ必要はない。候補としては合格、買う前に他の店も覗《のぞ》いてみた方が良い。
このことが、五十年間宝石を売り続けてきた私からの、メッセージです。

参考文献

本書をお読みいただいて、それぞれの事項について、さらに詳しく知りたいと思われる方々のために、参考文献の表を掲げる。ただ、残念ながら我が国には、真珠と日本の文物に関するものを除いては、ほとんど参考とするに足る文献がない。主たる文献は、英文、独文、そして仏文のものに頼らざるを得ないのが現状だ。

ただ、やはり宝飾品の長い歴史と広がりを反映してか、文献の数は極めて厖大であり、その専門化、特殊化の程度は、一般の想像をはるかに超えている。ここに掲げたものは、そのうちのほんの一部であり、筆者が個人的に蔵するものを中心とした。

編著者、書名、発行場所、発行年度の順で、書名のあとの（C）の記号は、博物館などのカタログであることを示す。N. D. は〝年度不明〟の意。

全般用総記および事典

『世界考古学事典』　平凡社、1979
『服飾辞典』　文化出版局、1979
ブラック、ガーランド、山内訳『ファッションの歴史　上下』　PARCO出版局、1978
MASON, PACKER "Illustrated Dictionary of Jewellery"　Berkshire, 1973
H-OSBORNE "Oxford Companion to Decorative Art"　Oxford, 1975
近山晶『宝石・貴金属大事典』　柏書店松原、1982
『新潮古代美術館　全14巻』　新潮社、1979～80
H. NEWMAN "Illustrated Dictionary of Jewelry"　London, 1981
FLEMING, HONOUR "*Penguin Dictionary of Decorative Art*"　London, 1977
TIME-LIFE "*Treasures of the World Vol. 1-14*"　Chicago, 1982
『世界美術辞典』　新潮社、1985
『服装大百科事典　上下』　文化出版局、1976
E. HEINIGER "*Grand Livre des Bijoux*"　Lausanne, 1974
"*Jeweler's Dictionary 3rd Edition*"　Pensylvania, 1979
ダリオー、吉川訳『エレガンスの事典』　鎌倉書房、1966

J. EVANS "*History of Jewelry 1100-1870*"　Boston, 1953
H. TAIT "*Art of Jeweller*"　London, 1984

１―１　日本人の宝飾品史
金関・小野山『武器装身具』（日本原始美術大系５）　講談社、1978
町田章『装身具』（日本の原始美術９）　講談社、1979
斎藤忠『古代の装身具』　塙書房、1963
原田淑人『古代人の化粧と装身具』　東京創元新社、1963
野間清六『装身具』（日本の美術１）　至文堂、1966
香取秀真『金工史談』　国書刊行会、1976
香取秀真『日本金工史』　藤森書店、1982
「季刊考古学」５号、〝装身の考古学〟　1983
塚原美村『金銀細工師の生活』（生活史叢書 27）　雄山閣、1973
井戸文人『日本嚢物史』　思文閣、1984
「歴史公論」56 号、〝江戸時代の金、銀、銅〟　1980
『日本の金工』（C - 東京国立博物館）、1983

１―２　ダイヤモンド
G. BLAKEY "*Diamond*"　London, 1977
T. GREEN "*World of Diamonds*"　London, 1981
D. KOSKOFF "*Diamond World*"　New York, 1981
G. LENZEN "*History of Diamond Production & Diamond Trade*"　London, 1970
B. ROBERTS "*Diamond Magnates*"　New York, 1972
G. I. A. "*Diamonds-Famous, Notable & Unique*"　New York, 1974
G. I. A. "*Diamond Dictionary*"　New York, 1977
ディッキンソン、山室訳『ダイヤモンドの本』　朝日新聞社、1967
エプスタイン、田中訳『ダイヤモンド神話の崩壊』　早川書房、1983
アレン他、砂川訳『ダイヤモンド』　三洋出版貿易、1980
G. WILLIAMS "*Diamond Mines of South Africa 2 vols*"　New York, 1905

１―３　翡翠
B. LAUFER "*Jade*"　New York, 1974

O. LUZZATTO-BILITZ "*Antique Jade*" Feltham, 1969
〝中国古代玉器〞 台北、1970
S. HANSFORD "*Chinese Carved Jade*" London, 1968
T. SCHOON "*Jade Country*" Sydney, 1973
P. SCHNEEBERGER "*Baur Collection-Chinese Jade*" Geneva, 1976
G. PEARCE "*Story of New Zealand Jade*" Auckland, 1971
L. ZALA "*Jade*" New York, 1969
A. DIGBY "*Maya Jade*" London, 1972
G. WILLIS "*Jade of the East*" New York, 1972
中国考古研究所〝殷墟玉器〞 北京、1982
故宮博物院 "*Catalogue of Historian Jade*" 台北、1983
故宮博物院〝故宮玉器選萃 正・続〞 台北、1980
"*Ancient Chinese Jades*"（C-Fogg Art Museum） Harvard, 1975
B. MORGAN "*Dr. Newton's Zoo*" London, 1981
"*Chinese Jades Through Ages*"（C-Victoria and Albert Museum） London, 1975
S. JENYES "*Chinese Archaic Jades in British Museum*" London, 1951
"*Hindustan Jade in the National Palace Museum*"（C‐故宮博物館） 台北、1983

1—4 真珠

松井佳一『真珠の事典』 北隆館、1965
浦城晋一『真珠の経済的研究』 東京大学出版会、1970
小林、渡部『真珠の研究』 技報堂、1960
和田浩爾『真珠』 全宝協、1982
J. DICKINSON "*Book of Pearls*" New York, 1968
L. ROSETHAL "*Kingdom of Pearl*" London, N.D.
J. TABURIAUX "*Pearles et ses secrets*" Paris, 1983
KUNZ, STEVENSON "*Book of Pearls*" London, 1908
J. SOLOMON "*Memo on Pearl Fisheries of Ceylon*" Burma, 1909
L. ROSENTHAL "*Pearl Hunter an Autobiography*" New York, 1952

2—1 カール・ファベルジェ

LORRAINE, SOLOKOFF "*Faberge*" Paris, 1979
H. BAINBRIDGE "*Peter Carl Faberge*" London, 1949
K. SNOWMAN "*Art of Carl Faberge*" London, 1952
"*Faberge Eggs* (*Forbes Collection*)" New York, 1980
"*Faberge*" (C-A La Vielle Russie) New York, 1983
"*Faberge 1846-1920*" (C-Victoria and Albert Museum) London, 1977
K. SNOWMAN "*Carl Faberge*" New York, 1979
A. SOLODKOFF "*Masterpieces from House of Faberge*" New York, 1984
H. HAWLEY "*Faberge and his Contemporaries*" Cleveland, 1967

2—2 ルイ・カルティエとその一族

H. NADERHOFFER "*Cartier*" London, 1984
"*Gioielli Degli Anni 20-40*" (C-N.D.) Venice, 1986
G. GAUTIER "*Cartier the Legend*" London, 1983

2—3 チャールズ・ティファニー

PURTELL "*Tiffany Touch*" New York, 1971
C. GERE "*European and American Jewelry*" London, 1975

2—4 ハリー・ウインストン

クラッシュ、山口訳『ハリー・ウインストン』 柏書店松原、1986

2—5 ジョージ・ジェンセン

"*Georg Jensen Silversmithy*" (C-Smithsonian Institute) Washington, 1980
A. LASSEN "*Dansk Solv*" Copenhagen, 1964
H. HONOUR "*Goldsmiths & Silversmiths*" New York, 1971
G. HUGHES "*Modern Silver*" London, 1967
C. HERNMARCK "*Art of European Silversmiths*" London, 1977
G. WILLIS "*Silver*" New York, 1969
S. PERSON "*Modernt Svenskt Silver*" Stockholm, 1951
H. WILSON "*Silverwork & Jewellery*" London, 1973

3—1 ジュエリーの起源

J. OGDEN *"Jewellery in Ancient World"* New York, 1982
"Jewellery Ancient to Modern" (C-Walter Art Gallery) Baltimore, 1979
E. FONTENAY *"Bijoux Anciens et Modernes"* Paris, 1887
A. WILKINSON *"Ancient Egyptian Jewellery"* London, 1971
R. HIGGINS *"Greek and Roman Jewellery"* London, 1961
C. ALDRED *"Jewels of Pharaons"* London, 1971
"Jewellery Gallery Summary Catalogue" (C-Victoria and Albert Museum) London, 1982
"Jewellery Through 7000 Years" (C-British Museum) London, 1976
G. HUGHES *"Art of Jewellery"* London, 1972
H. TAIT *"7000 Years of Jewellery"* London, 1986
R. ROSENTHAL *"Jewellery in Ancient Times"* London, 1973
J. JONES *"Art of Precolumbian Gold"* London, 1985
I. PROKOT *"Schmuck aus Zentralasien"* München, 1981
MAXWELL-HYSLOP *"Western Asiatic Jewellery"* London, 1971

3—2 古代の遺品

G. GREGORIETTI *"Jewelry through the Ages"* New York, 1969
B. WARWICK *"Gold of El Dorado"* New York, 1979
T. POWELI *"Celt"* London, 1980
J. GRAHAM-CAMBELL *"Viking World"* London, 1980
"Jewellery" (C-Walter Art Gallery) Baltimore, 1979
D. MEILACH *"Ethnic Jewelry"* New York, 1981
"Oro Del Peru" (C-N.D.) Milano, 1981
DAVIS, PACK *"Mexican Jewellery"* Austin, 1963
P. GARLAKE *"Kingdoms of Africa"* Oxford, 1978
M. GERLACH *"Volkerschmuck"* Vienna, 1906
F. MARSHALL *"Catalogue of Jewellery"* London, 1911
HOFFMAN, TREIDE *"Parures"* Leipzig, 1977
E. BAYARD *"Bijoux Anciens"* Paris, 1924
C. CARDUCCI *"Gold & Silver"* Milano, 1963
A. WARDWELL *"Gold of Ancient America"* Conneticut, 1968

H. ROSS "*Bedouin Jewellery in Saudi Arabia*" London, 1978
"*Islamic Jewellery*"（C-Spink and Sons） London, 1986
J. DEKAN "*Velka Morava*" Bratislava, 1976
"*Rings Through the Ages*"（Ward and Others） New York, 1981
"*Antiker Gold-Und Silberschmuck*"（C-Museum Für Kunst und Gewerbe） Hamburg, 1968
GRAHAM, KIDD-CAMPBELL "*Vikings*" London, 1980
M. MCLEOD "*Asante*" London, 1981
A. PITT-RIVERS "*Antique Works of Art from Benin*" New York, 1976

3—3 暗黒のなかの輝き

J. EVANS "*Flowering of Middle Ages*" London, 1985
M. CAMPBELL "*Medieval Enamels*" Maryland, 1983
"*Frankish Art*"（C-Metropolitan Museum） New York, 1984
CLARKE, HINTON "*Alfred & Minster Lovell Jewels*" Oxford, 1984
I. KUNTZSCH "*History of Jewels and Jewellery*" Leipzig, 1979
G. KUNZ "*Magic of Jewels and Charms*" Philadelphia, 1915
G. KUNZ "*Curious Lore of Precious Stones*" New York, 1913
D. MACKRETH "*Roman Brooches*" Salsbury, 1973
J. EVANS "*Magical Jewels*" New York, 1976
C. SMITH "*Jewellery*" Yorkshire, 1973
R. JESSUP "*Anglo-Saxon Jewellery*" Aylesbury, 1974

3—4 ルネッサンス

Y. HACKENBROCH "*Renaissance Jewellery*" London, 1979
"*Princely Magnificence*"（C-Victoria and Albert Museum） London, 1980
"*Renaissance Jewels*"（C-Baltimore Museum of Art） Maryland, 1968
COCKS, TRUMAN "*Renaissance Jewels, Gold Box & Objets de Vertu*" London, 1984
E. STEINGRABER "*Royal Treasures*" London, 1968
P. MULLER "*Jewels in Spain*" New York, 1972
モンタネッリ、ジェルヴァーゾ、藤沢訳『ルネッサンスの歴史　上下』

中央公論社、1985

3—5 ヴィクトリア朝
N. ARMSTRONG "*Victorian Jewellery*" London, 1976
P. HINKS "*Nineteenth Century Jewellery*" London, 1975
M. PETER "*Collecting Victorian Jewellery*" Worcester, 1970
M. FLOWER "*Victorian Jewellery*" London, 1951
E. BRADFORD "*Four Centuries of European Jewellery*" Feltham, 1953
S. BURY "*Sentimental Jewellery*" Maryland, 1985
H. VEVER "*Bijoux Francaise au XIXe Siècle*" Paris, 1906
R. FALKINER "*Investing in Antique Jewellery*" London, 1968
ストレイチー、小川訳『ヴィクトリア女王』 冨山房、1981

3—6 アール・ヌーヴォー
マドセン、高階・千足訳『アール・ヌーヴォー』 美術公論社、1983
M. AMAYA "*Art Nouveau*" London, 1966
V. BECKER "*Art Nouveau Jewelry*" London, 1985
U. HASE "*Schmuck in Deutschland und Österreich*" Munich, 1977
G. MUNN "*Castellani and Giuliano*" London, 1984
S. BARTEN "*Rene Lalique*" München, 1977
"*Les Fouquet*"（C-Musee d'Art Decoratifs） Paris, 1983
アドバーガム、愛甲訳『ドキュメント・リバティー百貨店』 PARCO 出版局、1978
MOUREY, VALLANCE "*Art Nouveau Jewellery and Fan*" London, 1973
アーワス、愛甲訳『リバティー・スタイル』 パルコ、1983
D. JANSON "*From Slave to Siren*" North Carolina, 1971
G. WEISBERG "*Art Nouveau Bing*" Washington, 1986

3—7 アール・デコと四〇年代
S. RAULET "*Art Deco Jewellery*" London, 1984
ヒリアー、西沢訳『アール・デコ』 PARCO 出版局、1977
M. GABARDI "*Gioielli 40*" Milano, 1982

S. RAULET "*Van Cleef & Arpel*" Paris, 1986
ネイラー、利光訳『バウハウス』 PARCO 出版局、1977
M. GABARDI "*Bijoux de l'Art Deco aux Années 40*" Paris, 1986

3—8 モダン・ジュエリー

R. REILING "*Goldschmiedekunst*" Pforzheim, 1978
G. BOTT "*Schmuck*" Pforzheim, 1971
DORMER, TURNER "*New Jewelry*" London, 1985
K. SCHOLLMAYER "*Neuer Schmuck*" Tübingen, 1974
"*Schmuck Von 1900 Bis 1980*"（European Jeweller） Stuttgart, 1982
P. MORTON "*Contemporary Jewelry*" London, 1976
F. FALK "*Europaischer Schmuck*" Bühl Baden, 1985
B. CARTLIDGE "*Twentieth Century Jewellery*" New York, 1985
"*Wendy Ramshaw*"（C-Victoria and Albert Museum） London, 1982
D. WILLCOX "*Body Jewelry*" Chicago, 1973
P. HINKS "*Twentieth Century British Jewellery*" London, 1983
G. HUGHES "*Modern Jewellery*" New York, 1963

3—9 忘れられた宝飾品

S. OVED "*Book of Necklace*" London, 1953
COOPER, BATTERSCHILL "*Victorian Sentimental Jewellery*" New York, 1972
SCHMIDT-GLASSNER "*Bürgerlicher Schmuck*" Munich, 1984
D. SCARISBRICK "*Valore dei Gioielli*" Milano, 1984
G. RITZ "*Alter Bäuerlicher Schmuck*" Munich, 1978

4—1 技術

F. SPERISEN "*Art of the Lapidary*" Milwaukee, 1961
CRADDOCK, HUGHES "*Furnace & Smelting Technology in Antiquity*" London, 1985
O. UNTRACHT "*Jewelry Concept and Technology*" New York, 1982
O. UNTRACHT "*Metal Techniques for Craftsmen*" New York, 1969
BREITLING and Others "*Or*" Paris, 1976

C. SUTHERLAND "*Gold*" London, 1959
J. WILLSBERGER "*Gold*" Dortmund, N.D.
E. FORMIGLI "*Tecniche Dell Oreficeria Etrusca e Romana*" Firenze, 1985
J. WOLTERS "*Die Granulation*" Munchen, 1983

4—2 珍しい素材

V. BECKER "*Antique and 20th Century Jewellry*" London, 1980
"*Tibetian Jewellery*" (C-National Museum) Copenhagen, N.D.
J. BOARDMAN "*Intaglios and Rings*" London, 1975
J. BOARDMAN "*Engraved Gems*" London, 1968
I. BARSALI "*European Enamels*" London, 1969
M. CAMPBELL "*Medieval Enamels*" Maryland, 1983
S. AMIRANASHVILI "*Medieval Georgian Enamels of Russia*" New York, 1964
H. GARNER "*Chinese and Japanese Cloisonne Enamels*" London, 1962
金子英一『チベットの都ラサ案内』 平河出版社、1982

4—3 宝石狂の人々

"*Catalogue de Bijoux S. M. Sultan Abd-Ul-Hamid II*" Paris, 1911
"*Russia's Treasure of Diamonds and Precious Stones*" Moscow, 1925
MEEN, TUSHINGHAM "*Crown Jewels of Iran*" Tronto, 1968
S. YOUNG "*Queen's Jewellery*" New York, 1968
S. MENKES "*Royal Jewels*" London, 1985
S. PATCH "*Blue Mystery*" Washington, 1976
P. MICHAEL "*Crown Jewels of Europe*" London, 1983
M. HOLMES "*English Regalia*" London, 1972

4—4 デザインの話

『日本の文様 全15巻』 淡交社、1968〜
PENROSE SCHOOL "*Book of Jewelry Making*" New York, 1975
TIFFANY "*Art of Design Management*" New York, 1975
ROSE, CIRINO "*Jewelry Making and Design*" New York, 1967

S. MADSEN “*Sources of Art Nouveau*”　Oslo, 1956

4—5　宝石商という商売

K. BLAKEMORE “*Retail Jeweller's Guide*”　London, 1969
マーカス、吹田訳『わがファッションビジネス』　日本経済新聞社、1976
マーカス、荒井訳『これがベストだ！』　ダイヤモンド社、1980
デール、坂倉訳『ハロッズ』　リブロポート、1982
ヴェブレン、小原訳『有閑階級の理論』　岩波書店、1961
ゾンバルト、金森訳『恋愛とぜいたくと資本主義』　至誠堂、1969
吉田光邦『工芸の社会史』　日本放送出版協会、1987

写真提供者一覧（数字は図版掲載ページ）

文化庁／13　佐賀県立博物館／17　桐生市教育委員会／17　関西大学考古学資料室／17　若狭歴史民俗資料館／57　ダイヤモンド・インフォメーション・センター／28下、34上下、40、275下、303　Wartski／61　Cartier Archives © Cartier ／ 79上下、87左　Nick Welsh, Collection Cartier／81、87右　ハリー・ウインストン／112、116　クリスティーズ／113、270上、290　ロイヤル・コペンハーゲン・ジャパン／119、125、127　パルコ／205下　アーン・アンティークス／267下　レ・ジョワイエ／315

本書は昭和六十二年十一月、新潮選書として刊行された『ジュエリイの話』を改題し、加筆した。

ジュエリーの世界史《せかいし》

新潮文庫　や-76-1

平成二十八年七月一日発行

著者　山《やま》口《ぐち》遼《りょう》

発行者　佐藤隆信

発行所　株式会社新潮社

郵便番号　一六二-八七一一
東京都新宿区矢来町七一
電話　編集部（〇三）三二六六-五四四〇
　　　読者係（〇三）三二六六-五一一一
http://www.shinchosha.co.jp

価格はカバーに表示してあります。

乱丁・落丁本は、ご面倒ですが小社読者係宛ご送付ください。送料小社負担にてお取替えいたします。

印刷・三晃印刷株式会社　製本・株式会社植木製本所

ISBN978-4-10-120491-8 C0172